치과의사 조남억의
남미연가
PERU, BOLIVIA
ARGENTINA, CHILE, BRAZIL

치과의사 조남억의 남미연가
PERU, BOLIVIA, AGRENTINA, CHILE, BRAZIL

펴낸날	초판 1쇄 2020년 2월 15일
지은이	조남억
펴낸이	서용순
펴낸곳	이지출판
출판등록	1997년 9월 10일 제300-2005-156호
주소	03131 서울시 종로구 율곡로6길 36 월드오피스텔 903호
대표전화	02-743-7661 팩스 02-743-7621
이메일	easy7661@naver.com
디자인	박성현
인쇄	(주)꽃피는청춘

ⓒ 2020 조남억

값 17,000원

ISBN 979-11-5555-129-5 03950

이 도서의 국립중앙도서관 출판시도서목록(CIP)은 e-CIP홈페이지(http://www.nl.go.kr/ecip)와
국가자료 공동목록시스템(http://www.nl.go.kr/kolisnet)에서 이용하실 수 있습니다.
(CIP제어번호: CIP2020004623)

치과의사 조남억의
남미연가

PERU
BOLIVIA
AGRENTINA
CHILE
BRAZIL

이지출판

책을 엮으며

2017년 11월 9일부터 12월 19일까지 41일간 남미 여행을 다녀와서 2018년 1월부터 한 주에 하루의 일기를 건치신문에 연재하였다. 매주 정해진 시간에 글을 정리하여 고정 칼럼에 올리는 건 처음 해 보는 일이었는데, 그건 마치 또 한 번의 여행을 하는 것 같은 느낌을 주었다. 힘들지만 재미있고, 또 보람 있었다.

그렇게 43주간의 연재를 끝내고 보니 막 올린 글과 사진은 생기가 넘쳐 보이는데, 올린 지 몇 주 지난 글들은 벌써부터 생기를 잃고 사라지는 것 같고 아깝다는 생각이 들었다. 그래서 2019년 한 해 동안 책으로 엮어 보려 했는데 마음대로 되지도 않고 치과 일을 하면서 시간을 더 많이 낼 수 없어 미뤄 두었다가 이지출판사 서용순 대표를 만나 출판을 진행하게 되었다.

책을 내는 것은 어릴 적부터 간직해 오던 작은 꿈이었다. 나의 보잘것없는 이야기를 세상에 발표한다는 것이 부끄럽고, 창피하기도 하고, 지구 환경에도 안 좋은 일인 것 같았지만, 일 년 동안 애쓴 글들이 그냥 사라지는 것은 더 피하고 싶었다. 지구에 있는 나무 몇 그루를 없애는 일이어서 죄송하지만, 이 책을 읽고 몇 명의 독자들이 작은 재미와 정보를 얻기만 한다면 더 이상 바랄 것이 없다는 작은 욕심이 생겼다. 사실은 책을 내어 기념으로 가지고 싶다는 순전한 내 욕심이 제일 컸다.

여행은 종종 인생에 비교되곤 한다. 나도 여행을 인생의 축소판으로 인정하고 좋은 여행을 다녀오는 것으로 인생의 새로운 경험과 교훈을 얻으려 하고 있다. 1995년 인도 여행 중에 만난 무이 스님께서 이런 말씀을 해 주셨다. "여행 중에 겪는 경험은 죽는 경험만 하지 않고 집으로 돌아갈 수 있다면, 그것이 최고로 좋은 여행이다." 그땐 이해하는 척했는데, 여행을 다니다 보니 그 말씀이 맞는 것 같다.

여행 중에 제일 먼저 떠오르는 일화가 있다. 1994년 본과 2학년 여름방학 때 난생처음 유럽 배낭여행을 갔다. 처음에는 친구 두 명과 함께 갔는데, 20여 일 함께 여행하고 나서 각자 원하는 곳으로 헤어지게 되었다. 나는 아테네에 가고 싶어 로마에서 기차를 타고 부두에서 하루를 기다려 배표를 사고, 그리스로 가서 다시 기차를 타고 드디어 아테네에 새벽 3시에 도착하였다. 그 기차에서 한국인 10명이 모이게 되어, 모두 돈도 아낄 겸 역에서 노숙을 하기로 하였다.

그런데 아침에 눈을 떠보니 내 배낭이 사라져 버렸다. 평소에는 노숙을 했으면 배낭을 베고 잤는데, 그날은 한국 사람들이 단체로 있다 보니 안심을 했던 것이다. 다행히 복대에 현금과 수표, 여권은 있고, 여행책과 일기장, 침낭도 남아 있었다. 그 후 나는 배낭족이 아니라 침낭 하나 들고 다니는 침낭족이 되었다.

옷과 가방과 먹을 것들이 없어지고 나니 이스탄불 가는 버스비 60달러도 컸다. 그렇다고 4일에 걸쳐서 온 같은 길로 로마에 가긴 싫었다. 어떻게 하면 비용을 줄일 수 있을까 걱정하고 있는데, 내 앞에 어떤 환전상이 나타났다. 1달러에 25드라크마 하던 때였는데, 35드라크마를 준다고 했다. 따져보니 이렇게 환전만 한다면 40달러에 이스탄불에 갈 수 있겠다는 생각에 그 사람을 따라갔다.

내 머릿속에 돈에 대한 걱정과 욕심이 가득하니, 그 남자를 따라서 어디로 어떻게 갔는지 기억도 나지 않았다. 조금씩 조금씩 작은 골목으로 들어갔고, 마침내 어느 건물 문을 열고 안으로 들어갔다. 건물 안으로 더 들어가려는 것을 막고 문을 등에 댄 채 여기서 환전을 하고 싶다고 했더니, 그 사람이 50달러어치라면서 드라크마 뭉치를 나에게 주는데, 정확히 세지도 않고 대충 세어 주었다. 그때까지도 이상하다는 생각을 하지 못했다. 이제 내가 돈을 꺼내서 주어야 하는 상황이 되었다. 복대에서 돈을 꺼내기 위해 윗옷 지퍼를 내리는 도중에, 불현듯 '과연 내가 이 돈을 가지고 나갈 수 있을까?' 하는 생각이 들었다.

그때 비로소 그 사람이 내 눈에 들어왔고 185cm에 100kg 정도 되어 보였다. 그리고 천천히 고개를 돌려보니 그 남자와 비슷한 다른 남자가 문 앞에 떡하니 서 있었다. 아! 하늘을 봤다면 샛노랬을 것이다. 정말로 눈앞이 캄캄했다.

내가 내리던 윗옷 지퍼를 다시 올리면서 여행자수표밖에 없다고 수표를 꺼냈더니, "Where is a cash?" 하면서 그 남자의 커다란 두 손이 내 옷을 들추고 복대를 찾으려 바지 속에 손을 넣어 휘저었다. 어떻게 저항할 수도 없이 흔들리고 있던 그때, 건물 안으로 한 중년 남성이 들어왔다. 그가 이 두 남자에게 뭐라고 뭐라고 하자 그들이 차렷 자세를 했다. 그런데 그 중년 남성의 손짓이 건물 안으로 나를 데리고 들어오라는 듯한 모습을 취하는데, 여기서 더 끌려 들어가면 완전히 끝날 수도 있겠다는 생각이 들었다.

나는 왼손으로 다시 침낭을 집어들면서 오른손에 있던 드라크마 돈뭉치를 문을 막고 있던 덩치에게 던지듯 내밀었다. 그러자 두 손으로 돈뭉치를 받았다. 그 순간 문과 덩치 사이에 작은 틈이 생겼다. 그 틈으로 밀치고 나와 큰길까지 죽어라 뛰었다. (글을 쓰는 이

순간에도 그때 생각을 하면 몸이 떨린다.)

　큰길 의자에 앉아 숨을 헐떡이면서 정말 이곳과 이 시간, 이 사람들에게서 벗어나고 싶다는 생각이 들었다. 그날 저녁 아테네에서 크레타 섬으로 들어가는 배에 선실표를 사지 못하고 갑판에서 자는 표를 끊어 12시간을 배에 누워서 별을 보며 끊임없이 쏟아지는 눈물을 닦고 또 닦으며 엄마를 그리워했다. 그리고 얼른 집에 갔으면 좋겠다고 생각하면서 앞으로는 절대로 돈 욕심 부리지 말자고 다짐했다. 돈에 눈이 멀었다가 인생을 망치겠구나 하는 생각이 절실하게 들었었다.

　인생과 여행은 참으로 오묘한 것 같다. 그렇게 무섭고 싫은 그리스였는데, 크레타 섬에서 만난 사람들은 너무 친절해서 처음 본 젊은 여행객에게 밥도 사 주었다. 사람 사는 맛은 도시보다는 시골이었다. 다시 되돌아온 아테네에서는 이스탄불로 가는 60달러짜리 버스는 보지도 않고, 유레일패스로 가는 만큼 공짜로 가보자는 생각으로 무작정 북쪽으로 올라갔다. 말도 안 통하는 사람들에게 이스탄불만 외치면서 몇 번의 기차를 갈아타고, 나중에는 두 칸짜리 작은 기차로 갈아타고 차장 할아버지가 내리라는 곳에서 내려 그리스와 터키 국경을 군인들을 사이에 두고 걸어서 넘은 것은 전혀 예상하지 못한 경험이었다. 국경 너머의 터키 사람들도 차를 태워 주고 버스터미널까지 나를 데려다 주면서 차표까지 사 주었으니, 결국 이스탄불까지는 5달러도 안 되는 비용으로 값진 경험을 하면서 갈 수 있었다.

　여행과 인생을 생각하면 이 장면이 가장 크게 떠오르면서, 지금까지도 노력 이상의 금전적인 이익을 얻으려는 마음을 다잡게 해 준 사건이었다.

이때의 기억으로 1995년 인도 여행에서도 무조건 일반 서민들이 이용하는 기차와 버스만 타고 다녔고, 1998년도 호주 여행에서도 그렇게 하려 했으나 그곳은 유럽과 인도와 완전히 달랐다. 에어즈락을 보고 싶어서 그 근처 도시로 가는 시외버스를 탔는데 53시간이 걸렸다. 그 도시에서 에어즈락 가는 시내버스를 찾았는데 없었고, 그곳에 가려면 시내에 있는 여행사에 돈을 내고 참여하는 수밖에 없었다. 사람이 거의 살지 않는 외진 곳에 가려면 대중교통만으로는 갈 수 없다는 걸 깨달았고, 여행사를 이용하는 것이 여행의 의미를 퇴색시키지 않는다는 것도 알게 되었다. 오히려 53시간 동안 버스 안에서 차장 밖 구경도 못하고 있었을 때, 여행사 투어에 참여했다면 중간중간 좋은 곳 구경도 시켜 주고 잠도 숙소에서 편히 잤을 텐데, 여행사 프로그램을 이용하는 게 훨씬 나을 수도 있다는 생각을 했다.

그 후로는 킬리만자로, 안나푸르나, 카일라스를 선택하게 되었는데, 치과 개원 중에 시간을 절약하기 위해 여행사를 선택하지만, 그래도 관광이 아닌 여행을 할 수 있는 곳들이었다. 젊어서 힘든 곳을 가고, 뉴욕이나 유럽, 일본은 휠체어를 타고서도 갈 수 있을 것 같아 뒤로 미뤘다. 이번 남미 여행도 여행사 일정을 따라다니는 관광과 비슷한 일정이었지만, 트레킹 위주로 짜여 있어서 이동 시간을 줄여 주는 역할을 여행사가 도와주고, 현지에서 직접 걷고 보고 겪는 것은 여느 여행과 비슷하였다.

남미 여행 중 일기를 쓰면서 생각을 많이 하다 보니 지난 시간들을 차분히 정리하게 되었고, 새롭게 더 하고 싶은 일들도 많이 떠올랐다. 남미 여행에서 돌아온 후 여행 중 계획했던 일들이 있었다. 지금까지는 내가 의무적으로 해야만 하는 일들을 하면서 살았는데, 앞으로는 내가 하고 싶은 일들을 많이 하자는 생각을 했다. 그 버킷리스트들을 하나씩 지워 나가면서 매일매일 새로워지는 느낌이 들었다.

관광은 돌아오면서 과거의 일상으로 되돌아가는 것이고, 여행은 과거와 다른 일상으로 되돌아가는 것이라는 생각이 든다. 남미 여행 전과 후의 나의 삶에 많은 변화가 생겼으니, 남미는 나에게 사랑할 수밖에 없는 여행지였다. 치과 일이 매일매일 거의 비슷한 일인데, 남미 여행 41일간 하루도 같은 날이 없는 새로움을 경험한 것만으로도 남미를 사랑하게 되었다.

대학교 때 동양철학 강의시간에 들은 말을 평생의 화두로 삼고 있다. 일신우일신(日新又日新). 인간은 100세가 되어도 99세 때를 돌아보면서 '내가 작년에 그렇게 모자란 생각을 했었네. 앞으로는 그렇게 살지 말아야지' 하고 생각하며 살아가야 인간답게 발전하는 삶이라는 것이다. '그때가 좋았지. 이 정도면 됐어' 하는 마음이 들면 이미 하락하는 삶이고, 인간답지 못한 기계 같은 삶이라고 했다. 기계는 태어나자마자 제일 좋고, 시간이 흐를수록 점점 나빠지는 것인데 인간은 정반대라고 했다. 그래서 중요한 마음가짐이 일신우일신인 것 같다.

좋은 여행을 하기 위해 돈과 시간이 풍족하지 않은 보통사람들은 목돈을 만드는 것만큼 '목시간'을 만드는 것도 중요하다. 근로시간이 단축되고 연차가 확대되어 시간을 모아 목시간으로 만들어 쓸 수 있게 되었다. 일주일에 6일 일할 때는 저축할 시간이 없었지만, 5일 근무로 시간을 저축할 수 있게 되었다.

남미 여행 이야기를 들은 치과 원장 중에는 "치과 문을 닫고 어떻게 여행을 가? 월급 받는 입장이면 모를까, 난 못 가." 이런 반응이었고, 일반인들은 "자기 일을 하는 치과 원장이니까 그런 여행을 갈 수 있지, 우리 같은 월급쟁이들은 못 가" 하는 반응이었다. 사장도 직원도 모두 못 간다고 했다. 못 가는 이유를 찾기 전에 갈 수 있는 방법을 알아보면 좋을 것 같은데 말이다.

여행기를 연재하면서 좋은 아내를 만나 여행을 갈 수 있었다고 썼다. 그리고 다시 책으로 엮으면서 한 번 더 아내에게 고맙다는 말을 해야겠다. 윤지, 은서, 한이, 단, 네 딸을 키우면서 치과 대표원장으로 하루 종일 진료를 하고 병원 관리까지 잘 해준 아내가 아니었다면, 나의 여행은 불가능했을 것이다. 어릴 적 내가 하고 싶어하는 일에 무한한 믿음과 격려를 주신 부모님이 계셨다면 청년, 중년의 나에게는 그런 아내가 있다. 항상 감사하고 사랑한다.

꿈은 꾸는 사람에게 이루어진다고 했듯이 앞으로 3년 후, 유라시아 대륙 횡단이나 아프리카 대륙 종단, 아니면 히말라야의 칼라파타르와 고쿄 여행을 다시 한번 할 수 있도록 목시간을 모아봐야겠다.

2020년 2월

조남억

• 여행한 남미대륙 코스

치과의사 **조남억**의
남미연가

PROLOGUE   책을 엮으며 4

11월 9일   20시간 비행 끝 리마에 14

11월 10일   잉카제국을 엿보다 18

11월 11일   페루의 바다 그리고 자연 25

11월 12일   하늘에서 본 나스카의 지상 그림 35

11월 13일   잉카의 비극을 짚으며 45

11월 14일   3,000m 고산의 소금 마을 56

11월 15일   잉카의 옛길을 걷다 66

11월 16일   마추픽추와 와이나픽추 80

11월 17일   갈대 섬 '우로스'의 아이들 92

11월 18일   잠 못 이룬 국경의 밤 100

11월 19일   체 게바라 · 볼리비아 · 에보 모랄레스 110

11월 20일   한 발 걷고 한숨 쉬고 119

11월 21일   소금의 지평선에서 131

11월 22일   아르헨티나 가는 길 위에서 139

11월 23일   그림 같은 오르노칼 14가지 지층 148

11월 24일   이동만 하는데도 힘드네 156

11월 25일   아르헨티나 와인의 본고장에서 160

11월 26일   산티아고를 떠나 산맥으로 166

11월 27일 봄꽃과 함께 여유롭게 174

11월 28일 '라틴아메리카의 알프스'에서 179

11월 29일 미봉(美峰) 피츠로이 · 세로토레 185

11월 30일 파타고니아 · 피츠로이 트레킹 192

12월 1일 세로토레, 불가능에 도전하다 204

12월 2일 모레노 빙하 속으로 212

12월 3일 패키지여행, 내일을 위한 준비 221

12월 4일 먼 듯 가까운, 가까운 듯 먼 227

12월 5일 에메랄드빛 빼오에 호수 235

12월 6일 그레이 빙하를 보며 트레킹을 242

12월 7일 다시 엘 깔라파테로 이동하다 250

12월 8일 그 양주병을 따지 말았어야 했다 256

12월 9일 파타고니아에서의 마지막 트레킹 260

12월 10일 아르헨티나 '에비타의 추억' 269

12월 11일 여유로움 속, 이구아수를 향해 279

12월 12일 이구아수, 그 장관을 느끼다 284

12월 13일 이구아수 폭포의 파노라마 뷰 293

12월 14일 마나우스 아마존 투어 1일차 299

12월 15일 Night walk in the forest 305

12월 16일 정말로 마지막 밤이다 310

12월 17~19일 돌아가는 길은 멀고… 318

EPILOGUE 남미 여행을 마치고 324

11월 9일 20시간 비행 끝 리마에

드디어 기다리던 장기 여행의 시작이다. 비행기를 20시간 넘게 탔다. 혼자만의 장기 여행은 안나푸르나 트레킹 이후 11년 만이다.

안나푸르나 트레킹 도중 조용한 산장, 손바닥을 눈앞에 갖다 대도 보이지 않는 캄캄한 방에서 혼자 침낭 속에 들어가 누워 있을 때, 너무 외롭고 기괴하고 무섭기도 한 그 방에서 눈 꼭 감고 생각에 잠겼던 때가 떠오른다.

촛불을 끄고 새벽이 될 때까지 눈도 뜨지 못했었다. 왜냐하면 눈을 떴는데 뭐라도 보이면 어떡하나 하는 두려움 때문이었다. 직사각형 방에 누워 있으면서 이런 생각이 들었다.

'묘지 안에 들어가면 꼭 이런 광경이겠구나.'

그래도 지금은 호텔에다가 불도 마음대로 켤 수 있고, 창밖도 밝고 TV를 켤 수 있으니 그때와 비교하면 천국이나 다름없다.

내 생애 제일 긴 하루였는데, 리마와 시차가 14시간이나 나니 오늘 나의 하루는 38시간인 셈이다. 여행 시작부터 완전 녹초가 되었다.

지난 주말에도 여기저기 다니느라 바빴고, 어제까지 야간진료 하느라 준비도 충분히 못하였기에, 아침에 출근하는 아내와 작별 인사를 하고 짐을 챙기는데 등산 모자가 보이지 않았다. 더 이상 찾을 시간이 없어 집 근처 아울렛에 가서 등산 모자와 배낭 커버를 사고 인천공항으로 향했다. 후배 이현중 원장이 차를 태워 줘서 편하게 공항에 도착했다.

12시, 일행 6명과 함께 가이드까지 7명이 출국 수속을 하고 들어갔다. 오후 3시에 출발한 비행기는 태평양을 가로질러 11시간 만에 미국 LA에 도착했다. 이곳에서 이상했던 점은 공항에서 바로 환승을 하지 못한 것이었다.

그래서 짐을 찾아 미국 입국 수속을 하고 밖으로 나갔다가 다시 출국 수속을 한 다음 들어와야 했다. 안전을 위한 것이었는지는 모르지만, 엄청 피곤한 상태에서 줄을 계속 서야 하니 너무나 번거로웠다. LA는 처음인데, 공항 밖으로 5분 나갔던 것이 전부다. 그래도 이제 나는 LA에 가본 사람이 되었다.

여행 오기 전 이베이에서 직구로 에어 베개를 샀다. 모양도 크고 가격도 저렴하고 비행기에서 잘 때 다른 베개보다 아주 편했다. 공기 넣기도 쉽고 빼기도 쉬웠다.

LA행 비행기는 거의 만석이었다. 그런데 맨 뒤 창가 세 좌석에 나 혼자 앉아 엄청 편하게 갔다. 그리고 리마로 가는 비행기에서도 중간 세 좌석에 혼자 앉게 되어 옆으로 누울 수 있어 편했다. 다른 좌석은 꽉 차 있어 처음엔 눈치가 보였지만, 너무 피곤하여 옆으로 누워서 잤다. 처음부터 비행기 좌석 운이 좋았다.

LA에서 오후 1시 비행기를 타고 9시간을 비행하여 페루 수도 리마에 도착했다. 짐을 찾아 공항 밖에서 현지 가이드와 만나니 드디어 9일이 지난 10일이 되었다. 남위 12도, 봄에서 여름으로 넘어가는 중인데도 밤 기온이 쌀쌀했다. 현지인들은 패딩점퍼 입은 사람도 있어, 우리는 떨면서 버스를 기다려야 했다.

곧장 호텔로 와서 샤워하고 일기를 쓰고 나니 현지 시간 새벽 4시, 한국 시간 오후 6시가 되었다.

리마로 오는 비행기에서 푹 잤더니, 아니면 시차 때문인지 잠도 안 오고, 잠들면 3시간 후에 아침을 못 먹을 것 같아 걱정이다.

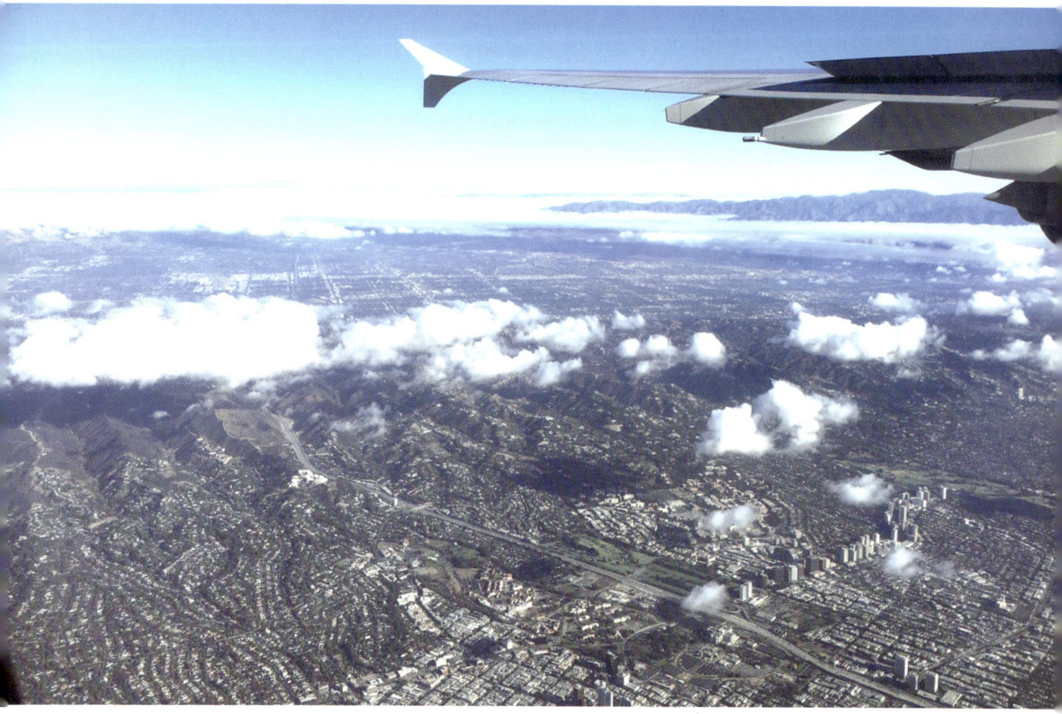

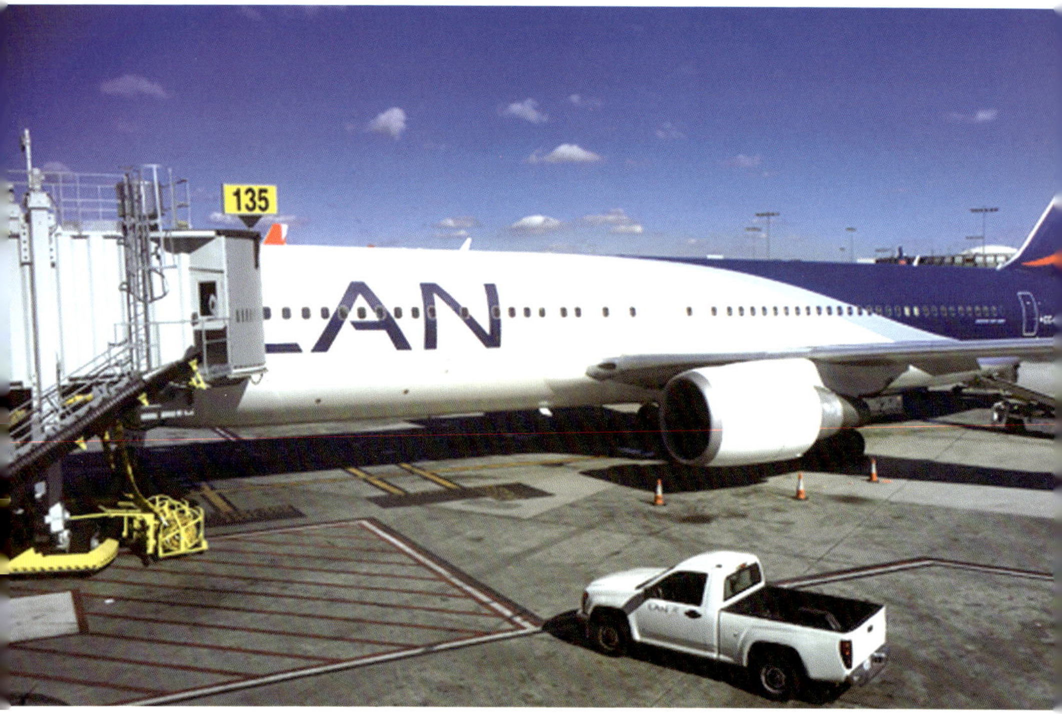
135
LAN

비행기 안에서 체 게바라 관련 책을 읽었는데, 그를 더욱 존경하고 싶어졌다. 그가 볼리비아의 한 계곡에서 총살을 당한 것이 1967년이라고 하니, 딱 50년 전이다. 이번 남미 여행에서 체 게바라에 대해 더 알 수 있는 기회가 있었으면 좋겠다.

- 태평양을 건너 LA에 도착했다.
- 남미 여행 중 제일 많이 이용한 라탐항공.
- 라탐항공에서 준 쿠스퀘냐 맥주.
- 남미 여행길에 제일 먼저 챙긴 책 《나의 형, 체 게바라》.

11월 10일 잉카제국을 엿보다

리마 시간으로 새벽 5시가 넘어 잠이 들었다. 그리고 알람 소리를 듣고 7시 40분에 일어나 8시에 아침을 먹으러 갔다. 대도시에 있는 호텔이어서 음식은 입맛에 맞았지만 샐러드로 먹을 만한 채소가 적어 아쉬웠다.

짐을 정리하고 10시에 시내 관광을 나섰다. 오늘 현지 가이드인 이득진 씨는 페루에 이민 온 지 꽤 오래되었다며, 한국 방송국에서 잉카 다큐멘터리를 찍을 때마다 안내해 주었다고 자신을 소개했다. 버스 안에서 들은 잉카 이야기는 들으면 들을수록 가슴 아픈 일들이 많았다.

잉카라는 말은 '왕'을 뜻하는데, 그 국가는 1300년경에 건국되었고, 8대 잉카인 비라코차에 이르러 주변 부족을 정복하며 성장하기 시작했습니다. 그의 아들인 9대 잉카 파차쿠티가 동서남북을 다 정복하여 제국으로 만들었는데, 그 제국의 이름이 타완틴 수유(4개의 땅이 합쳐진 땅, 잉카제국의 정식 명칭)였습니다. 그 파차쿠티가 1463년 아들에게 군령을 물려주고, 자신은 세상의 중심이자 제국의 수도인 쿠스코를 만드는 데 힘을 씁니다. 당시 쿠스코 인구가 25만 명이었고 후에는 100만 명까지 살았다고 하니, 그 당시 유럽의 어느 도시보다 훨씬 큰 곳이었습니다. 그 후 12대 잉카 이후 몰락의 길을 걷습니다. 12대 잉카 와이나 카팍과 그의 장남은 북쪽에 이상한 사람들이 출몰한다는 소식을 듣고 순행을 떠났다가 부자가 천연두에 걸려 사망하게 되고, 제국은 내전에 휩싸이게 됩니다.

한편 스페인 탐험가 피사로는 1524년 첫 항해를 한 후 실패만 계속하였으나, 그 시절 잉카에 대한 정보를 수집하고 실체를 파악하게 되었습니다. 1530년 12월 스페인 이사벨 왕비의 승인서를 받아 168명의 남자들이 잉카로 황금을 찾아 떠나게 됩니다. 그는 서두르지 않고 기회를 엿보다가 마침내 내전에서 승리한 새로운 잉카 아타우알파를 생포하고, 잉카제국을 손쉽게 장악했습니다.

결국 잉카제국은 멸망하고 스페인의 식민지로 전락했습니다. 하지만 피사로는 쿠스코에서 반란군에 시달린 데다 본국과의 연락도 힘들어 1535년 리마를 건설하기 시작하였고, 리마는 282년 동안 스페인의 부왕령으로 남미의 대표 도시가 되었습니다.

스페인은 잉카와 남미에서 가져간 금과 은으로 부유한 시절을 보냈지만, 잉카인들에게는 재앙만 남았습니다. 인구가 1,000만 명이었는데 유럽에서 온 천연두와 아프리카 노예들로부터 홍역이 번져 90%가량이 줄었다고 하니, 그 결과가 참혹할 따름입니다. 지금은 페루 인구가 3천만 명인데 백인 10%, 전통유민 40%, 혼혈 50%입니다.(나중에 다른 나라들을 돌아보았을 때, 원주민이 그만큼 살아남은 곳도 별로 없었으니, 그나마도 감사하다고 해야 할지도 모르겠다.)

피사로는 긁어모은 금을 다 녹인 후 원래 계약대로 8 대 2로 나누어 8은 왕실로 보내고 나머지는 원정대가 가졌는데, 그 양이 5,720kg이었다고 합니다. 그중 본인은 200kg을 챙기고 나머지를 분배했는데, 그에 불만을 품은 부하 알마그로가 반란을 일으켰다가 사형당했고, 얼마 후 그 추종세력에 의해 피사로도 암살당했다고 하니, 금은 그때나 지금이나 꿈이면서도 독이 되는 것 같습니다.

먼저 산마르틴 광장으로 향했다. 스페인 식민 지배를 끝내고 페루를 독립시킨 산마르틴 동상이 중심에 서 있고, 그 주변에는 여러 단체들이 피켓을 들고 시위를 하기도 하고, 쉬는 사람도 많았다.

아르마스 광장 주변은 피사로가 리마를 만든 핵심 지역이었다. 피사로가 주춧돌을 놓았다는 바실리카 대성당과 대통령궁이 광장 주변에 있는데, 마치 유럽의 구시가에 와 있는 느낌이었다.

여러 차례 지진으로 부분부분 새로 쌓은 돌이 보이는 대성당 안에 피사로의 무덤이 있었다. 사실 얼마 전 성당 입구 근처에서 유해가 발견되었는데, 목에 칼에 찔린 자국과 연대를 조사하여 피사로의 시신으로 판명되었고, 무덤을 그 안에 만들어 놓았다고 한다. 지진이 많은 도시여서인지 대성당의 기둥을 만들 때 돌이 아닌 나무로 연결해 세워 지진에 대비했다는 점도 특이했다.

• 페루를 독립시킨 호세 데 산마르틴 장군 동상.

　지하 무덤인 카타콤베 프란시스코 수도원은 들어가지 않고 설명만 듣고 지나쳐 무척 아쉬웠다.
　최대 규모의 민간박물관인 라르코 박물관엔 수많은 황금 유물과 잉카 문명의 흔적이 남아 있었다. 그런데 황금 왕관과 장신구들이 우리 신라 유물과 비슷해 보였다. 그리고 문자 대신 의사소통에 썼다는 매듭문자도 신기했다. 이 매듭문자를 얼마 전 22세 청년이 해독하는 데 성공하였다고 하니, 그동안 몰랐던 잉카인들의 삶에 대한 비밀이 풀릴지 궁금하다. 남성과 여성의 성기와 성행위를 묘사해 놓은 토기들도 많이 전시되어 있는데, 고대 문명의 어디에서나 성에 대한 유물들은 공통으로 나오나 보다.

• 아르마스 광장에서 본 바실리카 대성당. 오래된 돌과 새로 쌓은 돌의 차이가 보인다.

- 대성당 안 피사로의 무덤.
- 예수상의 머리 위에 잉카의 태양신의 상징을 함께 설치했다.
- 대성당 지하의 공동무덤.
- 라르코 박물관에 따로 전시되어 있는 성박물관 유물들.
- 잉카의 매듭문자.

박물관에 붙어 있는 식당에서 lomo saltado라는 메뉴가 소고기 볶음덮밥과 비슷해 입맛에 맞았다. 세계맥주품평회에서 상을 받았다는 쿠스퀘냐 맥주도 종류별로 먹어 보았는데, 밀맥주와 흑맥주보다 라거가 좋았다.

모두 너무 피곤하여 4시 반쯤(한국 시간으로 오전 6시 반) 다시 호텔로 돌아왔다. 2시간 꿀잠을 자고 저녁을 먹으면서 돌아가며 자기소개를 했다. 오늘은 제일 젊은 내가 먼저 소개를 하고, 와인으로 건배하면서 좋은 여행이 되기를 기원했다.

2018년 러시아 월드컵 플레이오프 최종 경기로 남미 5위인 페루와 오세아니아 1위인 뉴질랜드가 한 장의 출전권을 놓고 벌이는 1차전이 이곳 시간 새벽에 있었다. 모든 상점마다 페루 국가대표의 유니폼을 걸어놓고, 아르마스 광장에서는 야외 응원전을 준비하고 있었다. 새벽까지 텔레비전으로 경기를 보았는데 0 : 0으로 비겨 페루 국민들이 무척 안타까워했다. 하지만 며칠 후 페루에서 홈경기를 한다니 그나마 다행이라 여기는 듯했다.

11월 11일 페루의 바다 그리고 자연

　3일째다. 힘든 것 없이 보여 주는 대로 먹여 주는 대로 따라다니는 일정이지만, 그래도 신기하고 처음 보는 것들이 많아 오길 잘했다는 생각이 들었다.

　5시 모닝콜을 듣고 일어나 짐을 분리해서 쌌다. 호텔에 놔둘 큰 짐과 1박2일 쓸 것을 작은 가방에 담았다. 너무 이른 시각이라 아침도 못 먹고 바로 버스터미널로 향했다. 'cruz del sur'라는 터미널, 출발 시간은 7시 반이었다. 터미널 안 카페에서 커피와 어제 저녁에 산 빵과 과일을 먹었다.

　버스를 타기 전 짐을 맡겨야 하는데, 한 사람 한 사람 영수증을 뽑아 짐에 붙이고 영수증에 붙이다 보니, 짐 분실 우려는 적을 것 같은데 시간이 너무 오래 걸렸다. 큰 짐을 놔두고 오길 잘했다. 버스 강도 위험 때문에 승객들의 소지품을 하나하나 검사한 후 버스에 올랐다.

　2층 버스 1층은 VIP 우등석, 2층은 보통석이었다. 우리는 편안하고 넓은 우등석에 탔다. 잠이 오지 않아 가지고 간 책《나의 형, 체 게바라》를 읽다 보니 아르헨티나의 역사에 대해 너무 모르고 있었다는 생각이 들었다. 그리고 우리 독재시절의 역사와 비슷하다는 생각도 들었다.

　7시 반에 출발한 버스는 11시 20분 파라카스에 도착했다. 이동 중에 빵과 잉카콜라를 나눠 주었는데, 노란색 잉카콜라는 미란다 맛과 비슷했다. 페루 사람들이 잉카콜라를 많이 마셔서 코카콜라 점유율이 올라가지 않자, 코카콜라는 잉카콜라 회사를 사버렸다고 한다. 버스 1층에 앉아서 그런지, 좌석이 좋아서 그런지, 판아메리카 고속도로가 좋아서 그런지, 피곤하지 않은 버스여행이었다.

파라카스 버스터미널에서 13인승 미니버스를 타고 곧장 선착장으로 가서 보트를 탔다. 바람이 불어 많이 흔들렸지만 추울 정도는 아니었다. 적도와 가까운데 수온이 18도를 넘지 않는 건 훔볼트 한류에 의한 자연현상 때문이었다.

페루 해류는 남태평양 아열대순환의 일부로서 페루 해안을 따라 적도 쪽으로 흐르는 해류를 말한다. 이 해류는 1802년 최초로 이곳의 수온 자료를 수집한 독일 과학자의 이름을 따 훔볼트 해류라고도 부른다.

페루 해류가 페루 앞바다에서 외해로 이동하면서 상층의 해수를 보충하기 위해 차가운 심해수가 솟아오르는 것을 용승작용(upwelling)이라고 하는데, 이때 상승한 차가운 심해수에 다량의 영양분이 포함되어 있어 식물 플랑크톤의 생산력이 높고 다양한 해양 생물이 서식할 수 있는 환경이 조성된다. 용승작용은 페루 지역에서는 연중 지속적으로 발생하지만, 칠레에서는 해양 아열대 고기압이 계절적으로 남북으로 이동하기 때문에 봄철과 여름철에만 발생한다.

페루 해류에 의한 용승은 규모가 큰 편에 속하며, 전 세계 어획고의 약 20%가 페루 해류가 흐르는 수역에서 나온다.

바예스타스 섬으로 가는 중간에 촛대 또는 선인장 모양의 그림이 산에 그려져 있는 것이 보였다. 깊이 2m, 폭과 길이가 160m 정도로 파서 만든 그림인데, 언제 왜 그렸는지는 모른다고 한다.

거기서 한참을 더 달려 드디어 바예스타스 섬에 도착했다. '가난

- 파라카스의 부두에서 오른쪽에 있는 보트를 타고 간다. 수온이 낮고 바람이 많이 불어 춥지만 날씨가 맑아서 견딜 만했다.

　한 자들의 갈라파고스'라고 불리는 이 섬은, 실제 갈라파고스는 너무 멀어 뱃삯이 비싸 못 가는 사람들이 대신 저렴하게 가볼 수 있다고 한다. 바예스타스는 '활'이라는 뜻의 스페인어로 아치 모양의 암벽들이 많아서 붙여진 이름이다.

　이 섬에는 3억 마리 이상의 새, 수백 종의 새들이 살고 있고, 수천 마리의 바다사자와 훔볼트 펭귄이 살고 있다. 적도 부근인데도 펭귄이 살고 있다는 것이 신기했다. 한류의 용승현상으로 플랑크톤이 많고, 정어리, 앤초비(멸치 비슷한 종류), 전갱이 등이 많아서 새들의 먹이가 풍부하다. 페루 펠리칸, 갈매기, 훔볼트 펭귄, 구아노 가마우지, 페루 도요새, 잉카 도요새 등 현지 가이드가 새를 보면서 하나하나 이름을 불러주었지만, 귀에 익은 몇몇 종류만 알아들을 수 있었다.

바다사자는 물개보다 더 안전한데, 사람을 물어서 문제가 되는 것은 주로 물개라고 한다. 우리가 갔을 때는 바다사자들의 짝짓기 계절이 아니어서 조용히 낮잠 자는 모습만 보았다.

이 섬의 표면에 하얗게 덮여 있는 것이 '구아노'라고 하는 새 배설물인데, 7년에 한 번씩 채취해서 비료 원료로 판매하고 있다. 19세기 중반에는 페루 수출액의 80% 이상을 이 섬의 구아노에서 얻었다고 한다. 지난 100년 넘는 시간 동안 이곳에서 살아간 새들이 페루에 도움을 많이 준 셈이다. 구아노가 많이 쌓였을 때는 그 두께가 70m에 육박한다고 하니, 새들이 먹고 싸는 양이 정말로 어마어마하다. 하루에 자기 몸무게의 10분의 1만큼 배설한다는 것은 그만큼 새 먹이가 충분하다는 뜻이기도 하다. 최근에는 인공비료가 많아서 구아노의 값이 계속 떨어지고 있고, 생산량도 줄어들고 있다고 한다.

새와 바다사자의 천국, 바예스타스 섬 주변을 계속 잘 보존했으면 좋겠다. 물속으로 뛰어들었다가 나오는 새들의 모습이 장관이었지만, 선착장에서부터 섬까지 새똥 냄새가 너무 역겨워 숨쉬기 힘든 것도 있었다.

항구 근처 BAHIA라는 식당에 가서 세비체를 먹었다. 회, 문어를 넣고 약간 숙성시킨 후 야채를 넣고 레몬을 뿌려서 비벼먹는데 상큼하고 맛있었다.

이 세비체에는 슬픈 역사가 숨어 있다. 이곳 사막 오아시스 주변에 대규모 농장이 들어서고, 아프리카 내륙에서 노예들이 팔려 와서 정착하게 되었다. 이곳에서 먹거리는 바다에서 잡히는 생선뿐이었는

- 바예스타 섬 가는 중간에 보이는 선인장 모양 또는 촛대 모양의 지상 그림.
- 구아노 채취 시 사용하는 선착장.

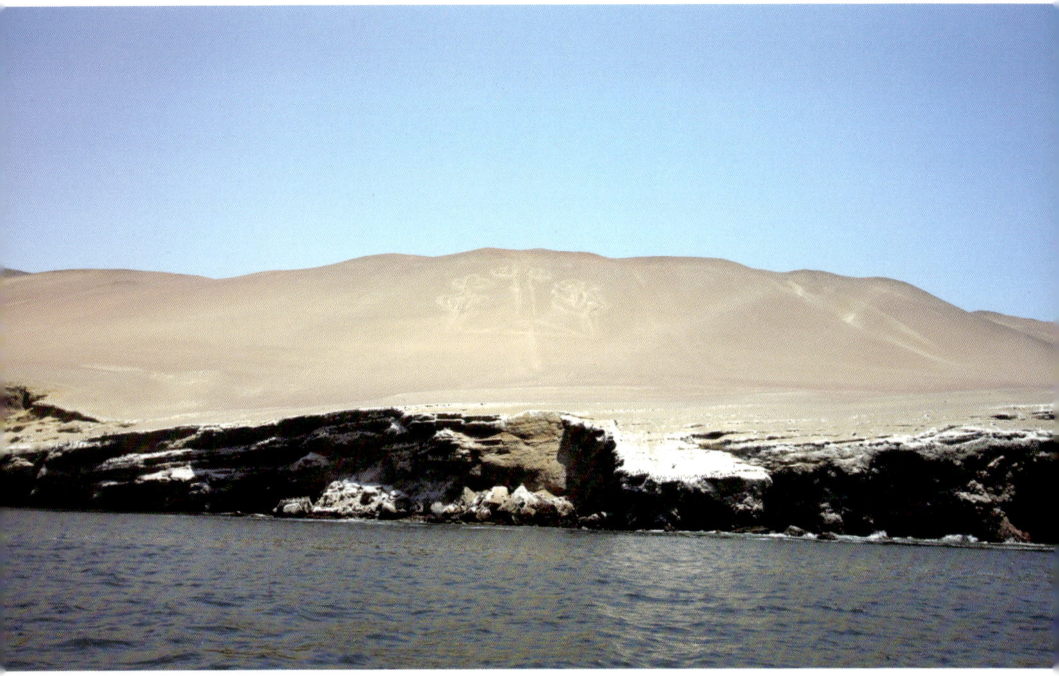

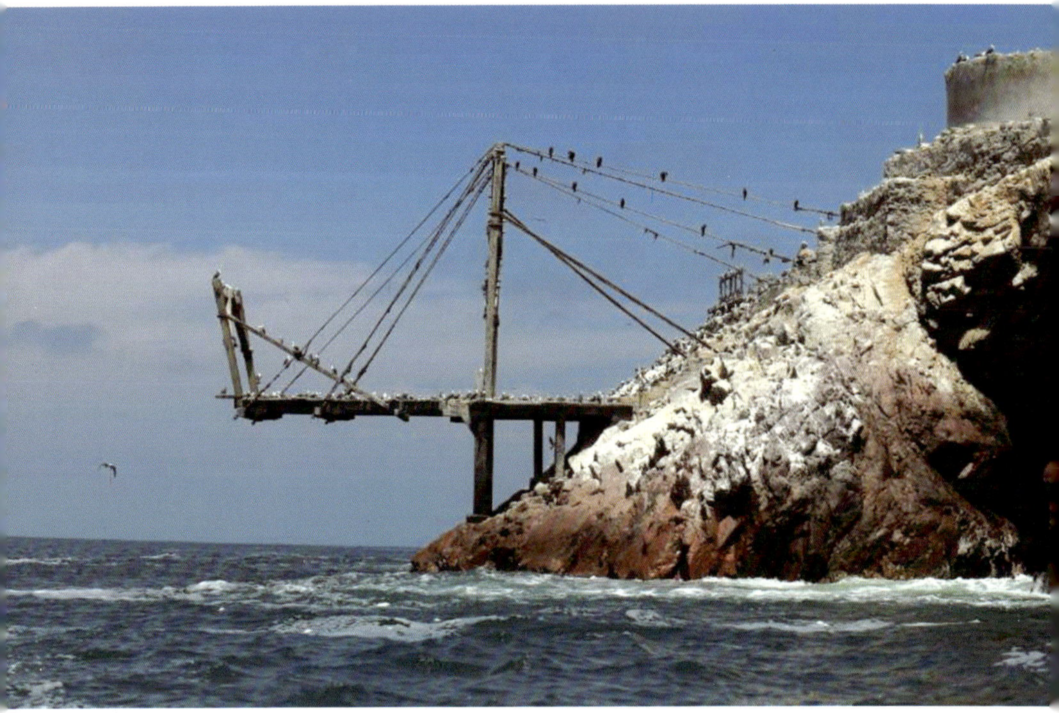

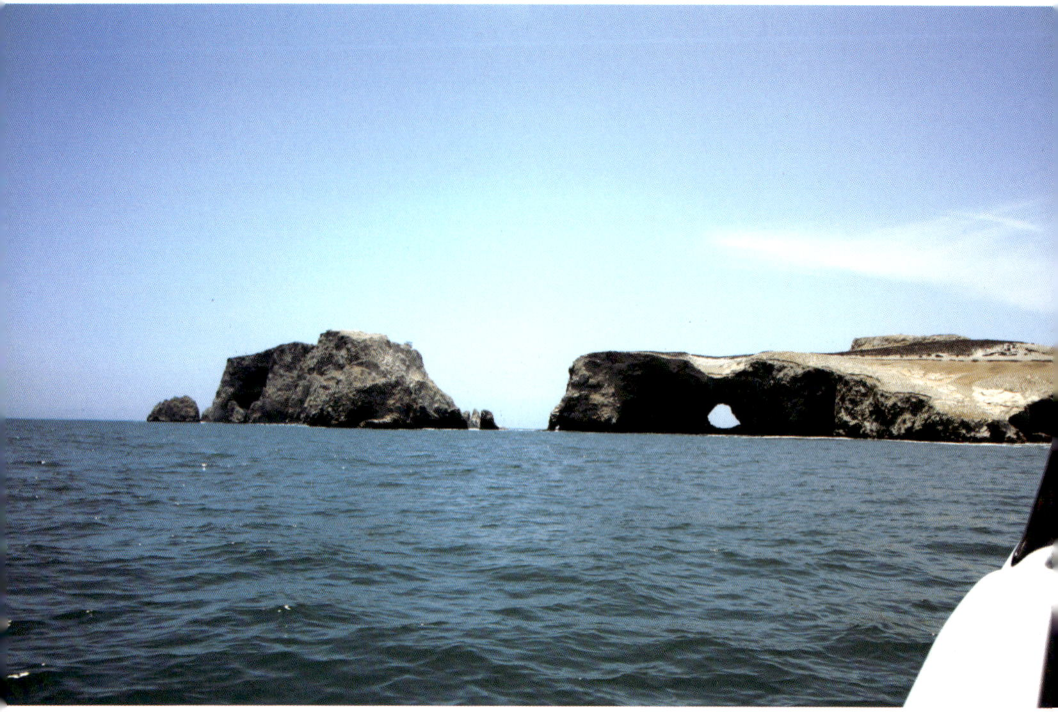

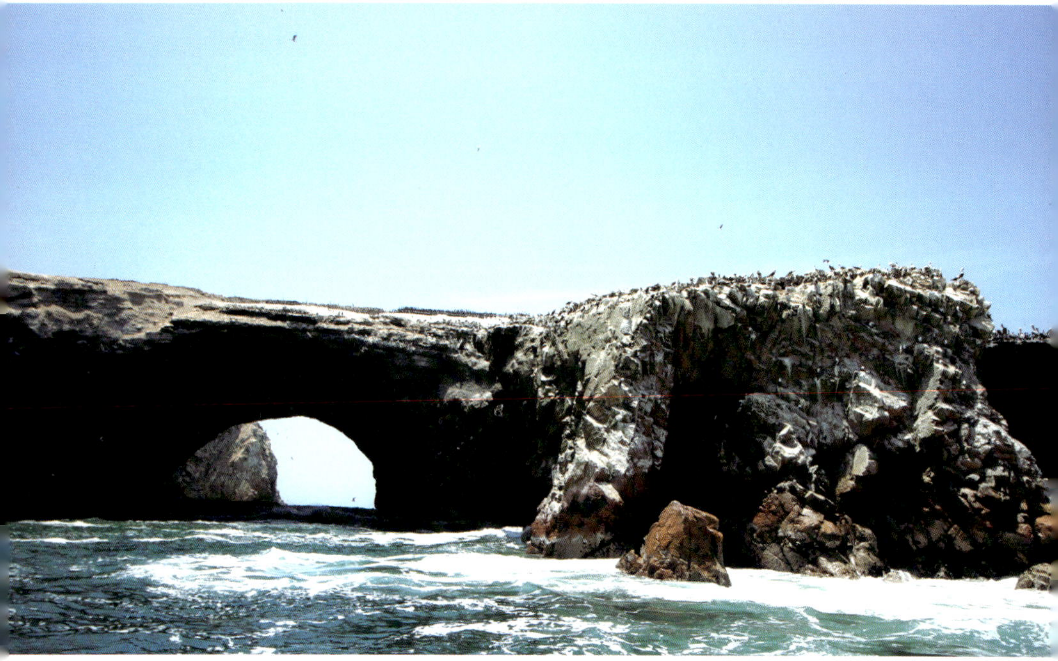

데 처음에는 어떻게 먹을지 몰랐다. 그러다가 상한 생선을 살균하기 위해 강한 레몬즙에 씻어서 먹은 것이 세비체의 시초였다고 한다.

점심 식사로 가리비찜에 매운 소스를 뿌려 먹는 것도 입맛에 맞고, 생선튀김도 맛있었다. 부슬부슬하지만 쌀밥이 나와서 좋았다. 옥수수의 종주국답게 옥수수 한 알 한 알의 크기가 너무 커서 놀랐고, 그 종류가 300가지가 넘는다는 것도 놀라웠다.

식사 후 이까 사막으로 이동하는 동안 그냥 쓰러져서 잤다. 사막 한가운데 와카치나 마을에 있는 Massone 호텔은 오아시스 바로 옆이어서 그런지 정원이 아주 훌륭했다. 그리고 시설은 오래되었지만 깨끗했다.

바닷가에 이런 사막지대가 형성된 것도 훔볼트 한류 때문인데, 차가운 바다 때문에 대기 중에 있는 습기는 바다 쪽으로 빼앗기고 땅은 사막이 되었다. 난류 때문에 위도에 비하여 따뜻하고, 안개와 비가 잦은 영국과는 정반대의 상황인 것 같다.

짐을 놓고 버기카를 타고 사막으로 향했다. 안전벨트를 맨 사람을 가득 태운 모습을 보니 마치 놀이동산에서 놀이기구를 탄 것처럼 보이는데, 속도감과 떨림, 울림소리, 모래언덕을 오르내리는 그 상승감과 하강감이 너무 짜릿하고 재미있었다. 모래바닥에서 미끄러지지 않고 잘 굴러가는 버기카가 신기했다.

눈 위에서 보드를 타듯 모래언덕 위에서 샌드 보드를 엎드려서 타고 내려오는 것을 두 번 했는데, 생각보다 속도감이 나지는 않았다. 역시 보드는 눈 위에서 타야 제 맛인가 보다.

- 활 모양의 아치가 많은 바예스타 섬.
- 섬 위에는 새들이 가득 있지만, 섬 주변 해안의 하얀색 새똥에서 악취가 심했다.

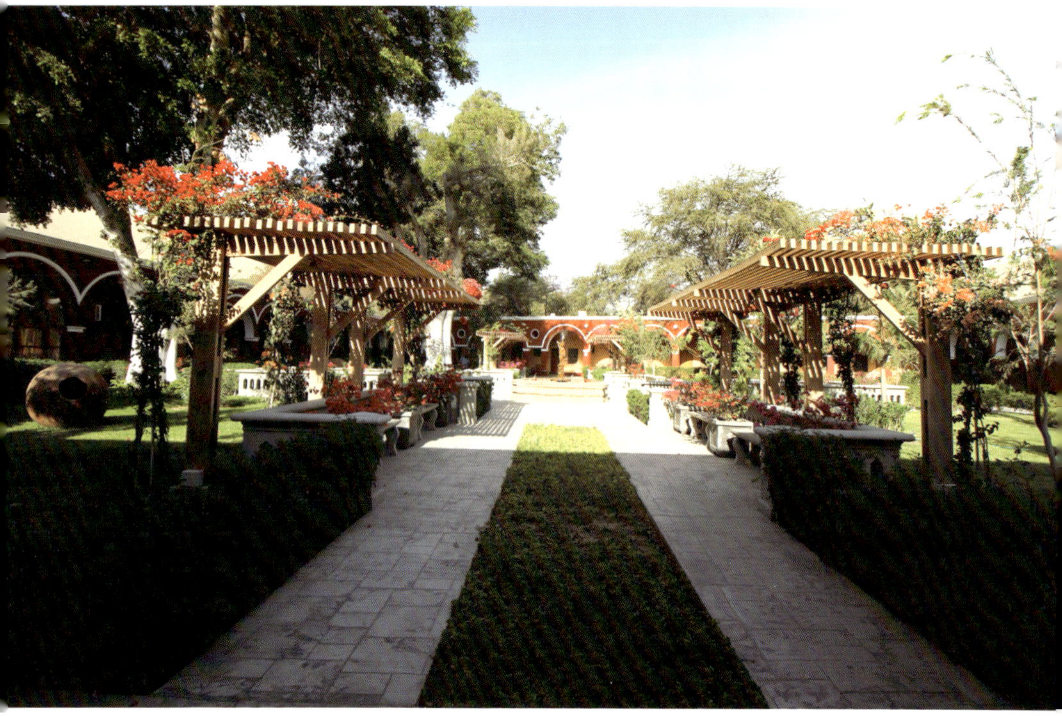

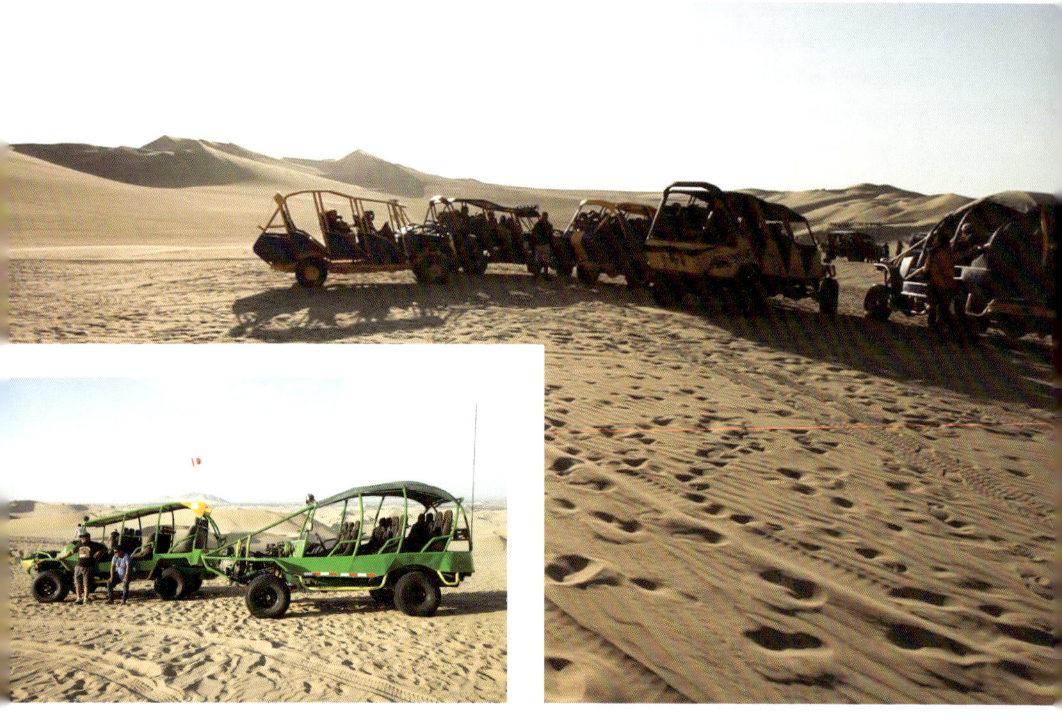

해질 무렵 모든 버기카들이 선셋 포인트로 이동했다. 사막에서 해지는 것을 보며 노을이 생기면 이쁘겠거니 기대를 했는데, 사막의 높은 곳으로 이동해서 지평선 너머로 떨어지는 해를 보는 것이 아니라, 낮은 모래언덕 위에서 더 높은 모래언덕 너머로 지는 태양을 보는 자리였다. 아직 노을이 지려면 한참 남은 시간이어서 생각만큼 아름다운 석양을 볼 수는 없었다.

오아시스를 한 바퀴 돌아보고 호텔로 돌아와 저녁을 먹었다. 이번에도 자기소개를 했는데, 삼성 임원으로 있다가 퇴직한 69세 된 조 선생님이었다. 우리 중에 제일 연장자였지만 백두대간 산행과 등산을 자주, 오래해서서 그런지 체력이 제일 좋았다.

교장 선생님으로 은퇴한 윤 선생님은 자전거와 걷기가 취미이고, 젊었을 때 남미에 못 온 것이 아쉽기는 하지만, 그래도 남은 생에 제일 젊은 날에 놀러온 것이라는 말씀이 오래 기억에 남았다.

은퇴하면 어떻게 사나 싶었는데, 막상 은퇴 후에 좋은 취미를 벗 삼아 안정되고 재미있는 삶을 살게 되어 좋다는 말씀을 들으면서 치과의사들도 좀 더 이른 나이에 은퇴를 준비하고, 인생 2막에 좀 더 즐겁고 의미 있는 삶을 살아야겠다고 생각했다.

사막과 오아시스에 왔으니 밤에 쏟아지는 별을 보고 싶었으나, 주변에 있던 많은 동네 개들이 밤에는 늑대처럼 사나워져 사람을 공격하는 일이 잦아 외출을 삼가라는 말을 듣고 나갈 수가 없었다. 아쉽지만 여행 초기에 안전이 제일이라는 생각으로 참기로 했다.

- Massone 호텔 정원. 오아시스 옆이어서 그런지 사막 한가운데 멋진 정원이었다.
- 선셋 포인트에 모인 버기카들

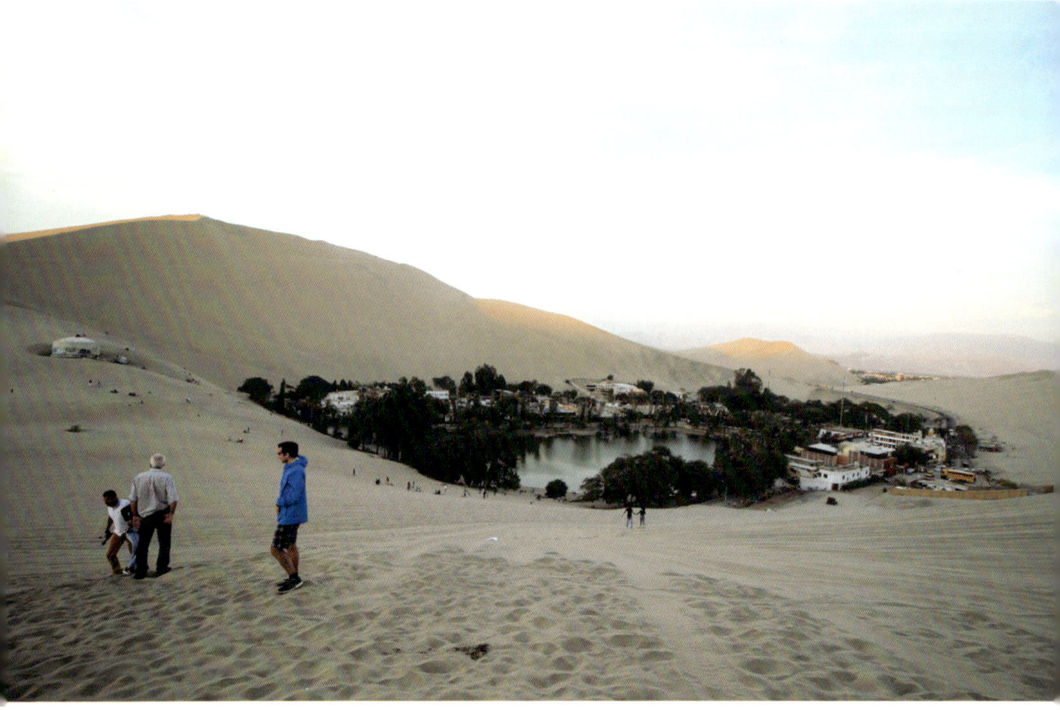

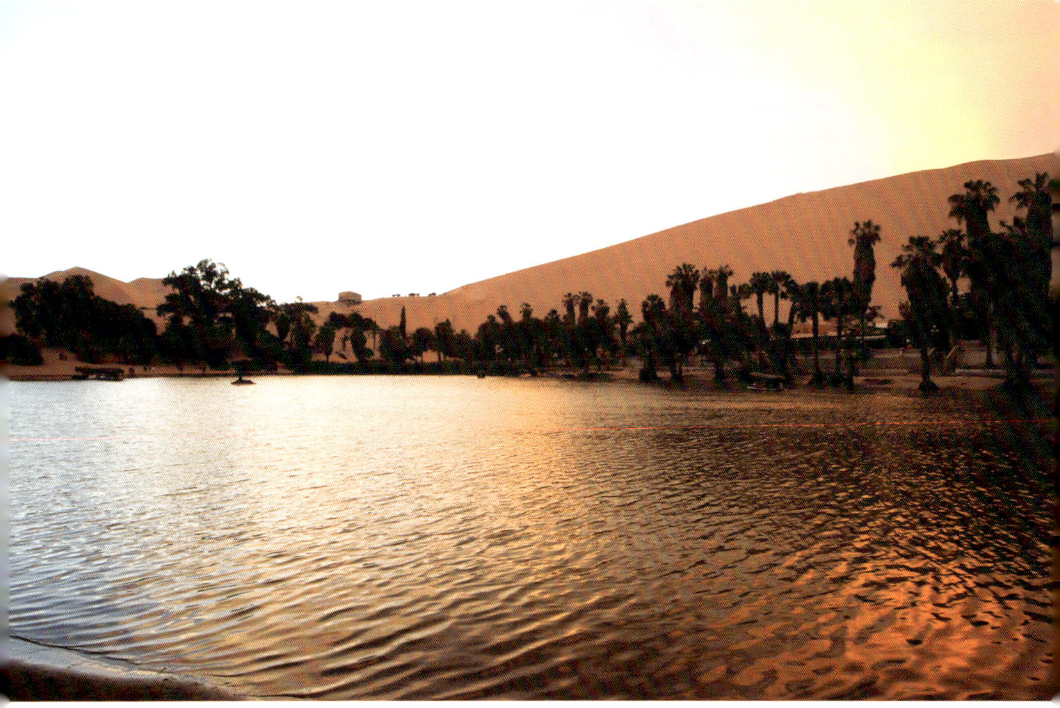

11월 12일
하늘에서 본 나스카의 지상 그림

12시경 리마 호텔에 도착했다. 무척 피곤했지만 그래도 쓸 건 쓰고 자야겠다.

어제는 저녁을 먹고 바로 잠들었다가 새벽 2시에 일어났다. 시차 적응이 어려웠다. 그 시간에 일기를 쓰고 아내와 카톡을 하다 보니 새벽 5시 반이 되어 창밖이 밝아 왔다. 아침 식사 시간은 7시. 모래언덕을 오르면 사막의 일출을 볼 수 있을 것 같아 호텔 밖으로 나와 사막 쪽으로 걸어갔다.

오아시스 옆을 걷는데 노란 큰 개 한 마리가 어슬렁어슬렁 다가와 깜짝 놀라서 손에 들고 있던 카메라를 흔들며 소리를 질렀더니 다행스럽게도 그냥 자기 갈 길을 가버렸다. 그 후에도 많은 개들이 내 주위를 맴돌았지만, 지난밤 주의 들은 대로 나를 공격하는 개는 없었다.

사막 모래언덕을 오르다가 뒤를 돌아보니 일출이 시작되는 것 같았다. 발걸음을 재촉하면서 얼른 오르려고 했으나 얼마 못 가 숨이 차고 힘들어서 많이 오를 수가 없었다. 느낌은 50m 오른 것 같은데 어지럽고 숨이 차고 핑 도는 느낌까지 드니, 트레킹 연습을 하지 않고 여행을 떠난 나의 체력을 탓할 수밖에 없었다.

어제는 버기카로 금방 올랐는데, 걸어서 오르려니 그에 반의반도 못 오르고 포기할 수밖에 없었다. 그나마 스스로 안위할 수 있었

- 되돌아오면서 바라본 이까 사막 오아시스. 주변에서 물을 많이 뽑아 쓰는 바람에 반 이상을 수돗물로 다시 채운다고 한다.
- 오아시스를 돌다가 해가 졌다.

던 것은, 구름이 가득하여 일출이 그리 멋지지 않았다는 것이고, 가끔 구름 사이로 햇볕이 조금씩 보일 때는 역시나 아름답다는 생각이 들었다.

모래언덕 위에 점처럼 보이는 사람들을 보면서, 언제 저기까지 올라갔을까 하는 부러움과 경외감이 들었다. 구경하면서 사진을 찍다가 7시 식사 시간에 맞춰 호텔로 돌아왔다. 이 호텔에서는 생과일 주스가 좋았다. 그리고 시리얼과 식빵과 커피로 아침을 먹었다.

조금 쉬다가 호텔에 짐을 놓고 비행장으로 갔다. 지도를 봤을 때는 이까에서 나스카까지 차로 1시간 반 정도 가야 하는 것으로

- 사막과 오아시스의 파노라마 뷰. 왼쪽 능선에 점으로 보이는 것이 사람이다.
- 모래언덕 위에 개들이 모여 있었지만, 아침에는 달려들지는 않았다.

나와 버스로 갈 줄 알았는데, 바로 이까 공항으로 가서 경비행기를 탔다. 오늘 일정은 나스카 지상 그림 구경이었다.

나스카 공항에서 출발하면 30분 정도 비행하면서 지상 그림을 보는 것이라고 했는데, 우리는 이까 공항에서 출발하는 것이어서 왕복 1시간 10분 정도 걸리는 프로그램이었다. 버스를 안 타고 비행기로 왕복하면서 지상 그림까지 보는 것이 훨씬 편했다.

2열 6행 구조인 12인승 비행기를 타고 20분 정도 날아가는데, 멀리 웅장한 안데스 산맥과 그 아래로 사막이 끝도 없이 펼쳐져 있다. 또 그 안에서 농토를 확장하고 있는 모습도 대단해 보였다.

나스카에 도착하기 전부터 땅에는 삼각형, 사각형 등의 다양한 도형들이 나타났다. 그러다가 프로그램으로 나눠 준 그림판대로 고래 그림부터 보기 시작하였는데, 처음에는 고래를 찾기도 어렵고 마찬가지로 사진 찍기도 어려웠다.

첫 번째 고래 그림을 찾은 다음부터는 그림 지도가 있어서 다음 그림을 찾기가 쉬웠다. 그러나 문제는 또다시 생겨났다. 2열 비행기여서 양쪽의 승객에게 그림을 다 보여 주기 위해 오른쪽으로 한 번, 왼쪽으로 한 번 비행기를 급격하게 틀어야 하니, 비행기의 요동이 심하게 느껴졌다. 초반에는 자기 편에서 그림을 찾으면 사진 찍을 시간이 부족했기에 반대편에서 보여 줄 때 사진을 찍고, 반대편에서 먼저 보여 주면 내 편으로 꺾을 때 사진을 찍었다.

이렇게 양쪽으로 보면서 사진을 찍다가, 핸드폰의 비디오 모드로 찍으면서 화면을 보다 보니 얼마 안 되어 갑자기 속이 뒤집히면서 하늘이 노랗게 보였다. 기장이 비행기 이륙 전에 설명하기를, 사진기나 핸드폰 화면을 많이 보면 어지럽고 구토 증세가 날 수도 있다고 하더니 바로 그 증세가 나타났다. 비행기를 타면 비행을

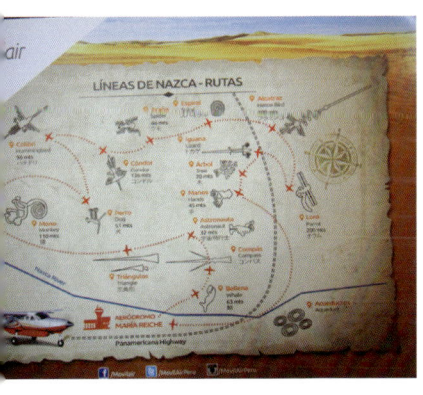

- 이까 공항 대합실.
- 나스카 지상 그림 약도와 비행기 이동경로.
- 2열 6행의 경비행기.

즐겼어야 했는데, 뭔가를 찍어 보겠다고 하다가 바로 문제가 나타난 것 같았다.

한번 속이 뒤집힌 이후에는 지상 그림을 보는 것보다 침을 꼴깍꼴깍 삼키면서 전방 하늘만 바라보며 속을 다스리다가, 그림이 나올 때만 잠깐 아래를 내려다보는 정도였다. 그것도 몇 번 하다가 더 이상 못 참겠다고 생각할 즈음, 비행기가 더 이상 요동치지 않고 이까 공항으로 되돌아오고 있었다. 내 몸도 조금씩 진정되기 시작했다. 비행이 끝난 후 다른 분들도 마찬가지였다고 했다.

직접 보고 나니 더 신기한 그림이다. 이런 그림을 그리려면 최소 150m 이상 높이의 시선이 있어야 하는데 2000년 전 사람이 어떻게 이런 그림을 그릴 수 있었을까, 불가사의하기만 하다. 외계인이 그렸다고 해도 부정하지 못할 것 같다.

페루에서 길을 내면서 나스카 지상 그림을 없애려고 했는데, 네덜란드의 한 여성 수학자의 헌신적인 노력으로 지금까지 남아 있게 되었다고 한다. 몇십 년간 그녀의 노력으로도 결국 그 궁금증은 풀지 못하였지만, 이런 문화유산을 지켜내어 지금 우리가 계속 볼 수 있게 한 것만으로도 대단한 업적이라는 생각이 든다.

경비행기가 이륙할 때는 많이 불안하더니, 착륙 때는 속도도 느리고 가벼워서 그런지 훨씬 안정적으로 착륙했다.

호텔에 돌아와 잠깐 쉬었더니 울렁거리던 속이 조금 풀렸다.

12시 체크아웃, Las Dunas 호텔에서 점심 뷔페를 먹었다. 남미에 온 이후 채소 샐러드가 가장 많이 나온 식당이었다. 아직도 속이 안 좋아 야채 위주로만 먹고, 맥주도 한 병 간신히 마셨다.

- 고래 그림. 길을 내면서 고래가 잘려 나갔다.
- 외계인 그림.

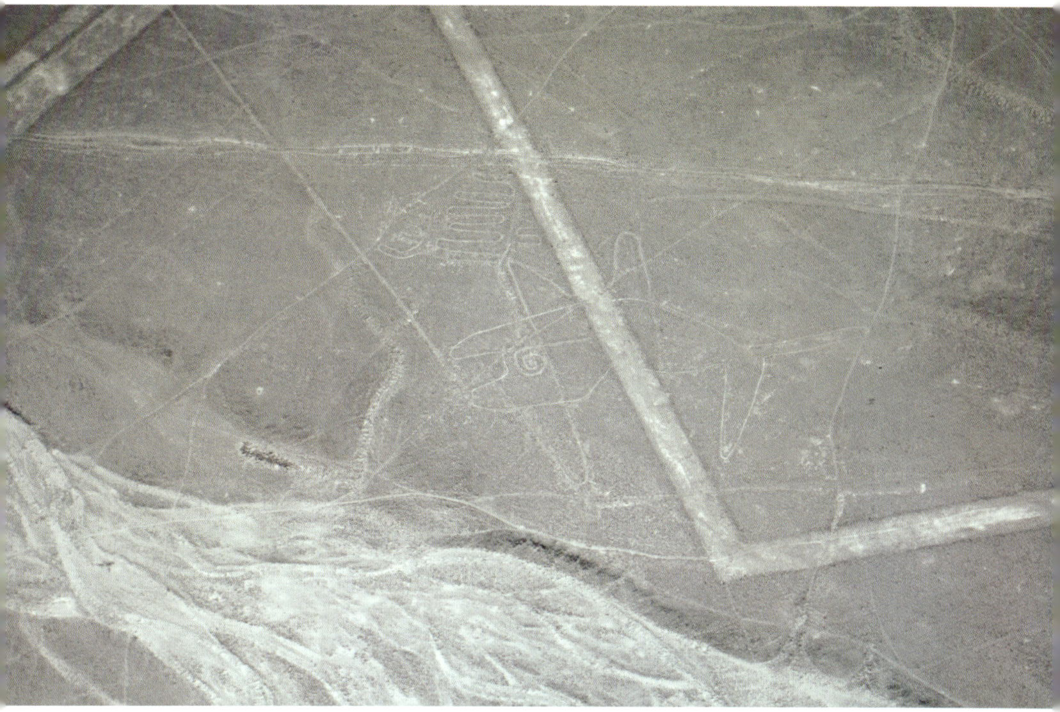
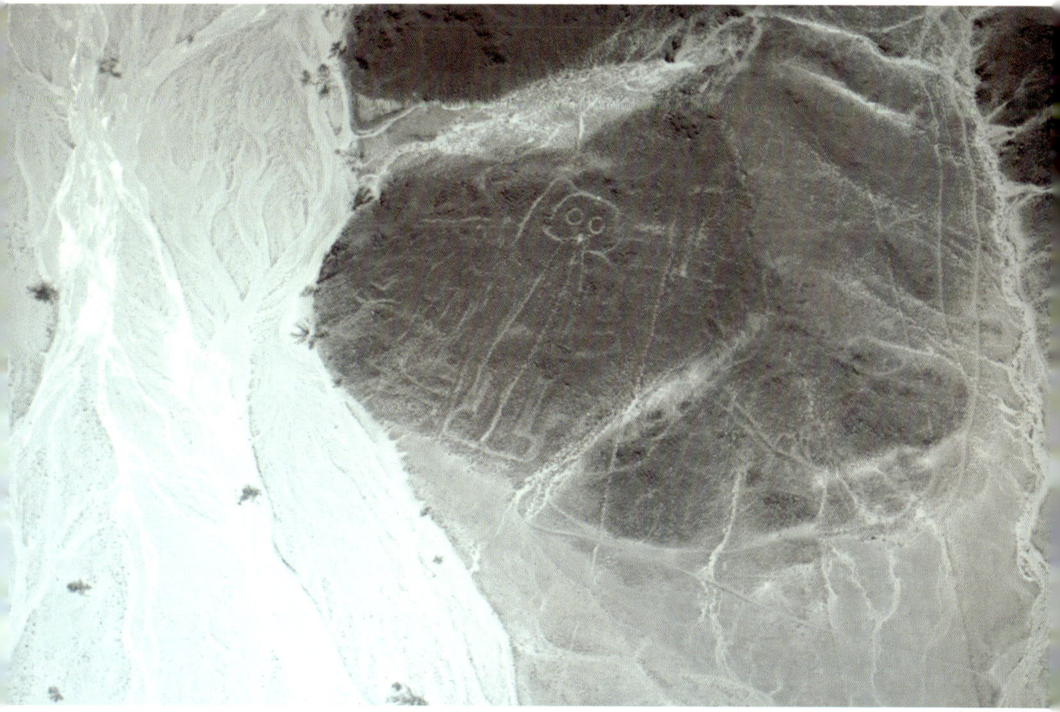

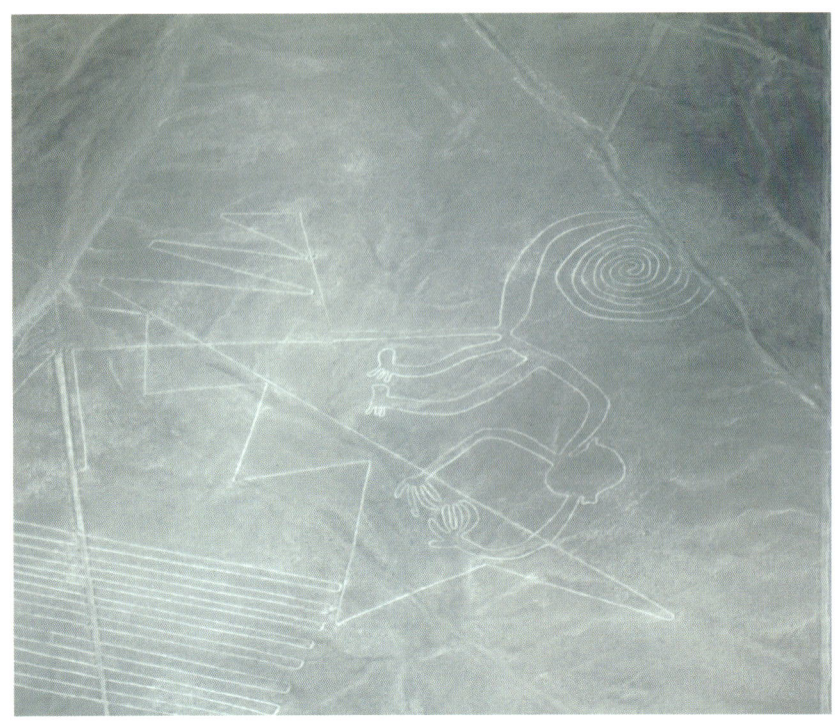

- 원숭이 그림.
- 나무와 손 그림. 비행기를 타지 않고 지상 관람 타워에서도 볼 수 있다.

2시 반경 Cruz del sur 버스터미널에서 짐을 부치고, 3시 1층 VIP 좌석에 앉아 리마로 향했다. 이까로 올 때처럼 버스에서 안 자고 책을 읽고 싶었으나, 오늘은 불가능했다. 중간 기착지에서도 깨지 않고 4시간 반 동안 계속 잤다. 남미에 대한 팟캐스트를 들으려 했지만, 전혀 기억이 나지 않을 만큼 푹 자버렸다. 다만 좋았던 것은, 이번 여행에 이어폰을 준비하지 못했는데 버스 안에서 이어폰을 하나씩 나눠 주었다는 것이다. 앞으로 비행기 타면서 기다리는 시간에 사용할 수 있는 이어폰이 생겨서 좋았다.

오늘은 일요일이었고, 일요일 저녁 수도로 되돌아오는 길은 여지없이 막혔다. 그런데도 500km 되는 거리를 5시간 반 만에 도착했다. 남미 지도상으로 보면 얼마 안 되는 것 같은데, 실제로는 서울-부산 거리 이상인 것이다.

리마에 도착해 곧장 한국식당 '대장금'으로 향했다. 늦은 시간이었지만 삼겹살과 된장찌개에 여러 가지 밑반찬을 먹었더니, 꼬였던 속이 확 풀리는 느낌이었다.

오늘도 한 분의 소개가 있었다. 철도청에서 정년퇴직하고 오신 분인데, 자기소개를 들으면 들을수록 더욱 가깝게 느껴지는 것 같다.

어제 샌드보딩 하는 것을 동영상으로 한 명만 찍어 보았는데, 안 찍힌 분들은 무척 아쉬워했다. 앞으로는 다른 분들 사진도 많이 찍고, 동영상도 많이 찍어 주면 좋을 것 같다.

드디어 내일 해발 3,200m 쿠스코로 들어간다. 고산에 잘 적응할 수 있을지 걱정된다. 조심조심 천천히 잘 적응해야겠다. 그리고 아직까지 가지고 와서 읽지 못한 책도 읽어야겠다.

- 사막 주변에 관계수로를 정비해 농장을 많이 넓혔다.
- 리마의 한국식당 '대장금'.

11월 13일   잉카의 비극을 짚으며

어제 일기를 쓰고 잤는데, 2시간 자고 새벽 3시에 눈이 떠졌다. 버스에서 많이 잤기 때문인 듯하다. 일어나서 쿠스코에 대한 정보 검색도 하고, 드디어 강신주의 《철학 VS 철학》 책을 읽기 시작했다. 두껍지만 긴 시간 읽을거리로 들고 온 것인데, 앞으로 하루 한 주제씩 읽을 수 있도록 해야겠다.

오늘도 좀 빡빡한 날이다. 짐 정리를 끝내고 6시 반 식당으로 갔다. 그리고 7시 로비에 모여 공항으로 향했다. 월요일 아침이어서 출근길 교통량이 많아 길도 너무 막혔고, 공항도 무척 붐볐다.
국제선과 다르게 역시 외국에서의 국내선 이용은 어려웠다. 여기에 서라 저기에 서라 변경이 많았다. 일찍 출발했는데 짐 부치고 탑승 수속을 하고 나니 8시 반이었다. 9시 50분 출발 13번 게이트라고 하여 그 근처에 앉아 있는데, 출발 20분 전 12번 게이트로 바뀌었다. 이어폰을 끼고 팟캐스트를 듣고 있었는데, 일행들이 불러주지 않았다면 몰랐을 뻔했다.

1시간 반 비행 후 11시 반 쿠스코에 내렸다. 공항 위치가 이미 3,200m를 넘어 고산증 위험이 있으니 대비해야 했다. 착륙 후 비행기에서 내리기 전에 물 2리터를 마셨다. 물 2리터를 못 마실 줄 알았는데 고산이어서 그런지 잘 넘어갔다. 물 한 통을 더 마시려고 하다가 윤 교장 선생님 내외가 물이 없다고 하셔서 그 물을 드렸다.

- 쿠스코 아르마스 광장. 왼쪽이 대성당. 오른쪽에 라콤파냐 헤수스 교회가 보인다.
- 쿠스코 골목 안의 한식당 '사랑채'.

쿠스코는 케추아어로는 '코스코'였는데 스페인 사람들이 쿠스코라고 불렀으며, 원래는 '세계의 배꼽'이라는 뜻이다. 그만큼 쿠스코를 만든 파차쿠티 잉카왕은 자신만만했었다.

공항에서부터 천천히 걷고, 짐을 들고 내릴 때도 천천히 조심조심하면서 미니버스를 타고 시내로 이동했다. 아르마스 광장 근처 한식당 '사랑채'에서 점심 식사를 했다. 머리가 띵하고 숨이 가빠서 밥도 꼭꼭 씹어 천천히 먹었다. 소화가 잘 안 되는 느낌이었지만 김치찌개, 된장찌개, 생선구이, 제육볶음과 밥 한 공기를 다 먹었다. 더 먹고 싶었지만 대신 물을 계속 마시고 화장실을 여러 번 갔다. 물을 3리터 이상 마셔서 그런지, 얼굴을 만져보니 급격하게 부어 있었다.

아르마스 광장으로 가서 대성당을 보았다. 그 옆에 비슷한 모양으로 잘 지어놓은 예수교 라콤파냐 헤수스 교회도 멋져 보였는데, 우리는 대성당만 구경했다. 여러 번 대지진으로 수리한 흔적이 있고, 통일되지 않은 여러 가지 양식이 뒤섞여 있었다. 성당 건설 94년 동안 책임자가 여러 번 바뀌어 바로크 양식, 고딕 양식 등 유럽의 여러 양식이 혼합되었다고 한다.

내부에 있는 조각상과 그림들 중에 재미있었던 것은 검은 얼굴의 예수상이었다. 1950년 대지진이 일어났을 때, 사람들이 여러 예수상을 들고 밖으로 대피시켰는데, 이 검은 예수상을 옮겼을 때 지진이 멈췄다고 한다. 그래서 지진의 신으로 검은 예수상이 성당 중앙에 위치하게 되었다.

또 새로운 것은 성모상이었는데, 원주민들이 산과 땅에 대한 믿음이 강해 성모상의 뒷 망토를 점점 더 크게 펼쳐서 산처럼 보이게 했다고 한다.

그리고 '최후의 만찬' 그림이 특이했다. 밀라노에 있는 레오나르

도 다빈치의 그림과 다른 점이 있었다. 모두 식탁 뒤에 있는데 식탁 앞에 유일하게 앉아 있는 사람이 유다가 아니라 피사로였다는 점이다. 자신의 얼굴을 넣으라고 시켰다는데, 피사로가 열두 성인이 되고 싶었나 보다.

　화장실도 자주 가고, 천천히 걷고, 가이드의 영어 설명을 들은 후 최 가이드의 한국어 설명을 다시 듣게 되니 시간이 많이 흘렀다. 성당에서 나와 아툰루미욕 거리라는 뒷골목에 가서 정교한 석축과 12각 바위를 구경하고, '꽃보다 청춘'에 나왔던 가게와 골목을 구경했다. 청동기와 석기밖에 없던 시절에 이 큰 돌을 어떻게 다듬고 이동했는지 아직도 풀리지 않는 미스테리다. 대지진이 있어도 잉카인

• 쿠스코 아르마스 광장. 날씨 변화가 심하고 기온도 급격하게 변했다.

들의 석축은 전혀 무너지지 않고, 그 위에 새로 올린 석축들만 무너졌다고 하니, 잉카인들의 돌 다루는 기술은 엄청났던 것 같다.

다음으로 코리칸차로 갔다. 코리칸차는 잉카의 태양의 신전이었는데, 외관을 온통 황금으로 치장하여 태양이 뜰 때 눈이 부셨다고 한다. 내부에도 황금으로 만든 동상과 물건들이 많았는데, 피사로와 그 일당들이 신전 안팎의 황금을 다 긁어 가서 녹여 버렸고, 더욱이 상부를 허물고 산토도밍고 교회를 세워 버렸다. 코리칸차를 돌아보면서, 아름답고 대단한 기술이라고 놀라기보다 가슴이 아프기만 했던 것은 아마도 이런 이유를 들어서였나 보다.

마지막 잉카 아타우알파는 자신의 몸값으로 자신이 갇힌 7×5×3미터 크기의 방을 금으로 가득 채워 주겠다고 말했다. 잉카의 백성들은 태양의 아들을 위해 금을 방안 가득 채워 주었는데, 그 금이 모두 코리칸차에서 나온 것이라고 하니, 코리칸차의 안팎에 있던 황금의 양이 어마어마했던 것 같다.

태양의 신전 자리에는 산토도밍고 교회를 세웠다. 아르마스 광장 주변의 와이나 카파쿠 궁전 자리에는 라콤파냐 헤수스 교회를 세웠다. 뒤에 간 삭사이와망에도 주춧돌 잔해만 남아 있을 뿐이었다.

원주민의 문화와 삶에 대한 고려가 전혀 없는 약탈자 같은 침략자들과 제국주의는 정말로 역사적으로 문제인 것 같다. 이런 식민지를 약탈하는 제국주의는 지금 해소되었는가? 아직 아니다. 다시금 '체 게바라'의 이상을 봐야 할 때인 것 같다.

느릿느릿 걷고 화장실도 자주 가다 보니 삭사이와망으로 가는 시간이 늦어서 못 들어갈 뻔했다. 5시가 넘었지만 다행히 입장이 되었다. 삭아이와망은 거대하고도 정교한 돌들로 인해 제작 목적이 무엇이었을지 미스테리한 곳이었는데, 최근에 신전이 있던 주춧돌,

- 아툰루미욕 거리의 석축. 면도날도 들어가지 않을 만큼 정교하게 맞춰져 있고, 안쪽으로 약간 경사져 있어 지진이 나도 무너지지 않는다.
- '잉카의 벽'이라 불리는 지름 115cm의 12각 바위

- 태양의 신전 코리칸차, 현재는 산토도밍고 교회로 쓰인다. 아래쪽 잉카의 석축과 위쪽 스페인의 석축이 함께 공존한다.
- 이 신전의 석축에 2kg짜리 황금판 700개가 덮여 있었다고 한다.

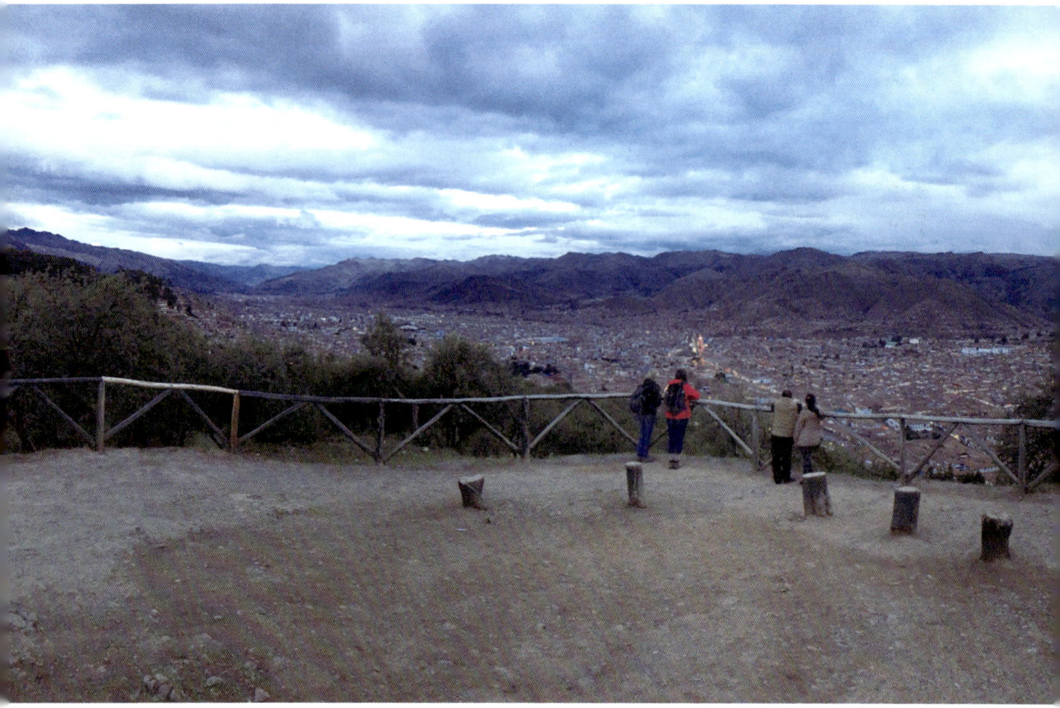

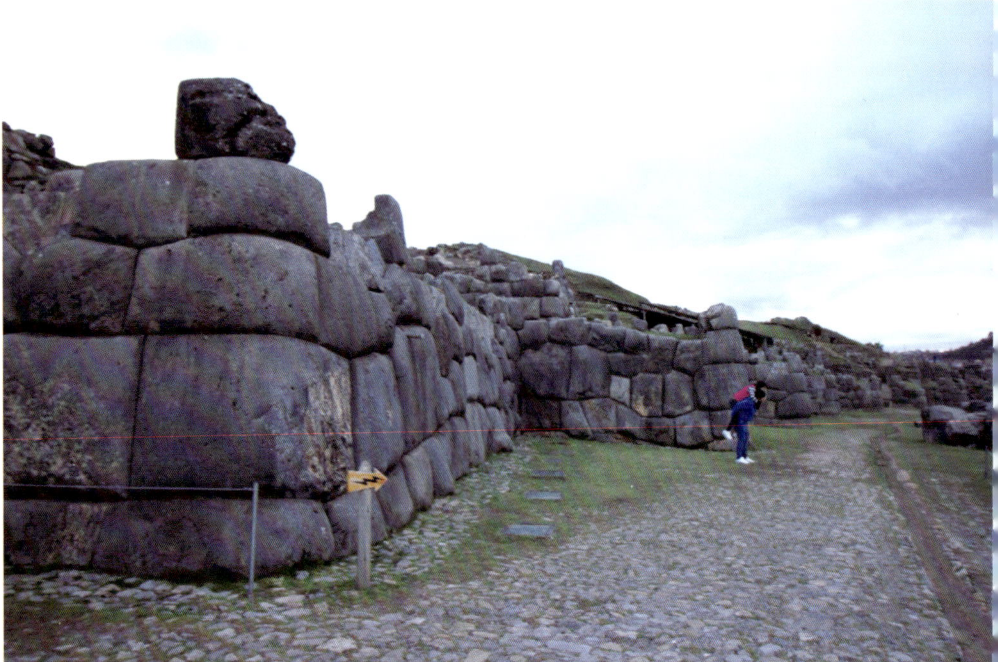

주술사가 살던 집터 등이 발견되면서 신전이었다는 설이 제일 유력하다고 한다.

 잉카인들이 성스럽게 여기던 동물은 하늘의 콘돌, 땅의 퓨마, 지하의 뱀이었다. 이곳 쿠스코의 전체 모습이 퓨마의 모습이라고 하는데, 이 삭사이와망의 위치가 퓨마의 머리 부위이고, 제일 높은 곳에 위치해 도시를 다 볼 수 있으니 신전이라는 설이 더 설득력 있다.

 '삭사이'는 배부르다, 많다는 뜻이고, '와망'은 머리라는 뜻이어서 원래 지혜가 충만한 곳이라는 의미인데, 스페인군이 마지막까지 저항하는 잉카군을 여기에서 다 죽인 후에 그 시체들 때문에

- 삭사이와망의 쿠스코 파노라마 뷰.
- 쿠스코 뒤쪽 언덕 위로 오르면 넓은 공터와 커다란 석축의 삭사이와망에 도착한다.

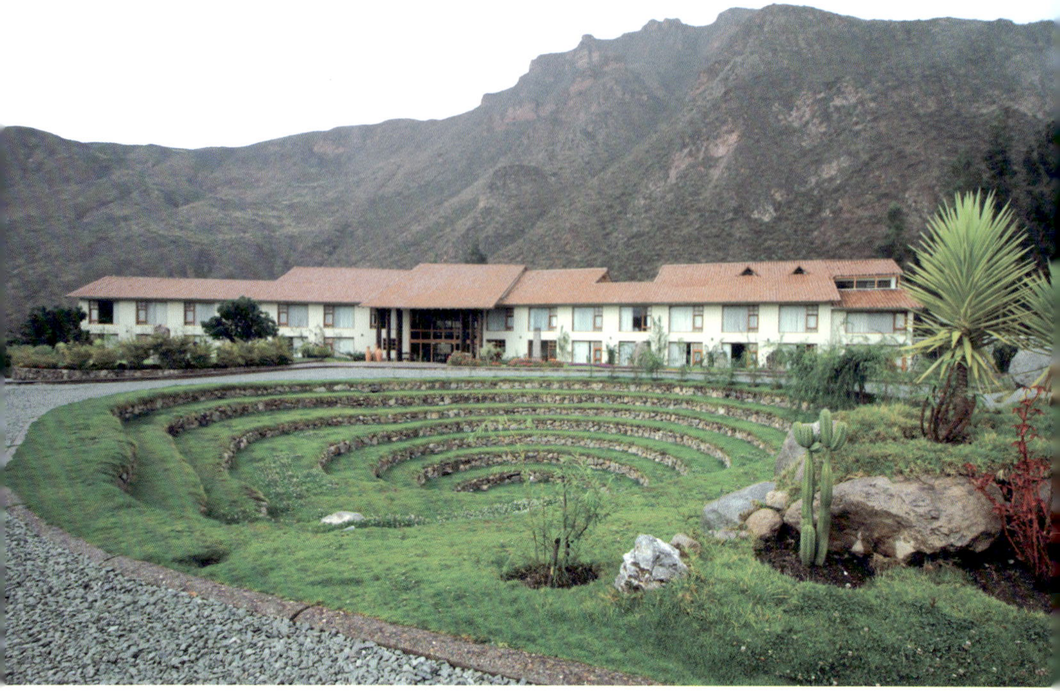

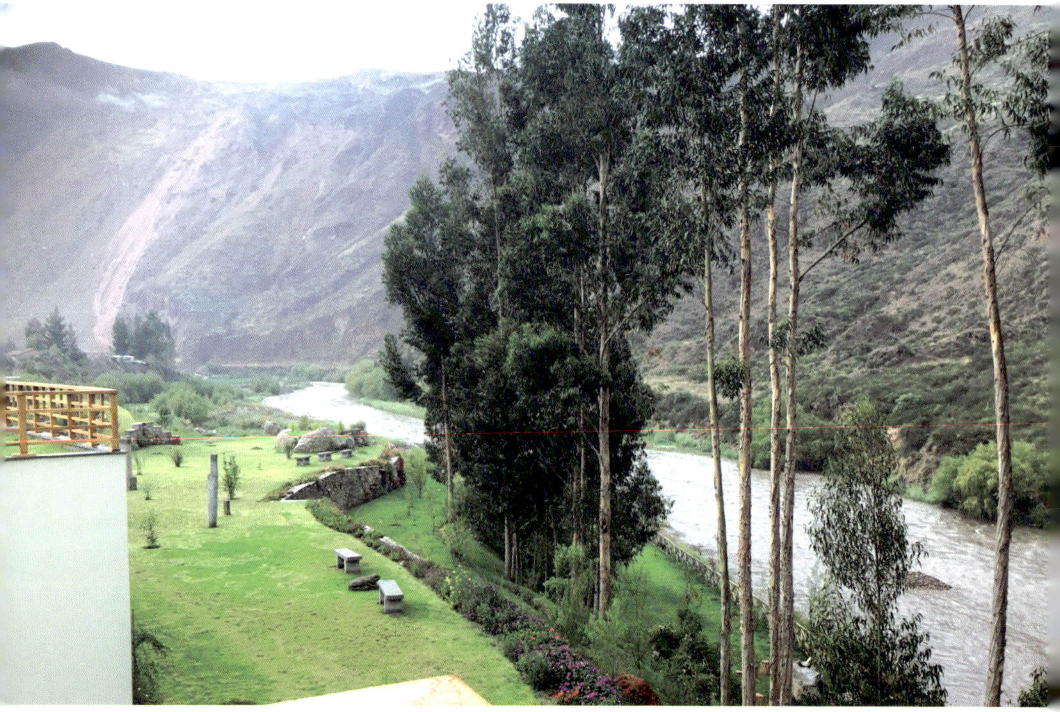

민머리 독수리가 배부르게 되었다는 뜻으로 삭사이와망이라 했다는 이야기도 있다.

500년 전, 상대도 안 되는 석기 무기들을 들고 끝까지 대항하다가 몇 명 안 되는 스페인 용병들에게 학살당하는 잉카인들의 모습을 상상해 보니, 공주 우금치 계곡에서 동학농민군들의 모습과 비슷했을 것 같다.

시간이 부족했지만 삭사이와망 석문 안에 들어가 보자고 하다가 결국 전망대까지 가게 되었는데, 그곳에서 본 쿠스코의 야경은 기대 이상이었다. 사진을 찍고 어둑어둑해져서 내려올 때는 우리밖에 없었다.

버스로 곧장 2시간을 달려 우루밤바에 있는 호텔로 왔다. 덜컹거리는 도로를 2시간 동안 달리는 것이 쉽지 않았는데, 그래도 쿠스코에서 자지 않고 2,800m 고도로 내려와서 잔다고 하니, 고소증 적응을 위해서는 이렇게 이동해서 자는 게 나을 것 같다.

호텔 시설도 깨끗하고 우루밤바 강이 바로 호텔 옆에 있어 풍경도 좋았다. 저녁 메뉴로 소고기볶음, 생선조림이 나왔는데, 고소 걱정과 내일 일정 걱정, 피곤함이 겹쳐서 오늘은 자기소개도 생략하고, 밥도 조금씩만 먹고 10시에 곧장 방으로 돌아왔다.

나도 너무 피곤하고 고소 걱정 때문에 샤워도 생략하고 그냥 잠자리에 들었는데, 또 3시에 눈이 떠져 일어나서 일기 쓰고, 내일 일정을 검색하다 보니 벌써 새벽 5시 반이 되었다.

잠깐 나가서 호텔 주변과 우루밤바 강을 보고 들어와야겠다.

- 호텔 앞 마당에 설치해 놓은 구덩이가 모라이를 표현한 작품이다.
- 호텔 뒤의 우루밤바 강. 이 강물이 마추픽추를 지나 아마존으로 간다.

11월 14일 3,000m 고산의 소금 마을

지금은 새벽 4시 10분. 어제도 2시 반에 일어나서 일기를 쓰고, 마추픽추를 검색하다가 밖에 나가 호텔 구경을 했다. 우루밤바 강이 호텔 바로 옆을 흐르는데, 페루에 와서 처음 본 강물이다.

안데스 산맥 서쪽은 사막처럼 건조하더니, 산맥을 넘어오니 물의 양이 다르다. 여기 이 강물도 마추픽추를 지나서 아마존으로 흘러간다고 한다.

아침 식사 시간이 8시였으나 6시 반에 먼저 가서 먹었다. 다른 분들도 이른 시간에 다 와서 먹었다. 아직까지는 시차 적응이 안 되었나 보다. 그러고 나서 남은 시간 동안 방에 돌아와 《철학 VS 철학》 책을 읽었다.

9시에 출발하며 먼저 간 곳은 모라이. 버스가 비탈길을 한참 오르니 2,700m 해발고도가 3,200m를 훌쩍 넘는다. 그렇게 높은 곳에 넓은 고원이 펼쳐져 있어서, 농사짓기엔 참 좋은 땅이라는 생각이 들었다. 고원을 가로질러 40분 정도 가니 해발 3,500m에 모라이가 나타났다.

사진으로 보는 것보다 실제로 구덩이의 크기가 컸다. 예전에는 그 안까지 내려갔다가 올라오기도 했다는데, 한 칸 한 칸 내려갈수록 기온이 내려가는 게 느껴진다고 한다. 잉카시대 때 여러 가지 작물을 실험하기 위해 이런 구조물들을 만들었을 것이란 설이 가장 유력하다. 각각의 층층마다 수로시설이 되어 있는 것이 근거 중 하나라고 한다.

자동차로 갑자기 3,500m 고지로 올라왔는데, 뛰지만 않으면 숨이 가쁘고 어지럽지는 않았다. 물을 많이 마시면서 화장실을 다녀

- 모라이(Moray)에서 만난 제일 큰 구덩이. 사람 키만 한 석축 사이에 돌계단의 모습이 정겨웠다.
- 모라이 계단식 잉카 농업연구소 앞에서.

오니 아직 고산증은 없는 것 같다. 구덩이를 천천히 구경하고 나서 다시 내려가는데 해발고도가 낮아지니 마음이 편했다.

잠시 후 도착한 곳은 마라스 살리네라스였다. 계곡 골짜기 위에 잠시 차를 세우고 위에서 바라본 살리네라스는 푸른 나무와 붉은 땅 사이에서 하얗게 눈이 부셨다. 이런 높은 곳 계곡 안에 염전이라니, 신기한 광경이었다. 주차장에 차를 세워놓고 우리 팀은 두 시간 정도 트레킹을 했다.

중간에 있는 상점에서 소금 1kg을 샀는데, 한국의 꽃소금처럼 알이 굵은 것을 골랐다. 가격은 4sol(1달러=3.2페루 솔)이었는데, 1달러 조금 넘는 가격에 질 좋은 꽃소금 1kg이라니! 출국 직전이라면 선물로 많이 사가고 싶었다. 소금 알갱이가 커서 씹을 때 터지는 식감이 너무 좋아서 소금 김밥을 해먹거나 스테이크 위에 올려 먹기 좋을 것 같았다.

살리네라스 제일 위에서 흘러나오는 계곡물 맛을 보니 짠맛이 강했다. 이 계곡물을 받아 염전에 가두고 소금을 만드는 것인데, 이 마을에서는 가족 수대로 염전 한 칸씩 주었다고 한다. 최근에 이 소금이 인기가 좋아 염전 수가 계속 늘어난단다. 어차피 아래 강물로 들어가 버릴 소금물인데, 염전이 더 많아져도 상관없겠다는 생각이 들고, 전래동화에 나오는 소금 만드는 맷돌이 바다 속에 빠졌다가 안데스 산맥의 융기와 함께 올라와 저 산속에 묻혀 있는 것이 아닐까 하는 생각을 했다.

예전에는 염전 사이로 사람들이 지나다녔는데, 지금은 통행금지다. 사람들이 지나다니면 둑이 무너지기 때문이란다. 그런데 우리 팀은 다시 주차장으로 되돌아가는 것이 아니라 염전을 가로질러 아랫

- 길가에서 내려다본 살리네라스 전경.
- 자세히 당겨서 보면 각각의 염전이 보인다.

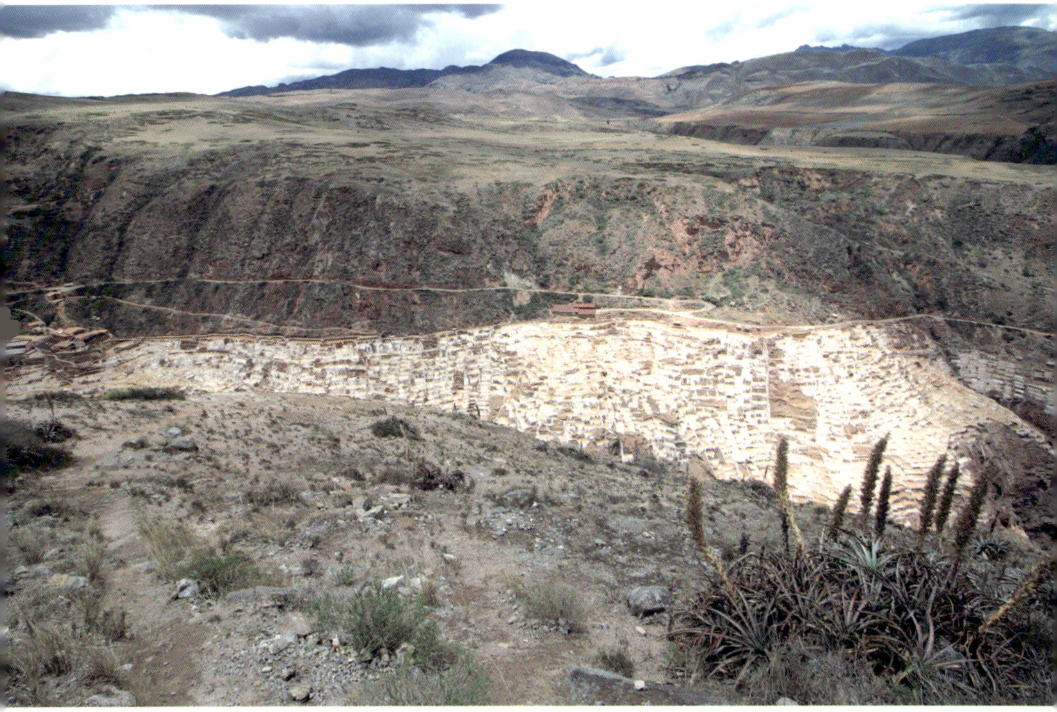
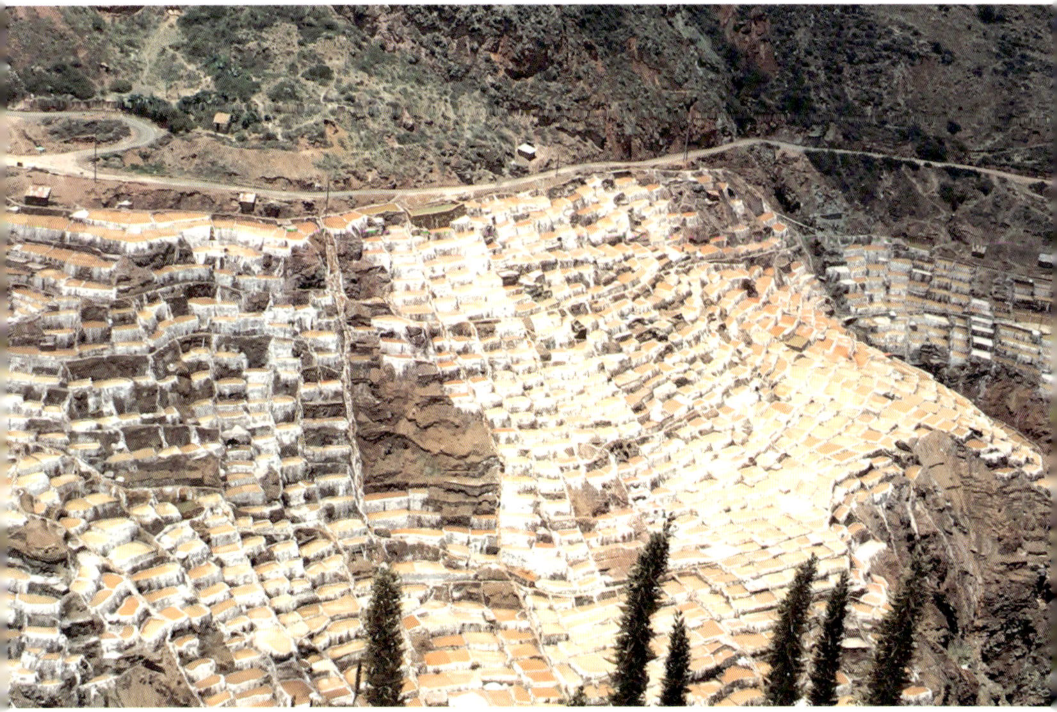

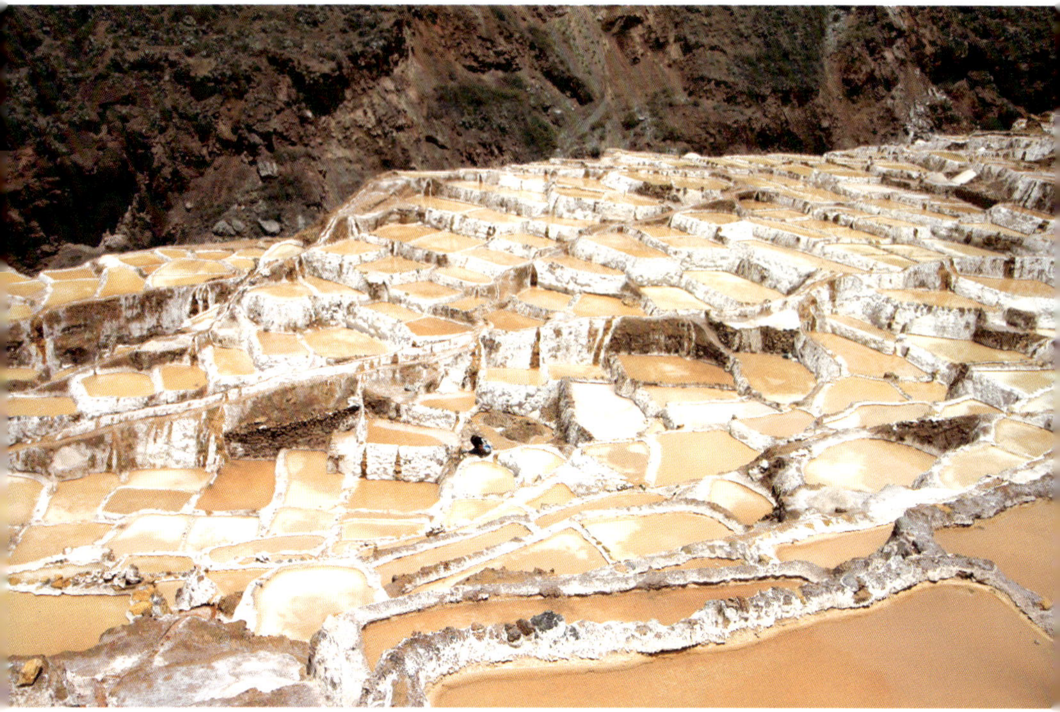

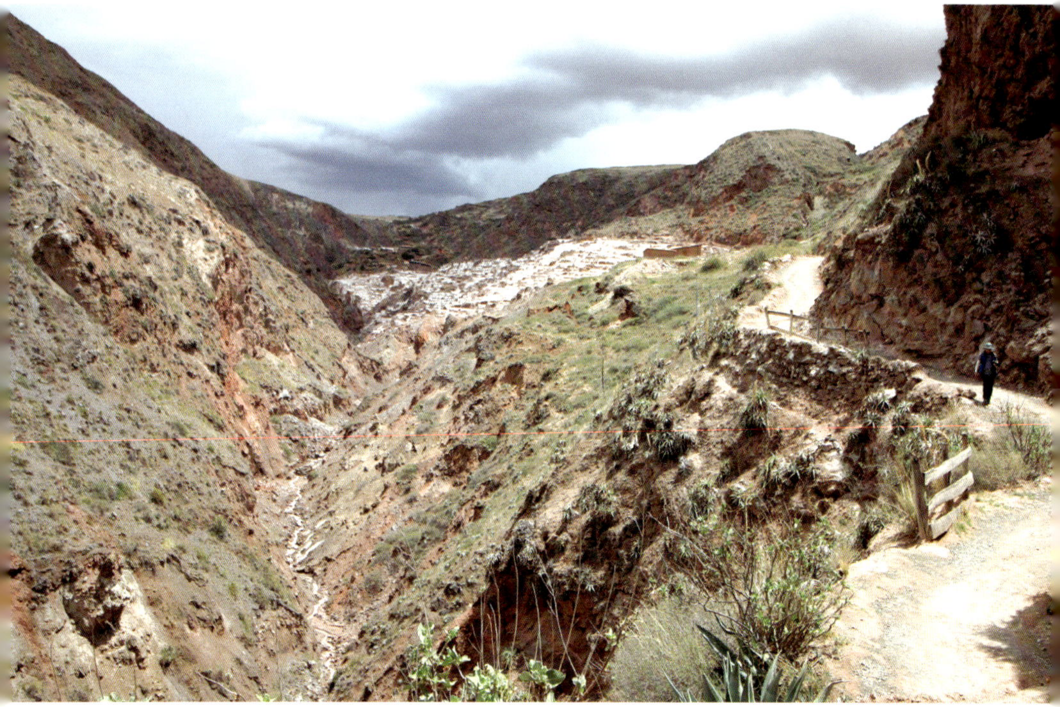

마을까지 트레킹을 하기 위해 현지 가이드가 허락을 받아 와 통과할 수 있었다.

염전을 위에서 보았을 때는 갈색 물빛으로 보였는데, 내려올수록 축대에 흘러내리면서 굳어 있는 소금 때문에 더 하얗게 보였고, 그 모양이 흡사 구채구나 파묵칼레의 석회호수처럼 보였다.

염전을 지나 계곡 옆길을 따라 걸으며 처음엔 감탄하다가 아래 평지로 내려와서부터는 길과 풍경이 지루하게 느껴지기도 했다. 2시간 정도 걷고 나서 Tunupa 식당에 도착했다. 정원 관리가 잘된 예쁘고 멋진 대형 식당이었는데, 서양 관광객들로 이미 꽉 차 있었다. 대부분은 살리네라스 위만 보고 바로 왔기에 일찍 도착해 있었던 것인데, 미리 예약해 놓은 덕분에 우리 자리는 정원 옆에 마련되어 있었다. 퀴노아 스프와 신선한 샐러드가 좋았고, 즉석요리로 비벼주는 세비체도 맛있었다. 맥주도 몇 잔 마셨다.

- 위에서 보면 갈색으로 보이는데, 물이 증발할수록 하얀 소금으로 보였다.
- 염전을 지나 트레킹을 시작했다.
- 내려오면서 볼수록 축대의 하얀 소금빛이 더 뚜렷했다.

30분 정도 정원 구경을 하고 이동해 오얀따이땀보의 Pakaritampu 호텔에 도착했다. 이 호텔도 정원이 잘 정돈되어 있었다. 한 시간 쉬는 동안에 호텔 밖으로 나가보니 기차역이 가까이 있고, 마침 기차 한 대가 도착하여 내리는 승객들과 그들을 향한 택시들의 호객 행위로 분위기가 떠들썩했다.

4시 반 마을 위쪽 태양의 신전까지 걸어가서 구경하고 돌아왔다. 이곳 역시 신전이라는 이름에 맞게 커다란 돌들을 정성스럽게 다듬어 놓은 것이 많았다. 잉카인들의 석기문화에 감탄할 수밖에 없었다.

호텔에 도착하여 6시에 저녁을 먹는데, 다들 속이 편한 사람이 없었다. 간단하게 퀴노아 스프와 요리 한 가지만 시켜서 나눠 먹는 것으로 간단하게 때웠다. 이곳도 2,790m 정도 되는데, 어제보다 컨디션이 더 안 좋은 것 같다.

- 식당 정원과 건물이 뒷산과 멋지게 어울렸다.
- 오얀따이땀보의 Pakaritampu 호텔 내부.
- 정원 옆 발코니에 있는 식탁들.
- 정원 한쪽에서 기념품을 파는 소녀.

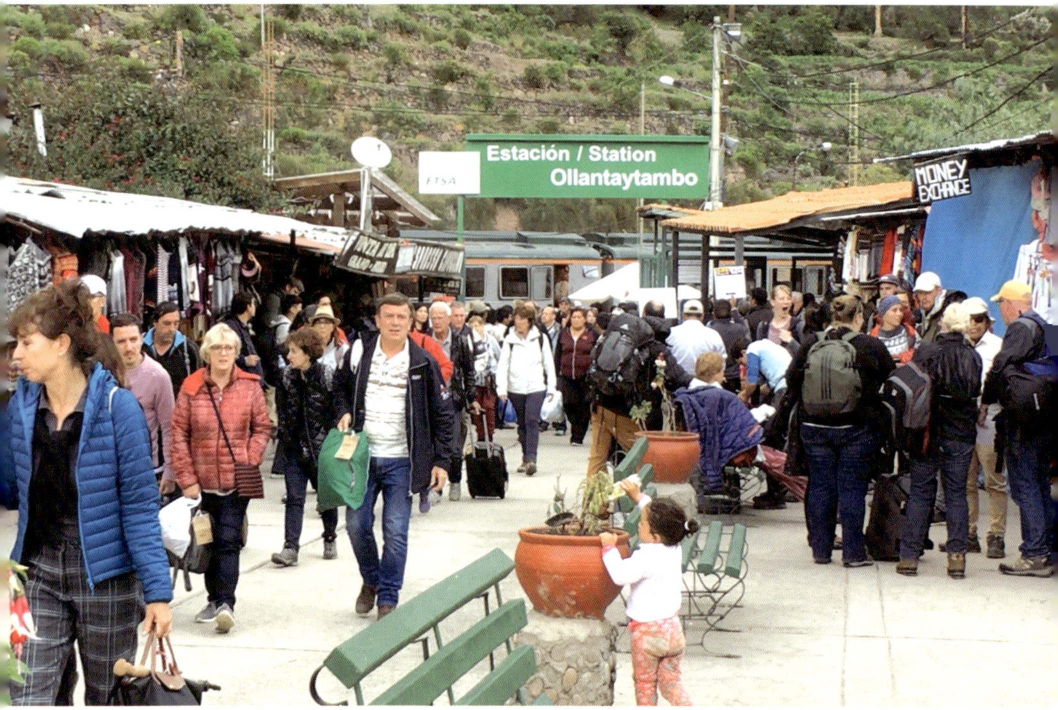
Estación / Station
Ollantaytambo
MONEY
EXCHANGE

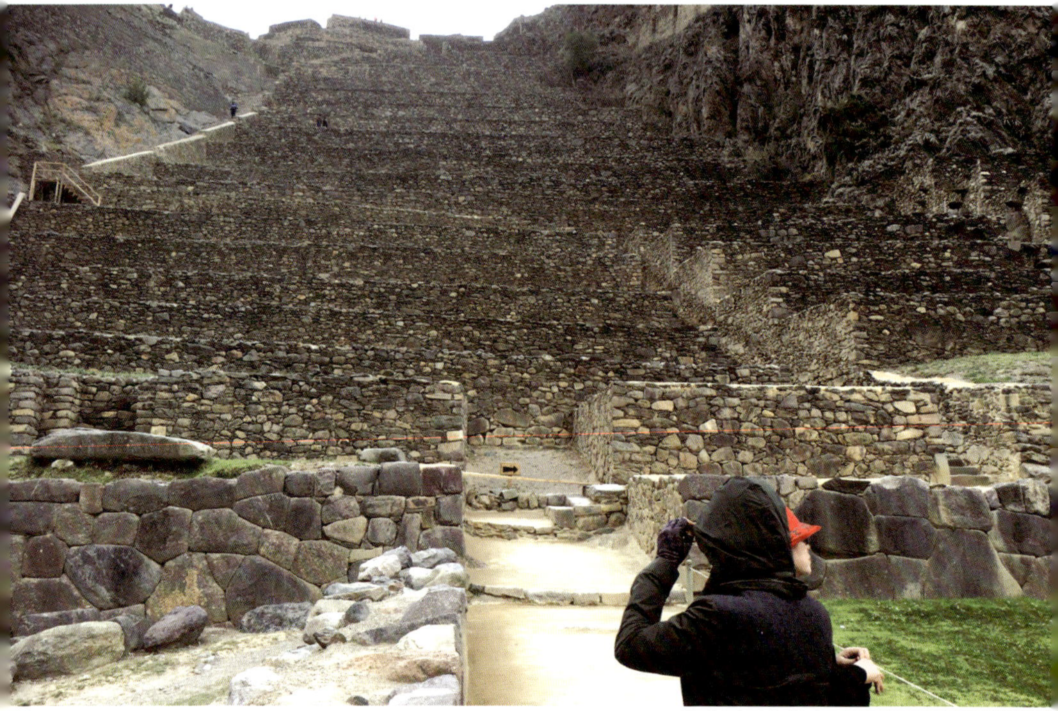

드디어 내일 마추픽추에 간다. 트레킹 7시간이 예정되어 있어 다들 긴장하고 있다. 식사 후 1박용 짐을 따로 싸서 먼저 다음 숙소로 보냈다. 현지 가이드가 1박에 필요한 짐만 손가방에 넣어 가지고 갔고, 내일 트레킹 때 쓸 짐은 작은 가방에 넣고, 나머지 큰 짐은 이 호텔에 며칠간 맡겨놓는 방식이어서 짐을 분리하는 데 머리를 써야 했다.

8시에 곧장 잠이 들었는데, 새벽 4시 호텔 모닝콜을 듣고서야 일어났다. 목욕도 하고 잠도 푹 자서 컨디션은 괜찮았는데, 트레킹 짐 무게가 만만치 않다. 또다시 나의 욕심과 근심이 나타나나 보다. 욕심이 많을수록 들고 가야 할 짐의 무게가 많아진다.

4시에 일어나 일기를 쓰다 보니 5시가 되었다. 오늘은 힘든 날이니 조금이라도 남에게 힘이 되는 날이 되자!

- 사람들로 북적거리는 오얀따이땀보 역.
- 큰 돌일수록, 정교하게 다듬은 돌일수록 신전의 중요한 부위에 쓰였다.
- 태양의 신전에서 바라본 마을. 산 중간에 사람 얼굴처럼 보이는 곳이 있는데, 잉카 창조의 신 바라코차의 모습이라는 설이 있다.

11월 15일 잉카의 옛길을 걷다

　남미 여행의 큰 고비 하나를 넘었다. 마추픽추에 가는 잉카 트레일 트레킹을 잘 마치고, 또한 날씨까지 좋아서 다행이었다. 함께한 분들도 모두 7시간 만에 마추픽추에 도착할 수 있었다.

　항상 새벽 2~3시쯤 눈이 떠지더니, 오늘 아침에는 처음으로 4시 모닝콜을 듣고 깨어났다. 얼른 어제 일기를 쓰기 시작했는데, 5시 집합 시간까지 써도 조금 모자랐다. 큰 짐은 호텔에 맡기고, 등산용 작은 가방만 들고 식당으로 갔다. 오랜만에 잠도 잘 자고 컨디션이 좋았다.

　5시 30분 호텔에서 나왔다. 기차역은 바로 근처였고, 우리가 탈 것은 페루 기차였다. 1호차 입구에서 예약자 명단을 확인하고 기차에 올랐다. 천장까지 유리로 되어 있는 열차였는데 56달러라는 비싼 티켓이어서인지 과자와 음료 서비스도 있었다. 6시 10분 출발하여 7시경 KM104역에서 내렸는데, 이곳은 정식 역이 아니라 그냥 철길에서 내려주기만 하는 곳이었다.

　그 역에서 다리를 건너 조금 걸어가 잉카 트레일 입구에서 현지 가이드를 기다렸다. 현지 가이드는 비싼 열차를 안 타고 어제 저녁 8시 반에 우리의 1박용 짐을 들고 일반 기차를 이용하여 아구아 깔리엔테스에 있는 오늘의 숙소에 갖다놓고 새벽에 KM104역으로 되돌아왔다. 가이드를 만나 오전 8시 드디어 잉카 트레일 예약을 확인한 후 입장하여 트레킹을 시작했다.

- 오얀따이땀보 역에서 아구아 깔리엔테스 역까지 가는 페루 레일.
- 천장이 유리로 된 열차.

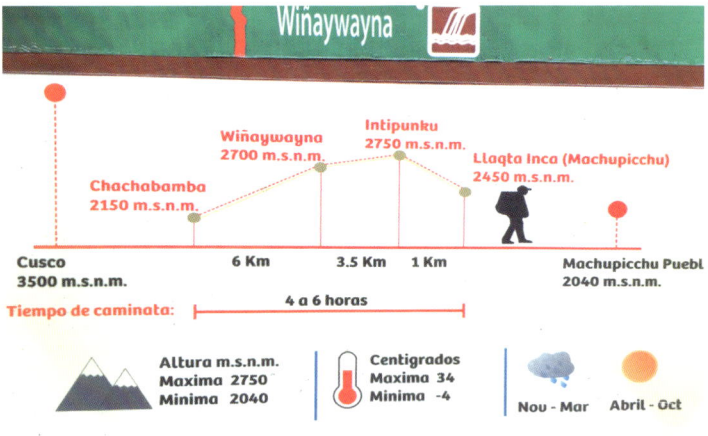

처음이어서 간단한 스트레칭과 준비운동을 한 후 걷기 시작했다. 흐렸지만 가끔 해가 떠서 모두 겉옷을 벗고 티셔츠 하나만 입고 걸었다. 완만한 경사길이 산허리를 돌아돌아 이어졌다. 잉카제국 시절에도 전 남미 대륙으로 25,000km 펼쳐진 그 잉카의 길을 걷는 느낌이 새로웠다.

한 시간에 한 곳씩 쉼터가 있었다. 잠시 쉬었다가 계속 걸었다. 2번 쉼터를 지나니 눈앞에 위나이와이나(winaywayna) 유적이 나타났다. 입구에 폭포가 있었는데, 예전에는 물이 너무 많아 몸이 흠뻑 젖어야만 그 앞을 지날 수 있었다고 한다. 지금은 상류에서 무슨 공사를 하면서 물길을 바꿨다가 산사태가 나면서 물길을 다시 원상복구하지 못해 폭포 수량이 너무 적어졌다고 한다.

위나이와이나의 긴 계단을 올랐는데 각 석축마다 수로와 경작지가 잘 정비되어 있다. 다만 그 수로 위에 물이 너무 적었다. 원래 이곳은 주변에서 수확한 식량을 모아 보관했다가 마추픽추에 제공하는 역할을 했을 것으로 추측하고 있다. 지금은 여기서 마추픽주까지 길이 잘 나있지만, 예전에는 몇몇 사람들만 몰래 다니던 길이었다고 한다. 그래서 하이런 빙엄이 위나이와이나까지는 찾아왔지만, 더 이상 길을 찾지 못하고 되돌아갈 수밖에 없었다고 한다.

위나이와이나를 조금 지나니 캠핑장과 화장실이 나타났다. 잉카 트레일을 3박4일 동안 캠핑하면서 걷는 코스도 있는데, 우리는 제일 마지막 코스만 걷는 1일짜리 코스였다. 캠핑장에서 조금 더

- KM104 간이역.
- 잉카 트레일 각 구간별 거리와 고도.
- 잉카 트레일의 약도. 우루밤바 강을 끼고 돌고돌아 올라가면 마추픽추에 도착한다.

- 트레일의 시작점은 수풀이 울창한 길을 지난다.
- 조금만 더 올라가면 나무는 사라지고, 산 옆구리를 따라 걸어가야 한다.

- 1시간 정도 가면 나타나는 쉼터.
- 옆을 보면 밑이 안 보이는 낭떠러지여서 어질어질했다.

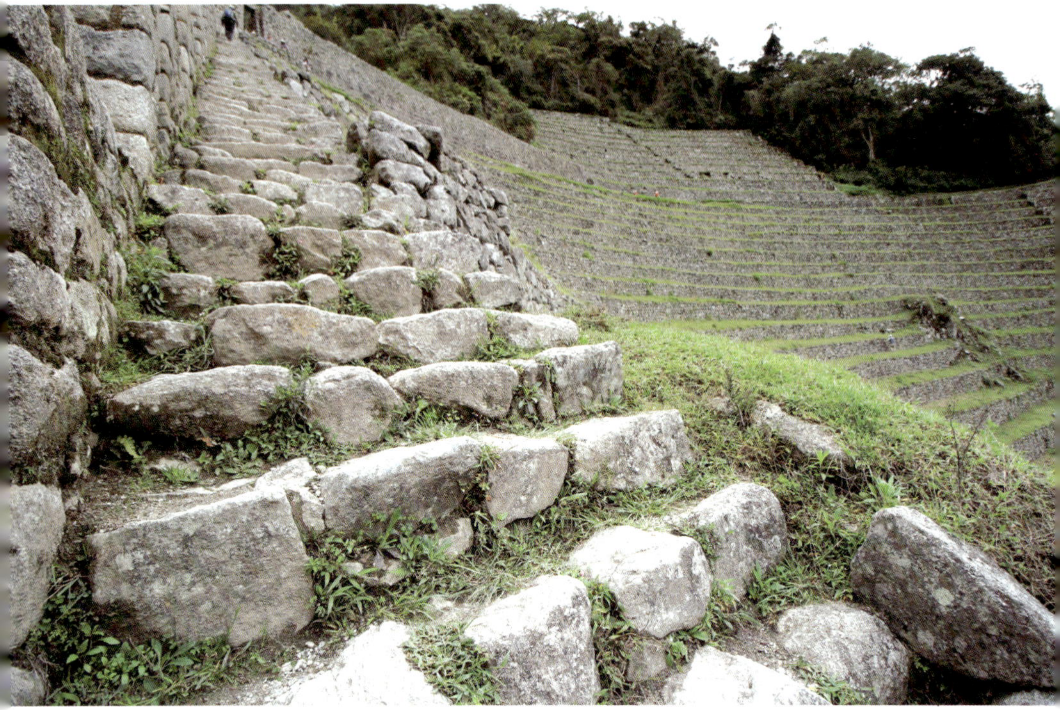

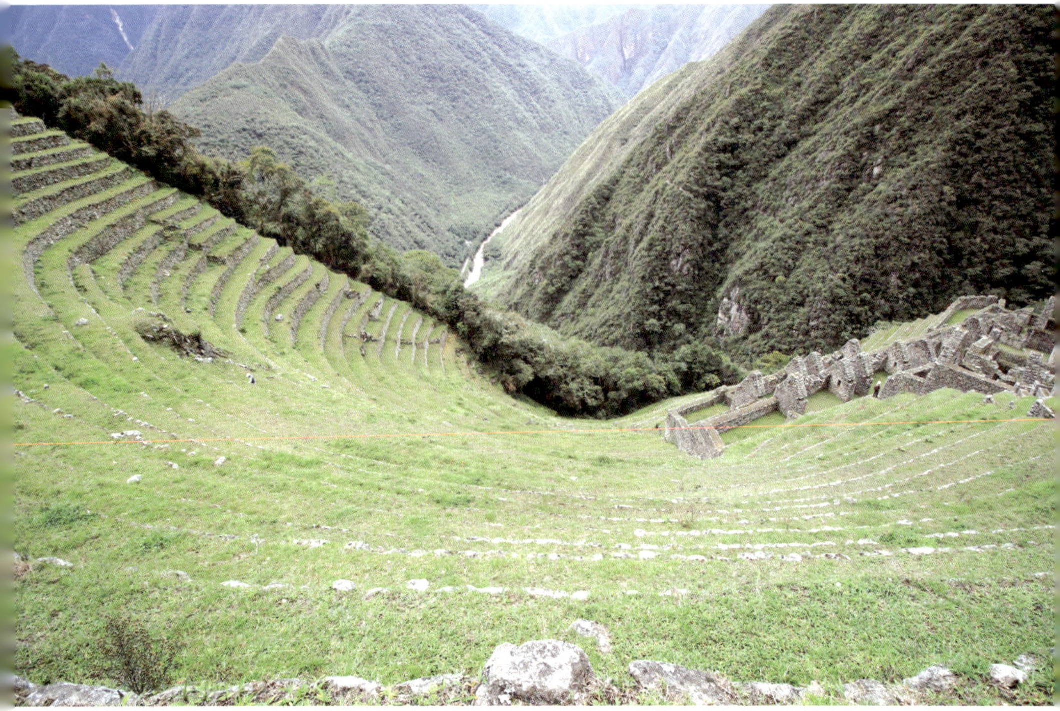

가니 잉카 트레일 출입관리소가 나왔다. 그곳 의자에 앉아서 점심 도시락을 먹었다. 물을 많이 마신 터라 빵이 잘 들어가지 않았다.

12시에 다시 출발하였다. 2,000m에서 출발하여 2,700m 위나이 와이나까지 오른 이후에는 완만한 하산길이었다. 그러다가 갑자기 나타난 깔딱고개 두 번을 크게 오르고 나니, 드디어 '태양의 문'이라 불리는 2,720m 인티푼쿠에 도착했다. 숨을 헐떡거리면서 올라가 문을 지나자마다 갑자기 눈앞에 나타난 마추픽추의 모습은 그야말로 감동이었다. 멀리 보이는 마추픽추와 와이나픽추의 모습은 참으로 웅장했다.

마추픽추가 2,400m이니 여기서부터는 300m 하산길이다. 하산 도중에 바로 앞에 가던 최 선생님이 등산 스틱에 발이 걸려 앞으로 넘어졌는데, 절벽 쪽으로 가슴까지 나갈 정도여서 가슴이 철렁했다. 다행히 무릎과 이마에 타박상 정도로 끝나 계속 걷는 데는 무리가 없었다.

18km 트레킹의 종착점인 마추픽추 전망대에 도착하여 사진을 열심히 찍었다. 누구나 사진을 찍는 자리였지만, 마침 해도 뜨고 뒤에는 비구름이 조금 있어서 정말 사진 찍기 좋았다. 우리 가이드 말로도 본인이 일곱 번 와 본 중에서 제일 좋았다고 한다.

우리는 마추픽추 입구에서 입장료를 내고 온 것이 아니어서 마추픽추 안으로 들어갈 수는 없었다. 관리인들이 트레킹으로 온 사람들이 그 안으로 못 들어가게 철저히 감시를 했다. 우리 팀은 내일 아침에 다시 마추픽추와 와이나픽추에 올라올 예정이어서, 셔틀버스를 타고 아구아 깔리엔테스 기차역까지 바로 내려왔다. 잉카 트레

- 위나이와이나의 시작점.
- 위에서 본 위나이와이나 모습. 계단식 경작지가 잘 보존되어 있다.

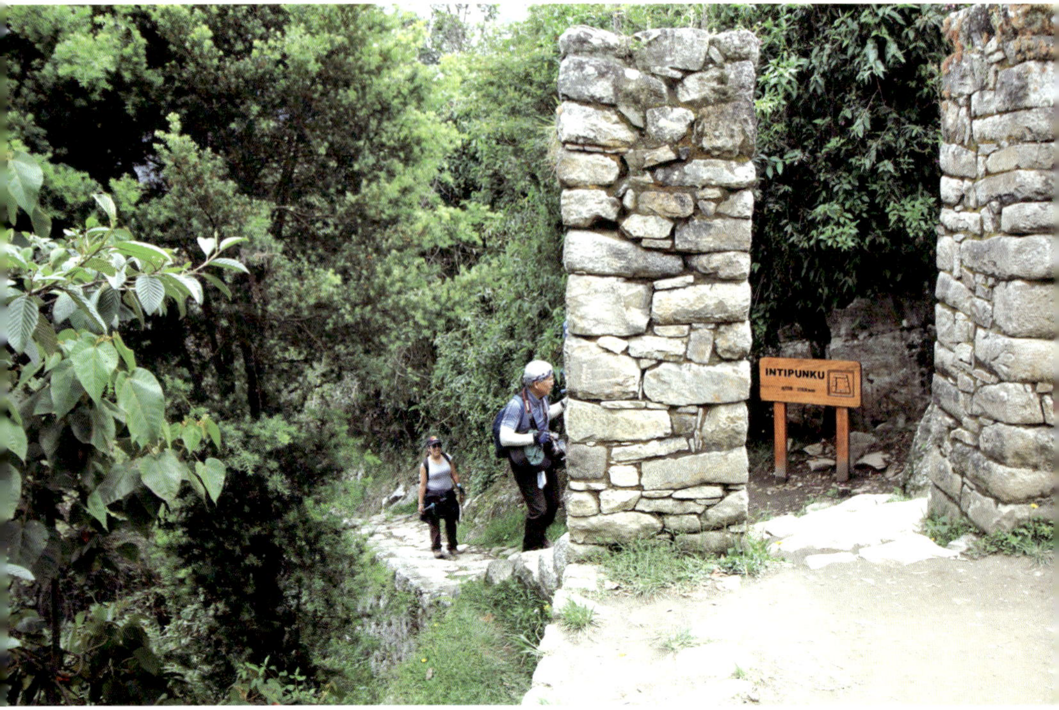
INTIPUNKU

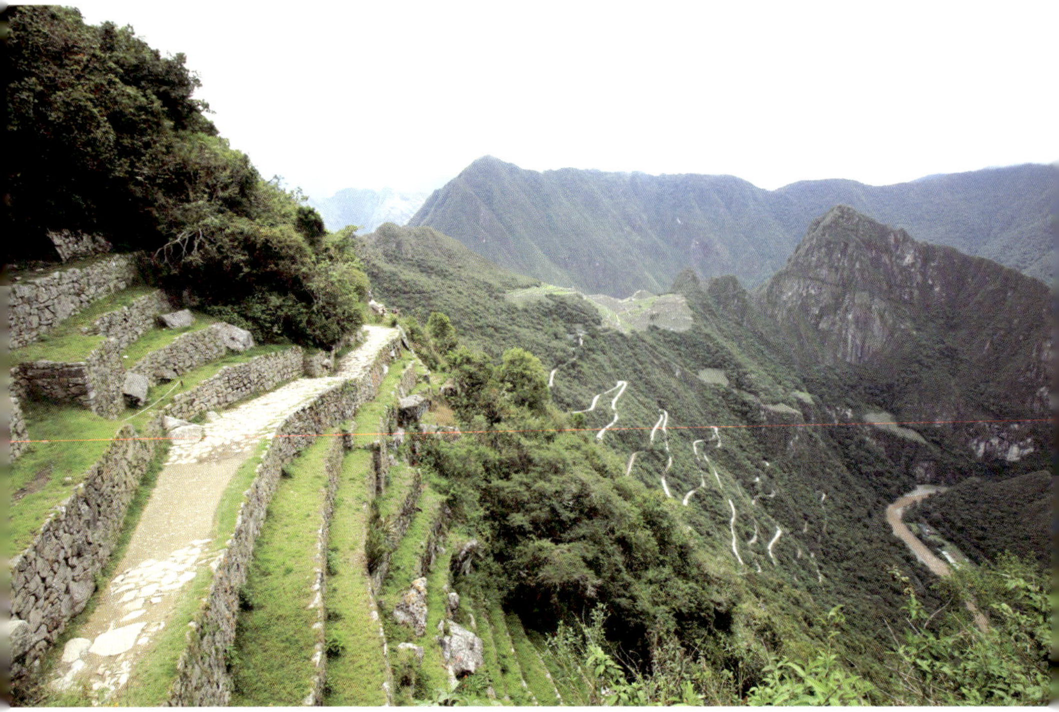

일을 걷지 않았다면 기차로 이곳까지 바로 오는 역이었는데, 우리 호텔은 역 근처 강 바로 옆에 있었다.

오늘밤 9시에 페루와 뉴질랜드의 월드컵 플레이오프 2차전이 열리는 날이어서 호프집에서 함께 응원하며 축구를 보고 싶은데 어떻게 될지 모르겠다. 그래서 샤워 후 일기를 바로 쓰기로 했다.

해발 2,000m로 다시 내려오니 살 것만 같다. 샤워하기에도 부담이 없었다.

한국에서는 포항에 지진이 나 수능도 미뤄졌다는 뉴스가 나왔다. 큰 피해 없이 잘 지나가길 바란다. 짐을 줄이느라 《철학 VS 철학》 책을 안 가져왔더니 남는 시간이 아쉽다.

카톡, 페이스톡으로 가족들과 영상 통화를 했다. 이제 일주일이 지났다. 한국 시간으로 목요일 아침이니 딱 일주일이 된 것이다. 아내의 얼굴도 반갑고 딸들도 반갑다. 한 달 후 가족들과는 어떻게 더 행복하게 지낼까? 아무래도 지금까지보다는 더 시간을 많이 가져야 할 것 같다.

일기를 쓰다가 6시 20분에 저녁을 먹으러 갔다. TOTOS HOUSE라는 식당이었는데 두 물줄기의 중간이고 철도 건널목 앞이어서 위치도 좋고 건물도 넓고 피자 화덕도 좋고, 와이파이도 되는 곳이었다.

오늘은 주 선생님의 자기소개가 있었다. 초등학교 교사로 명예퇴직한 후 자전거로 전국을 다 돌았다고 하는데, 은퇴 후 더 열심히 살아가는 모습이 아름다웠다.

- 인티푼쿠(태양의 문) 마지막 계단.
- 인티푼쿠에 도착하면 멀리 마추픽추가 보인다. 고불고불 버스 오르는 길도 잘 보인다.

• 마추픽추 파노라마 뷰.

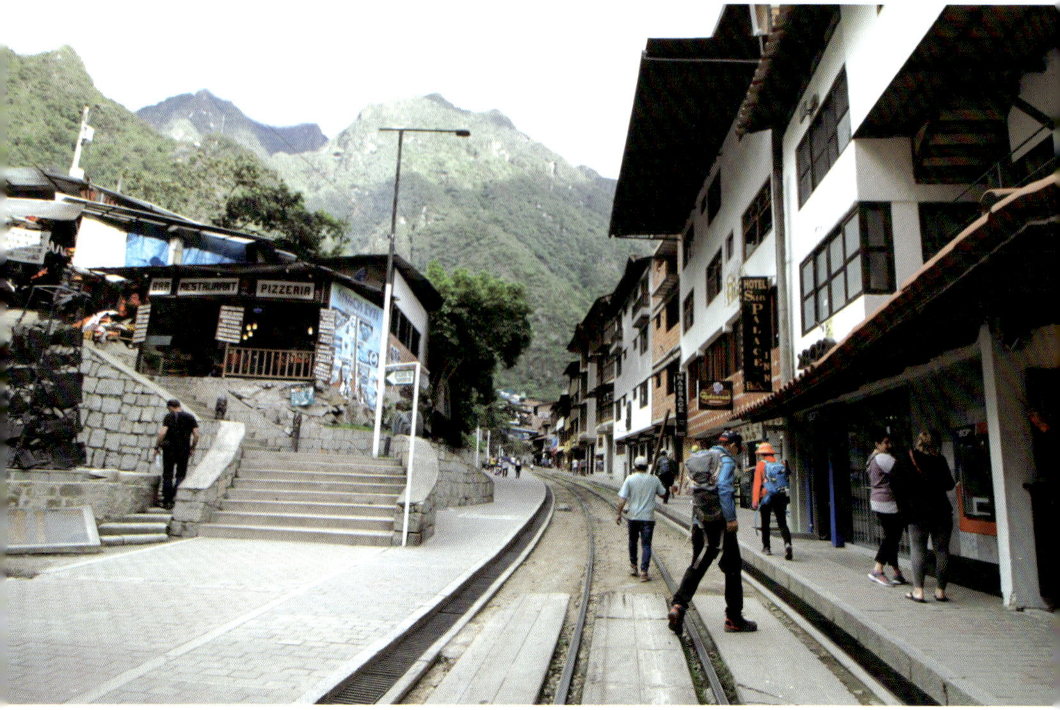
BAR
RESTAURANT
PIZZERIA
HOTEL

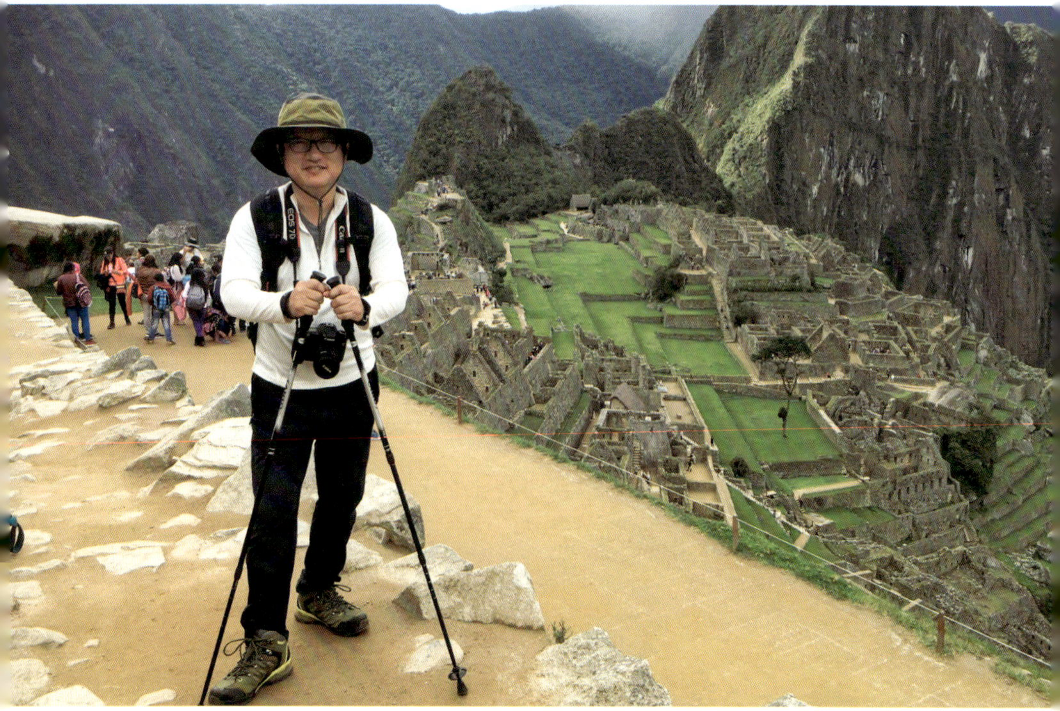

오늘은 페루에서 특별한 날이다. 뉴질랜드와의 마지막 경기가 9시 시작인데 거리 응원단들이 돌아다니고 술집에는 TV 앞에 사람들이 가득차 있었다. 혼자 그 속에 들어가 한자리 차지하고 싶었지만 너무 피곤하여 맥주 세 병과 식당에서 남은 피자 세 조각을 싸가지고 호텔로 돌아왔다. 침대에서 편안하게 축구를 보다가 졸리면 자야 할 것 같다.

내일은 또 4시 기상, 5시 아침 식사, 6시 출발이다. 8시에 와이나픽추 예약이 되어 있으니 12시 정도면 일정이 끝나고, 그 후에는 버스와 기차로 이동만 하는 날이어서 부담이 좀 적은 날이다. 오늘 밤엔 그냥 축구를 즐기자.

잉카 발견자 하이런 빙엄은 정말로 노력자이긴 하지만, 나쁜 사람이다. 1911년 마추픽추를 발견하고 바로 발표하지 않고 무너진 돌들을 2년간 자기 마음대로 다시 세워 놓은 후, 1913년에 자기 이론에 맞게 발표를 했다고 한다. 그리고 이곳에 황금 유물이 없었다고 했다니, 거짓말일 가능성이 높다. 잃어버린 도시, 공중도시, 모두 마추픽추에 어울리는 말이다.

- 아구아 깔리엔테스, 새로운 이름으로 '마추픽추 푸에블로'라고도 불린다.
- 마추픽추 사진찍기 명당 자리에서.

11월 16일 마추픽추와 와이나픽추

　벌써 목요일이 지나니 일주일이 지난 것이다. 매일매일이 기념비적인 날이어서 하루하루가 뜻깊고 길게 지나간다. 일기를 당일에 써야 하는데 계속해서 다음 날 아침이나 새벽에 쓰게 된다. 저녁 식사 후 호텔에 들어오면 너무 피곤하여 일기를 쓸 수 없을 정도다.

　오늘도 역시 새벽부터 힘든 하루였다. 전날 저녁 축구를 보면서 너무 피곤해 졸다 깨다 했다. 페루가 2대 0으로 이기면서 38년 만에 월드컵 진출의 꿈을 이루게 되었다.

　그렇게 11시 반 넘어 잠을 잔 후 4시 기상, 5시 아침은 아주 간단히 커피 정도, 6시 로비에 모여 출발하였다.

　마을에서 셔틀버스를 타고 마추픽추로 올라갔다. 7시쯤 입구에 도착하여 안으로 걸어 올라갔다. 마을에서부터 파란 하늘에 날씨가 좋더니, 입장할 때 보니 마추픽추에 햇살이 아름답게 비추었다.

　맑은 햇살을 배경으로 다시 사진을 찍고 안으로 들어갔다. 많은 황금이 있었을 텐데 하나도 없었다고 보고한 하이런 빙엄 이야기, 남자는 없고 아이와 여인의 미라만 130여 구가 나온 이유, 잉카 브리지 너머로 이어지는 길로 가면 아마존으로 이어진다는 이야기 등 가이드의 설명을 들었다.

　왜 이런 곳에 도시를 만들었고, 쫓기던 잉카의 군인들은 왜 이곳으로 오지 않고 다른 길로 갔는지, 빙엄이 발견했을 때의 모습은

- 6시에 출발하여 아구아 깔리엔테스 시내에서 셔틀버스를 타고 마추픽추에 오른다.
- 7시 마추픽추 입구.

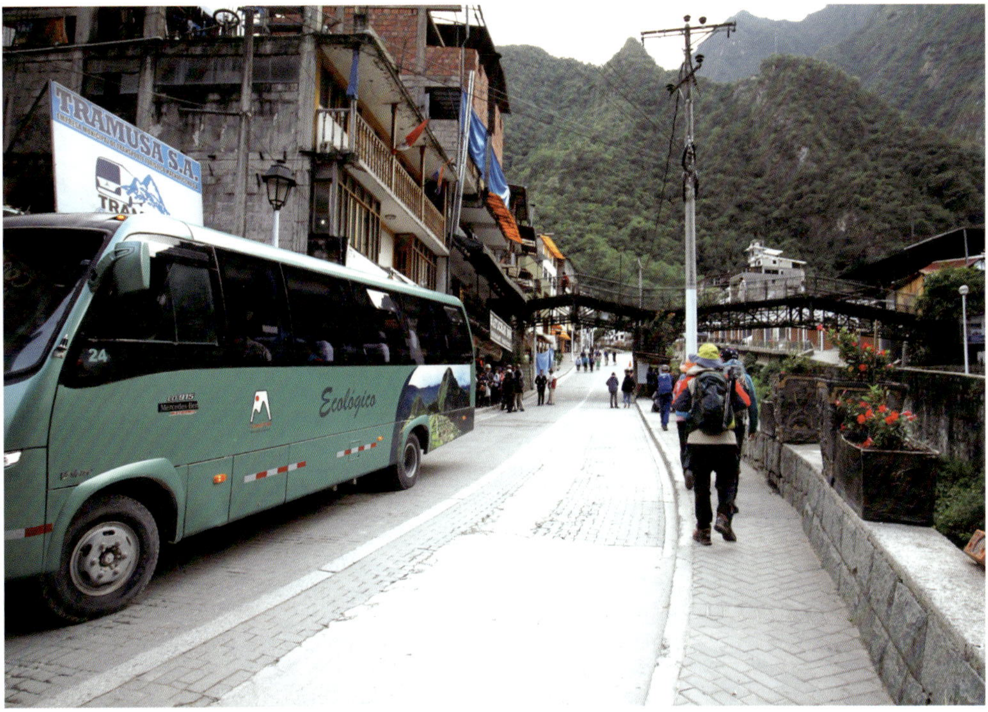
TRAMUSA S.A.
Ecológico
24

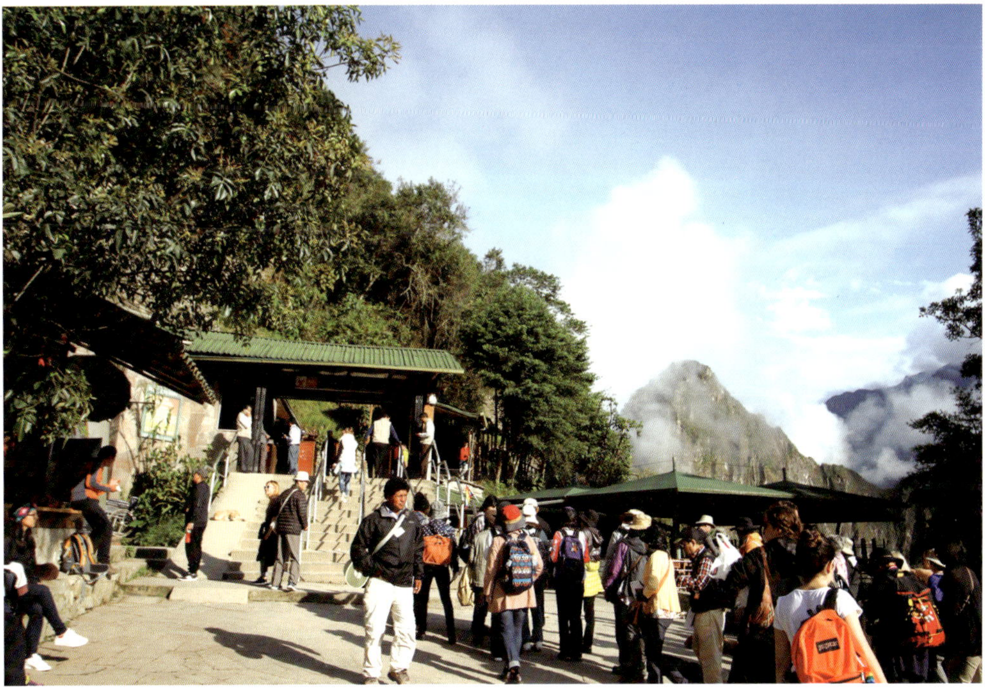

- 포토 존. 뒤쪽 와이나픽추가 잘 보인다.
- 마추픽추 제일 안쪽에 있던 와이나픽추 출입문

어떠했기에 2년 동안 석축을 재구성한 후에 발표했는지, 마추픽추는 미지의 세계이기에 여전히 인기가 좋은가 보다.

우리가 와이나픽추를 예약한 시간은 8시여서 좀 더 설명을 듣다가 와이나픽추 입구로 갔다. 마추픽추는 올드시티(old city), 와이나픽추는 영시티(young city)라는 뜻이라고 한다.

2시간당 200명씩만 입장을 한다는데, 입구 앞에는 이미 줄이 길었다. 와이나픽추는 소수만 올라가기에 몇 달 전에 미리 예약하지 않으면 들어가기 어려운 곳이다. 입구 방명록에 이름, 사인, 시간 등을 쓰고, 8시 5분에 입장해 와이나픽추 트레킹을 시작했다.

표고차가 200m밖에 안 되는데 무슨 2시간이나 시간을 주나 했는데, 완전히 계단 오르기였다. 처음부터 나타난 가파른 계단으로 빨리 오를 수가 없었다. 또한 앞 시간에 출발한 팀이 내려오면서 좁은 길에서 자주 만나게 되어 기다리는 시간도 필요했다.

　　길도 좁고 낭떠러지가 심하여 가이드는 길을 비켜 줄 때 가능하면 언덕 쪽에 먼저 붙어서 기다리라고 당부하였다. 앞사람이 먼저 언덕 쪽에 붙어 있으면 어쩔 수 없이 낭떠러지 쪽으로 비켜 가야 해서 아찔아찔했다.

　　정상 바로 아래쪽이 최고의 경사를 보였는데 다행히 이 길은 오르기만 하는 일방통행이어서 그나마 다행이었다. 내려오는 길은 다른 쪽으로 돌아가게 되어 있었다.

　　한 발 한 발 올라 9시 20분이 되어서야 정상에 도착했다. 오늘 일정은 여기가 다였기 때문에 우리는 정상에서 충분한 시간을 즐겼다. 사진도 열심히 찍고 강물이 휘돌아 나가는 마추픽추의 전경을

파노라마로 돌아보며 감탄하였다.

  사진으로 보았던 마추픽추의 모습과 달리, 와이나픽추에서 보는 마추픽추는 더 큰 감동을 주었다. 인티푼쿠(태양의 문)에서부터 연결되는 능선까지 포함해 강, 산, 들 모두 정말 아름다웠다. 힘들었지만 다른 분들에게도 와이나픽추를 강추하고 싶다. 다만 몇 달 전에 미리 예약을 해야 한다는 게 좀 번거롭긴 하다.

  정상에 아무도 남지 않았을 때 우리도 하산하였다. 가이드를 따라 한참을 내려왔는데 이 길은 나중에 보니 와이나픽추를 전체 한 바퀴 도는 코스였다. 우리가 잘못 내려온 것이었다.

- 이 길은 일방통행으로 내려오는 사람이 없어서 다행이었다.
- 등산 스틱도 소용없이 네발로 올라야 한다.

　이미 한참을 내려온 터여서 다시 올라가기는 엄두가 안 나 그냥 크게 한 바퀴 돌자 하고 더 내려가 보았는데, 최근에 사람들이 거의 안 다니다 보니 길은 더 험하고, 중간에 설치된 사다리도 흔들거려서 가던 길을 포기하고 다시 되돌아 올라가기로 결정했다.
　되돌아서 다시 정상까지 올라오는 급급경사 계단은 그 자체로는 예술적으로 보이기는 했으나, 다시 올라가는 사람에게는 두 배 이상의 고역이었다. 게다가 비까지 내려 배낭에서 우비를 꺼내 입으니, 더욱 힘들었다.

　다시 와이나픽추 정상에 올라 모두 어깨를 감싸고 단체사진을 찍었다. 아무도 없었는데, 벌써 다음 시간의 첫 주자들이 올라오고

있었다. 그들에게 사진 찍을 자리를 넘겨주고 우리 팀은 11시에 진짜 하산길로 내려왔다. 올라오는 사람들과 피해 가면서 조심조심 출입구까지 내려오니 11시 43분이 되었다.

어제의 7시간 트레킹 때문인지, 아니면 계단이 너무 가팔라서 그런지, 아니면 오늘 우리가 정상에 두 번 올라서 그런지, 어제보다 오늘 구간이 짧았지만 훨씬 힘들었다고 다들 입을 모았다.

- 마지막 코스의 석축들.
- 왼쪽 위 인티푼쿠(태양의 문)에서 이어지는 잉카 트레일이 보이고, 왼쪽 아래 버스길도 보인다.

Gran Caverna
Escalinatas
Waynapicchu
N
Huchuypicchu
Altitud
Ciudad Inka 2.453 m.s.n.m.
Montaña Huchuypicchu 2.496 m.s.n.m.
Montaña Waynapicchu 2.682 m.s.n.m.
Gran Caverna 2.271 m.s.n.m.
Control Waynapicchu

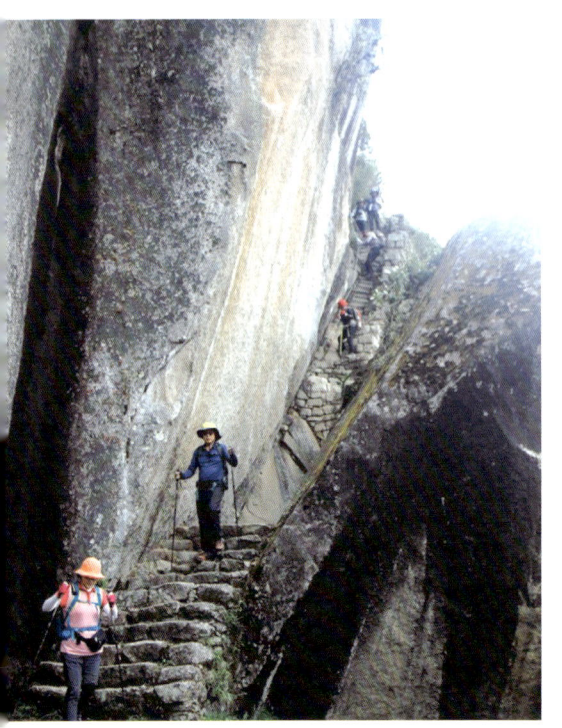

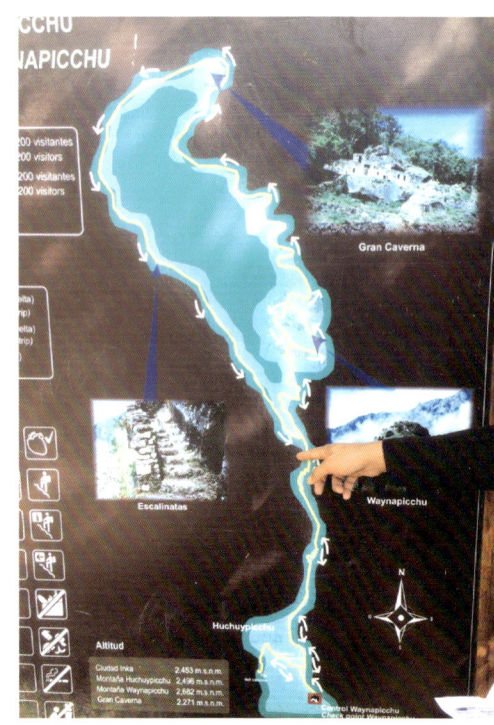

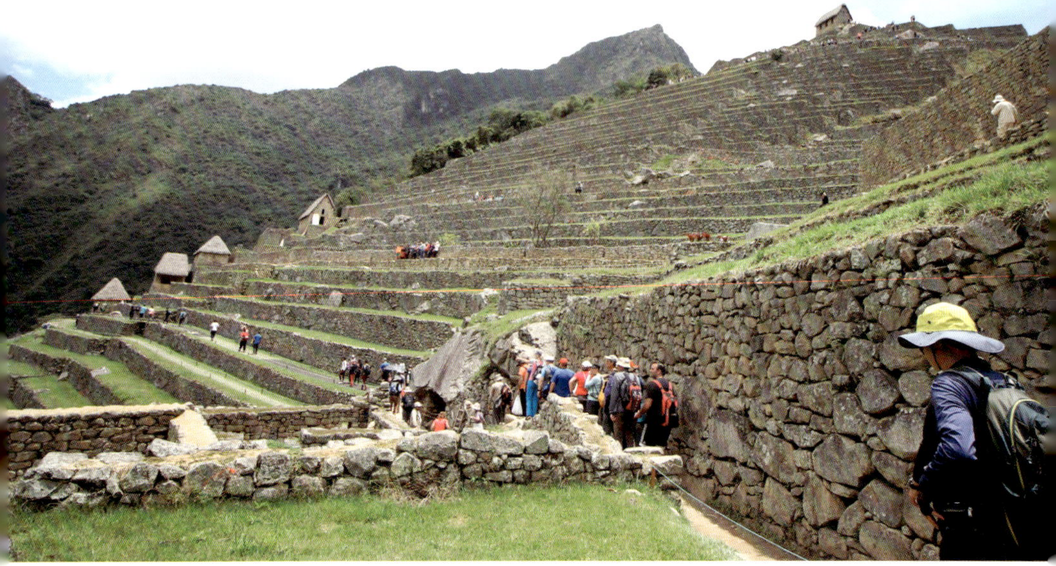

다시 마추픽추로 들어와 그곳의 모습과 구조에 대해 설명을 듣고 밖으로 나왔다. 모두 다리가 후들거리고 힘들어 신전과 제사장 터를 구경하러 언덕 위로 올라가자는 말을 하지 않았다. 잉카 브리지를 못 보고 나온 것은 아쉬웠지만, 거기까지 1시간 더 갔다 오자고 하지 못했다.

마추픽추 출구로 나와 입구 바로 앞에 있는 TINKUY 뷔페에서 점심을 먹었다. 시원한 맥주가 절로 생각났다. 다만 이 식당이 너무 비싼 곳이어서 맥주 한 병에 6달러 이상 한다고 하여 더 마시지 못했다.

점심을 먹는데 비가 내리기 시작했다. 조금 전까지 그렇게 날씨가 좋더니 금방 비가 내렸다. 다행히 가방 안에 우산이 있어서 버스를 기다릴 때 판초의보다 편했다. 아구아 깔리엔테스로 내려오니 2시 반.

기차역 주변에 있는 시장 구경을 갔는데, 생각보다 꽤 넓었다. 그만큼 장사가 된다는 뜻일 것이다. 짐 때문에 구경만 하였는데 라마 그림이 있는 빨간색 스웨터를 살까 말까 고민하다가 가방에 넣을 공간이 없어서 포기했다.

3시 페루 열차를 타고 오얀따이땀보 역으로 왔다. 여기 호텔에서 전날 맡겨 놓은 큰 가방을 찾아 작은 버스를 타고 5시에 쿠스코로 출발하였다. 쿠스코까지 오는 2시간 동안 미리 다운받아 놓은 팟캐스트 뉴스공장을 들었다. 차가 많이 막히면 새벽에 도착한 적도 있는데, 다행히 우리는 7시에 도착하여 호텔에 짐을 풀었다.

- 일방통행이 끝나고 되돌아가는 길로 합류해야 하는데, 합류할 길은 나오지 않았고 길은 점점 더 험해졌다.
- 중간쯤 되돌아 나오는 곳이 목적지였는데, 우리는 더 넘어갔다가 되돌아왔다.
- 신전과 제사장 터를 보려면 다시 올라가야 했는데, 아무도 올라가자는 말을 하지 않았다.

- 라마들.
- 점심 식사 후 버스 타는 줄이 길었는데, 갑작스러운 비에 작은 우산이 도움이 되었다.

　다시 3,200m로 올라오니 숨이 가쁘고 느낌이 달랐다. 호텔 식당에서 저녁을 먹는 것이 원래 계획이었는데 다들 한식당에 가고 싶어 해 짐만 놓고 다시 아르마스 광장으로 갔다. 한식당 사랑채에는 다른 한국인 관광객들이 꽉 차서 자리가 없었다. 밖에서 기다리기엔 기온이 갑자기 너무 쌀쌀하고 피곤하여 결국 택시를 타고 호텔에 와서 저녁을 먹었다.

　고지대에서 기온이 갑자기 떨어지면 후두부의 냉기를 막아 주는 것이 중요한데 가방 안에 모자가 있어 다행이었다.
　춥고 어지럽고 졸려서 4시에 알람을 맞춰 놓고 잤다. 내일 티티카카, 라파스, 와이나포토시에 갔다가 우유니까지 이어지는 일정이 3,400m 이상이다. 한동안 고산증으로 힘이 들 것 같다.

• 되돌아온 쿠스코 아르마스 광장. 낮보다 밤이 되니 고소 증세가 더 심해졌다. 이때 모자로 후두부를 감싸주는 것이 중요하다.

11월 17일 갈대 섬 '우로스'의 아이들

3,200m의 쿠스코에서 잠을 자는 것은 역시 힘이 들었다. 그동안 2,700m 위아래를 오르내리면서 적응이 좀 되어 있지 싶었는데, 아직 아니었나 보다. 자다가 숨이 차서 자꾸만 깼다. 앉아서 잠을 청하기도 하고, 똑바로 눕기도 하고, 옆으로도 누워 보면서 밤새 잠을 설쳤다.

어제 저녁 좀 급하게 먹었더니 속이 더 부대끼는 듯하다. 오늘은 4시 모닝콜을 듣고 짐을 챙겨서 4시 반에 간단히 아침을 먹은 다음 5시에 출발하는 날이다. 새벽 출발 일정이 연일 계속 되니, 매일매일 고단하다. 게다가 잠도 잘 못 잤으니.

아침에 차나 한 잔 하려다가 빵과 커피, 샐러드까지 잘 먹고 5시 20분에 버스를 타고 공항으로 갔다. 7시 45분 비행기인데 부지런을 떨었다. 일주일에 두 번 쿠스코에서 줄리아카로 가는 직행 비행기가 있는데, 우리 일정과는 맞지 않아 리마를 경유하여 가는 일정이었다.

전날 쓰지 못한 일기를 공항에서 비행기를 기다리는 동안 쓸 수 있어서 좋았다. 시간도 잘 가고, 일기도 잘 써졌다.

첫 비행기가 50분가량 늦게 출발하여 걱정했는데, 속도를 냈는지 리마에는 20분 정도 늦게 도착했다. 9시 반 리마 공항에서 다시 수속을 밟고 터미널로 들어갔다. 잠깐 기다리는 동안 반팔 티셔츠를 하나 사고 줄리아카행 비행기를 탔는데, 여기서는 2시간 동안 잠을 잘 잤다.

    3,200m 쿠스코에서 0m인 리마에 갔다가 다시 3,800m 줄리아카에 내리니 역시 호흡이 힘들었다. 그곳에서 기다리고 있던 새로운 가이드를 만나 간단하게 요기를 하고 푸노로 향했다. 1시간 20분 정도 달려 도착한 이 지역은 해발은 높지만 넓은 고원지대여서 농사와 축산이 잘 되는 것 같았다.

    해가 뜨면 너무 뜨겁고, 해가 숨으면 싸늘했다. 푸노는 잉카의 고향 같은 곳으로 아직도 전통 잉카 언어 2가지를 사용하고 있고, 스페인어를 포함해 3가지 언어를 공용으로 사용한다고 한다. 볼리비아 국경도 가까워서 무역도 활발한 도시였다.

• 호텔에서 바라본 쿠스코의 새벽 풍경.

점심을 먹으러 갔는데 모두 고산 증세로 입맛이 없어 했으나 퀴노아 스프는 고소하고 소화도 잘 될 것 같아 그릇을 싹싹 비웠다.

그 후 LIVERTADOR 호텔에 도착하여 빨래를 모아 호텔에 부탁하고, 4시 40분 티티카카 호수로 향했다. 티티카카 호수는 두 산맥 사이에 갇힌 알티플라노 고원의 한 부분이며, 내륙의 바다였다. 면적은 충청남도와 비슷하다고 하니, 수평선을 바라보면 호수라는 생각이 전혀 들지 않았다.

- 줄리아카 마을.
- 퀴노아 스프가 없었다면 고산증으로 더 많이 고생했을 것이다.

- 우로스 섬으로 가는 관광객을 골고루 분배해 주는 LIVERTADOR 호텔
- 20분 정도 배를 타고 티티카카 호수로 들어가니 우로스 섬이 보였다.

호텔 바로 앞 선착장에서 배를 타고 20분쯤 지나 호수 가운데 갈대(토토라)로 만든 '우로스 섬'이 보였다. 여기에 2,500가구가 산다고 하니 그 규모가 상당했다. 우로스 섬의 역사는 9대 잉카인 파차쿠티가 티티카카를 정복할 때 잉카군을 피해 도망온 우로스족에 의해 시작되었다고 한다. 집집마다 망루가 설치되어 있어 적들을 얼른 살펴야 하는 아픔이 남아 있는 것 같았다.

갈대 사이로 발이 쑥쑥 빠지는 것 같아 처음엔 걱정스러웠으나 생각보다는 견고했다. 우리가 도착한 집에는 마당 가운데 구멍을 내어 만든 가두리 양식장이 있었는데, 킹 피시와 송어를 키운다고 했다. 널찍하게 만든 갈대 섬 위에 일곱 가족이 함께 살고 있었다. 그 집 가장이 갈대로 섬을 만드는 방법, 집을 이동하는 방법, 물고기를 길러 먹는 방법에 대해 설명해 주고, 넓적한 돌 위에 불을 피워 조리하는 것도 보여 주었다. 그러면서 자기들이 만든 수공예품을 파느라 정신이 없었다. 이미 태양광 전기로 휴대전화도 쓰고 있었다.

그리고 중학교부터는 육지로 나가야 하니, 여기서 살아가는 것이 그리 쉽지는 않을 것 같다. 나는 안쓰럽기도 하고, 계속 이렇게 살아 달라는 부탁의 뜻으로 전통문양 걸개 그림을 30달러에 사주었다.

작은 여자아이에게 1달러씩 주었더니, 오빠라는 아이가 자기도 달라면서 엉엉 우는 것이 연기하는 것처럼 보여 좋지 않았다.

문득 내 어릴 적 생각이 났다. 1982년 초등학교 5학년 때 친구들과 자유공원에 놀러 갔는데, 버스에서 미국 사람들이 단체로 내리고 있었다. 나는 처음 보는 광경이었으나 몇몇 친구들은 익숙한

- '토토라'라는 갈대를 계속 쌓아 1미터 이상 두께의 바닥을 만드는 것을 보여 주었다. 섬 아래가 썩어 위에 새로운 토토라를 계속 얹어 주어야 한다. 돌판 위에 화로를 올려 불을 때서 물을 끓이는 것도 보여 주었다.
- 집 구경을 시켜 준다고 하더니 공예품들을 보여 주었다. 그들이 직접 짠 것이라고 하는데, 모양이 너무 비슷해 공장제 같았다.
- 토토라로 만든 배를 타고 마을 중앙으로 가기로 했다.

지 그 외국인들에게 달려가서 "머니, 머니, 초콜릿, 초콜릿" 하고 외쳤다. '설마 저런다고 돈을 주겠어?'라고 생각하는 순간, 한 남자가 돈을 꺼내어 아이들에게 100원씩을 나눠 주는 것이 아닌가! 그걸 보고 나도 막 달려갔으나, 그는 이미 손을 털고 있었다. 좋아하는 친구들을 보니 그 순간 없던 용기가 생겼다. 다른 쪽에 있던 외국인에게 다가가서 나도 "머니 머니" 했더니, 그 사람이 유창한 한국말로 소리쳤다. "그럼 못써." 깜짝 놀라 돌아서면서 창피하고, 아쉽고, 서운하고, 슬프기도 했다.

나는 연기하듯 엉엉 울고 있는 그 아이에게 초등학교 때의 내 모습이 있는 것 같아 1달러를 꺼내 주었다.

호텔에 돌아와서 다들 속도 안 좋고 짐도 줄이기 위해 저녁은 가져온 사발면을 먹기로 했다. 나는 사발면을 준비해 오지 않아 다른 분들 것을 얻어먹었다.

해발 3,800m였지만 컨디션이 괜찮고, 짐을 줄이기 위해 아구아 깔리엔테스에서부터 들고 다니던 맥주 두 병을 마셔 버렸다. 일행 중 이 선생님은 속이 불편해서 누룽지만 조금 끓여서 드셨다고 하는데, 나는 아직은 괜찮은 것 같다.

이제 9일간의 페루 여행은 끝났다. 내일은 국경 넘어 볼리비아로 넘어가서 태양의 섬으로 들어간다. 오늘은 새벽부터 계속 이동만 한 날이어서 중간중간 잠도 자고 시간도 여유로웠다. 지금 시간은 9시 20분. 오늘은 책 좀 읽고 자야겠다.

내일은 7-8-9(7시 모닝콜, 8시 아침 식사, 9시 집합) 일정이다. 오랜만에 늦잠을 잘 수 있는 날인데, 잘 잘 수 있을지 걱정이다.

- 학교와 식당, 호텔이 모여 있는 중심 섬.
- 어둑어둑해질 때 호텔로 되돌아왔다.

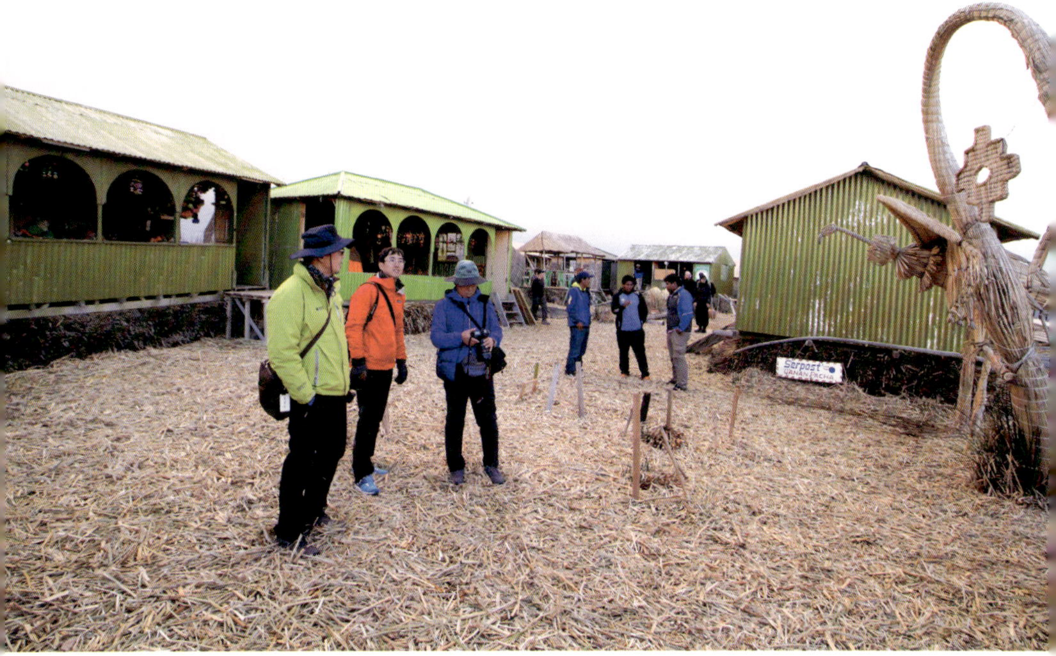
Serpost

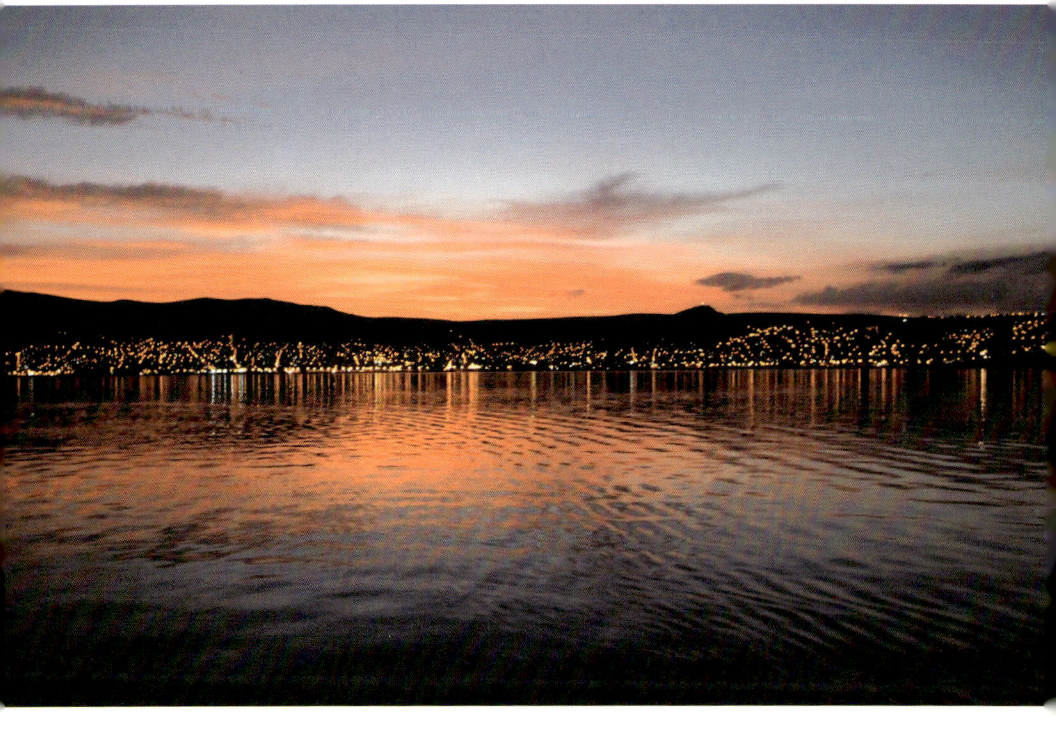

11월 18일 잠 못 이룬 국경의 밤

오늘은 좀 여유 있는 날이다. 그러나 4,000m에 올라가서 자는 날이라 아직은 조심스러웠다.

새벽 5시 눈이 너무 부셔서 눈을 떴다. 7시 모닝콜을 기다리다가 6시에 조 선생님의 전화를 받고 함께 식당으로 내려갔다.

지금 이 지역은 건기가 맞는 것 같다. 아침부터 구름 한 점 없이 맑고, 고도가 높아서 그런지 햇볕이 따가워 커튼을 치고 밥을 먹어야 할 정도였다.

호텔 밖 산책을 포기하고 방에 와서 9시까지 철학책을 읽었다. 앞으로는 좀 더 시간이 여유로울 테니 많이 읽어야겠다.

1박2일 작은 짐을 챙겨 9시 로비에 모였다. 어제 보낸 세탁물이 깨끗하게 포장된 채 로비로 배달이 되었는데, 그동안 고산증 걱정에 세수도 조심스러워서 못하고 있었기에 꼭 필요한 서비스라는 생각이 들었다. 어제 저녁 사발면을 먹은 대신 여행사에서 세탁비를 부담해 주겠다고 하니 더 좋았다.

9시 호텔에서 출발해 티티카카 호수를 따라 남동쪽으로 계속 향했다. 중간에 있는 뷰 포인트에서 내려 호수를 보니, 멀리 설산도 보이

- 호텔에 전날 맡겼던 세탁물이 깨끗하게 포장되어 왔다. 고산증 걱정에 세수도 못하는 일정에 꼭 필요한 서비스란 생각이 들었다.
- 푸노 호텔에서 본 새벽 전경.
- 티티카카 뷰 포인트. 송어 양식장이 많고, 멀리 수평선과 설산까지 보였다.

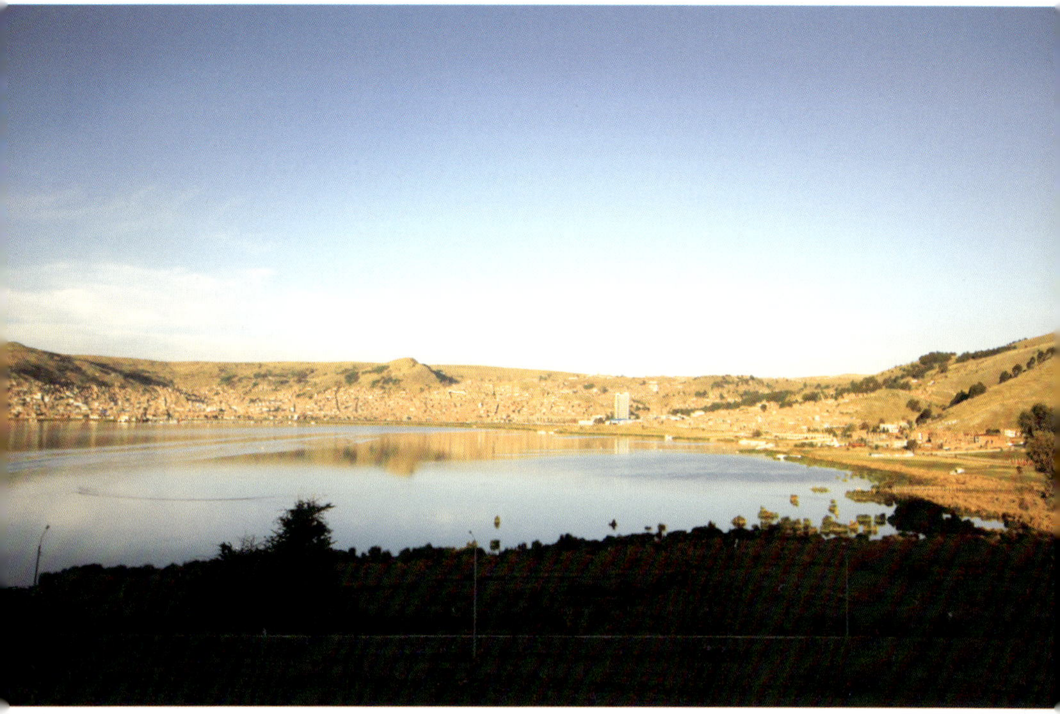
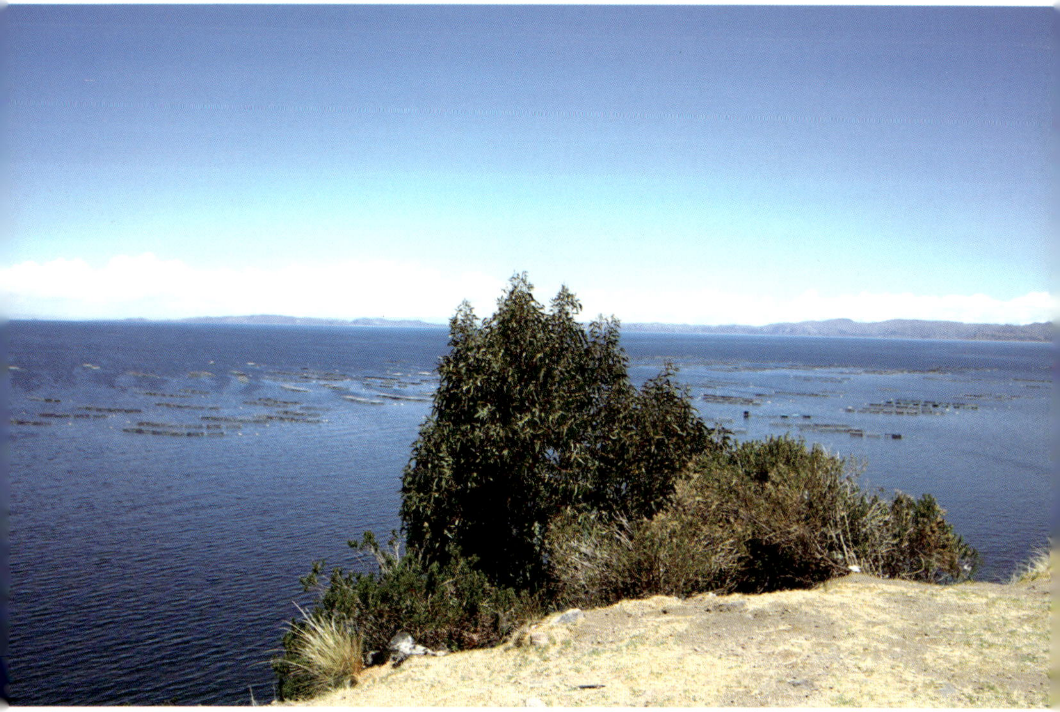

고, 수평선도 보이고, 송어 양식장도 보였다. 호수라기보다 그냥 바다라는 느낌이었다. 송어는 원래부터 있었던 것은 아니고, 캐나다산 무지개송어를 가져다가 양식을 하고 있다고 한다. 수익사업으로는 좋을 것 같은데, 양식장을 나온 송어가 생태계에 어떤 영향을 미칠지는 모르겠다.

10시 반경 국경에 도착했다. 짐을 따로 자전거 수레에 옮겨 부탁하고, 우리는 걸어서 국경을 통과했다. 페루의 출국 도장은 금방 받을 수 있었으나, 볼리비아 입국 도장은 줄이 길어서 좀 시간이 걸렸다. 그래도 이 정도면 다른 때보다 훨씬 빠른 것이라고 한다.

• 무거운 짐은 자전거 손수레에 실어서 날라주었다.

9일에 걸친 페루 여행은 이렇게 끝나고, 이제 새로운 여행의 시작이다. 국경을 넘으니 가이드가 또 바뀌었고, 시간도 12시 반에서 1시 반으로 변경되었다. 국경 사이에는 군인도 보이지 않는 평화로운 상태였다.

1994년도 유럽 여행 중 로마에서 아테네로 갔다가, 그 길을 되돌아오려니 며칠을 써야 하는 것이 아까워서 그냥 북쪽으로 올라가 터키 이스탄불까지 가기로 했었다. 24시간 걸리는 국제버스를 타려면 60달러가 필요했는데, 그 돈도 아끼기 위해 유레일패스로 일단 공짜로 갈 때까지 가보자 하고 계속 북쪽으로 올라갔다. 말도 안 통하는 곳으로 계속 지나갔지만, "I go to 이스탄불, 콘스탄티노플"이라고만 외치면서 갔는데, 기차를 몇 번 갈아타고, 나중에는 두 칸짜리 작은 기차를 타고 가다가 역장이 여기서 내려 저쪽으로 걸어가라는 손짓을 하여 내렸다. 그 역에는 플랫폼도 없는 매우 작은 역이었고, 주변에 논밭과 숲만 있는 너무나 한적한 곳이었다.

그래도 그 길을 따라 십여 분 걸어갔더니, 그리스 군인들이 총을 들고 앞을 가로막았다. 여기는 걸어서 갈 수 없고 차를 타고서만 건널 수 있다고 하여, 그럼 택시를 불러 달라고 해 1시간을 기다렸다. 한참 후 여기까지 오는 택시가 없다고 하더니, 총을 든 군인이 따라오라고 하여 갔다. 국경 반대편에 대고 큰 소리로 뭐라뭐라하니 저쪽에서 손짓으로 오라고 하였다. 그리스 군인을 따라서 걸어가다 중간에 터키 군인에게 인도되어 국경을 넘어간 적이 있었다.

걸어서 국경을 넘을 때면 항상 그때의 막막함과 두려움이 떠오른다. 그곳에서 터키 입국 도장을 받고 버스를 여러 번 타고서 이스탄불에 도착하긴 했는데, 나중에 공항으로 나오려고 할 때 나의 입국 장소가 너무나 이상하여, 공항에서 이것저것 심문을 받은 후에 출국 도장을 받고 나올 수 있었던 것은 그것과 연관된 에피소드였다.

- 페루-볼리비아 국경을 뜻하는 아치가 보인다.
- 볼리비아 입국장에는 항상 긴 줄이 있다고 한다.

국경에서 20분 정도 차를 타고 코파카바나 시내에 있는 식당으로 갔다. 이제부터는 오지로 들어가기 때문에 식사도 불편하고 와이파이도 잘 안 될 것 같다. 점심 식사는 퀴노아 스프, 닭고기구이, 송어구이였는데, 이 지역 대표 음식이라고 한다.

이 지역은 국경도시답게 운송사업이 제일 큰 사업인데, 그중 큰 회사 세 곳에서 돈 2,000만 원 정도를 내어 지역 축제를 한다고 한다. 또 자동차를 귀하게 여겨 처음 산 자동차에 꽃으로 치장을 하고 신께 비는 행사도 한다고 한다.

원래 계획은 코파카바나에서 1시간 30분 배를 타고 태양의 섬으로 들어가는 것이었는데, 버스로 더 가까운 승선장까지 가서 그곳에서 배를 5분 정도 타는 것으로 변경되었다. 큰 짐은 버스에 그냥 두고, 1박용 짐만 들고 배를 탔다. 태양의 섬 주 선착장에 먼저 내려서 당나귀에 짐을 실어 호텔로 보내고, 우리는 배를 다시 타고 섬의 다른 쪽 선착장에 내려서 트레킹을 시작했다.

선착장 바로 위에 태양의 신전이 있는데, 이것은 잉카시대 이전, 그러니까 pre-잉카시대의 신전이라고 한다.

옛날에 이곳은 호수가 아니고 계곡이었다고 한다. 앞 설산에 절대로 오르지 말라고 했는데 사람들이 그걸 어기고 그 산에 들어간 후 신들이 노해서 퓨마를 보내어 사람들을 다 죽였는데, 이쪽 계곡의 신이 슬퍼서 계속 울어 호수가 되었단다. 그때 한 쌍의 인간이 배를 타고 태양의 섬에 왔는데, 오른쪽에는 퓨마가 왼쪽에는 회색돌이 있었다고 한다. 그래서 티티카카라고 불렀다고 하는데, 티티는 퓨마, 카카는 회색돌이라는 뜻이다. 이 티티카카 전설은 페루 쪽과 조금 달랐지만 이곳 전설이 조금 더 이야기가 되는 것 같다.

호수 선착장에서부터 섬 꼭대기까지 올라가는 것, 고도계로

200m 정도 올라 4,000m에 오르는 것이었는데 생각보다 무척 힘들었다. 몇 걸음 걷고 한 번 쉬고를 반복해야 할 정도로 앞으로 나아가기가 쉽지 않았다. 4시 반에 걷기 시작하여 6시 반까지 2시간 정도 천천히 걸어 최고의 위치에 최고로 세련된 건물로 지어진 Pallakasa 호텔에 도착했다. 무엇보다 먼저 정원에 장미꽃이 그렇게 잘 관리되고 있는 것 자체가 놀라웠다.

때마침 서쪽에 일몰이 진행되고 있었다. 식당에서 웰컴 커피를 마시며 본 일몰 장면은 몸이 힘든 것과 반비례할 만큼 아름다웠다.

이 호텔은 방들이 따로따로 떨어져 있고 주변이 아주 어둡고 조용해서, 혼자 방을 쓰려니 TV도 없는 방에서 너무 적막하고 으스스했다. 난방도 방마다 부탄가스 난로를 켜니 산소가 부족해지는지 더 어지러웠다. 별빛이 좋긴 한데, 춥고 어두워서 혼자 밖에 나갈 엄두가 나지 않았다. 어차피 우유니에 가면 더 좋은 별빛을 볼 수 있다고 하니, 오늘은 그냥 방에서 일기를 쓰고 독서나 해야 할 듯하다.

침대 양쪽으로 커다란 창문이 있는데, 밖은 너무나 깜깜하고 커다란 창문이 오히려 부담스러워서 커튼으로 가렸다. 바람소리도 거세고 숨쉬기도 어려워 잠을 자기가 쉽지 않을 것 같다.

벌써 11시 30분이 되었다. 내일은 7시 아침 식사, 8시 출발하여 볼리비아 수도 라파스까지 이동하는 날이다. 차에서 눈을 붙여도 되니 오늘은 좀 더 늦게까지 있어도 될 것 같다. TV도 없고, 인터넷도 안 되고, 춥고, 불도 어두침침해서 책을 보기도 어렵고, 숨쉬기도 어렵고, 혼자 방에 있으려니 음침하고 갑갑했다.

한국에 돌아온 후 2018년 1월 중순에 태양의 섬에서 한국인 40대 여성이 깊은 자상을 입은 채 숨졌다는 뉴스가 나왔다. 최근에 관광객이 늘어나는 중이라고는 하지만, 아직 개별 여행자들에게는 주의가 많이 필요한 지역인 것 같다.

- 코파카바나에서 배를 1시간 30분 타는 것을 대신해 차로 비포장길을 40분 정도 달려 태양의 섬에서 제일 가까운 작은 선착장에서 배를 15분 타는 일정으로 바뀌었다.
- 트레킹 초반에 만난 태양의 신전. 잉카시대 이전의 신전이라고 한다.

- 능선을 따라 지겨울 만큼 한참을 걸어가니 호텔이 나타났다.
- 일몰 관람 장소로 제일 좋은 위치에 호텔이 있다.
- 건물로 보면 태양의 섬에서 제일 좋은 호텔이었던 것 같다.
- 내가 묵었던 방만 따로 떨어져 있고 주변엔 아무것도 없이 황량해서 무슨 일이라도 생기면 어쩌나 더 걱정스러웠다.

109

11월 19일
체 게바라 · 볼리비아 · 에보 모랄레스

태양의 섬에서 묵은 호텔은 위치도 좋고 시설도 그 안에서는 제일 괜찮았지만, 침대 양쪽이 큰 유리로 되어 있고 창밖은 너무 깜깜해서 혼자 잠을 자기엔 부담스러웠다.

잠이 오지 않아 일기도 많이 쓰고, 철학책도 읽고, 스도쿠 게임도 하다가 잠을 자긴 했는데, 호흡이 가빠서 제대로 잘 수가 없었다. 마치 카일라스 될마라 언덕(5,650m)을 넘기 전의 마지막 디라북 사원(5,050m)에서 거의 한숨도 못 자고 앉아서 숨을 헐떡이며 밤을 지샐 때의 괴로움을 다시 한번 겪은 느낌이었다. 제대로 누워서는 잠을 잘 수가 없었다.

그나마 다행스러운 것은 실내에서는 그리 춥지 않았다. 잠이 안 와 불을 켜고 책을 보다 게임을 하다 뒤척이다가 4시경 밖에 나가서 별을 보았다. 티티카카 호수 위로 은하수가 가득 보였지만, 남쪽에서 내가 보고 싶어 했던 남십자성은 구름이 많아서인지 찾지 못했다. 오히려 저 멀리에서는 번개가 치곤 했다. 바람도 세고 바람을 피할 곳도 없어 핸드폰으로 별자리를 찾아보다가 돌아왔다. 5시쯤 양철지붕을 때리는 소나기 소리가 우렁차게 들렸다.

일출이 시작되어 창문 밖 풍경이 살아날 때 커튼을 치고 철학책을 읽었다. 7시에 모여 빵과 차로 아침을 대신하고 8시에 호텔을 떠났다. 모두 컨디션이 안 좋아 보였지만 내 상태가 가장 안 좋은 것 같았다. 어제 아침까지는 제일 괜찮았는데, 태양의 섬 하룻밤 만에 안 좋아진 것 같다고 다른 분들도 걱정해 주었다. 그래도 오늘은 차로 이동만 하는 날이니, 잠을 못 잔 것은 아무 문제가 아니었다.

아침에 만난 서양 사람들은 며칠씩 묵어가는 듯한데 그런 여행 모습이 참 부러웠다. 나도 이번엔 이렇게 조금씩 훑어보고 지나가지만, 다음에 또 온다면 한 곳에 오래 머무는 여유 있는 여행을 해야 할 것 같다.

1박용 작은 짐을 당나귀에 싣고 출발했다. 이곳 원주민들 체형은 독특하긴 하다. 엉덩이와 하체가 비정상적으로 큰 것 같다. 그게 치마 안에 뭔가를 입어서 그렇게 보이는 것이라는 얘기도 있는데, 확인은 하지 못했다.

• 호텔 정원의 아침.

　어제 처음에 내렸던 남쪽의 주 선착장으로 갔는데, 잉카의 샘에서 물이 계속 흘러나오고 있었다. 섬 아래 부분에는 커다란 나무도 몇몇 보이더니, 이런 마르지 않는 샘이 있어서 사람과 동식물들이 살 수 있겠구나 싶었다. 배를 기다리면서 물수제비 몇 번 던졌는데도 숨이 찼다. 배를 타고 다시 코파카바나로 나와 과일과 물을 산 다음 볼리비아의 수도 라파스로 향했다.

　버스를 타고 조금 지나 티티카카 호수 물이 빠져나가는 수로를 건너는데, 모두 버스에서 내려 작은 보트를 타고 건넜다. 사람들은 먼저 건너고 버스가 건너오기를 기다렸는데, 작은 뗏목 같은 배에 아슬아슬 버스를 싣고 건너는 모습을 보니 불안하기 짝이 없었다. 거리도 짧은 이런 곳에 왜 다리를 안 놓고 저렇게 고생할까 싶어 가이드에게 물었더니, 여기 지나는 모든 한국 사람들이 그렇게 이야

- 당나귀 두 마리에 7명의 짐을 싣고 선착장으로 먼저 출발했다.
- 물이 마르지 않는 '잉카의 샘'.
- 잉카제국 신화의 주인공 태양의 아들 망코 카팍과 딸 마마 오크요가 마을 입구에 서 있다.
- San pedro de Tiquina 항구. 앞에 있는 뗏목 같은 배에 버스를 싣고 건넌다.

기 한다고 하면서, 그냥 여기서는 이런 방식으로 살아가고 있구나 하고 인정하는 게 어떻겠냐고 하여 할 말이 없었다. 자꾸만 우리 시선으로 그들을 보고 조언이랍시고 잘난 체를 하고 있었나 보다.

다시 버스에 올라 계속 잠을 자는 동안 라파스 입구에 도착했다. 쿠스코처럼 계곡 사이에 들어선 도시인데 생각보다 엄청나게 컸다. 높은 곳과 낮은 곳의 차이도 400~500m 이상 되었다. 초록 숲은 거의 보이지 않고 건물만 가득한 해발 3,600m의 거대 도시를 보니 보기만 해도 숨이 막혔다. 자동차 매연은 또 얼마나 심한지 숨을 들이마셔 보지 않아도 알 정도였다.

라파스 시내에 들어오니 체 게바라의 동상이 눈에 들어왔다. 이번 여행길에 제일 먼저 챙긴 책이 《나의 형, 체 게바라》였고, 그가 볼리비아에서 죽은 지 50주년이 되는 해여서, 시간만 된다면 체 게바라의 흔적을 되짚어보고 싶다. 체 게바라가 그냥 게릴라인 줄 알았더니 원래 의사 출신이었다고 하니, 그의 생전의 활동에 대해 더 존경하게 되었다.

볼리비아는 남한 면적의 10배 크기에 인구는 1천만 명 정도인 남미에서 제일 가난한 나라다. 하지만 가난한 농가에서 태어난 원주민 출신의 에보 모랄레스가 2005년 대통령에 당선되면서 인구의 70% 이상이 원주민인 볼리비아에 희망을 심기 시작했다. 대통령 취임사에서 체 게바라의 혁명을 이어가겠다고 공언한 그는 2009년 재선에 이어 2014년 3선에도 성공하여 지금까지 볼리비아 대통령직을 수행하고 있으며, 토지개혁과 소득 재분배를 통해 보다 많은 혜택을 원주민과 빈민들에게 돌려주고자 노력하고 있다.

- 다시 나온 코파카바나 성당 앞. 꽃으로 장식한 차량들이 여러 대 있었다.
- 시장에 들러 과일과 물을 샀다.
- 체 게바라의 동상.

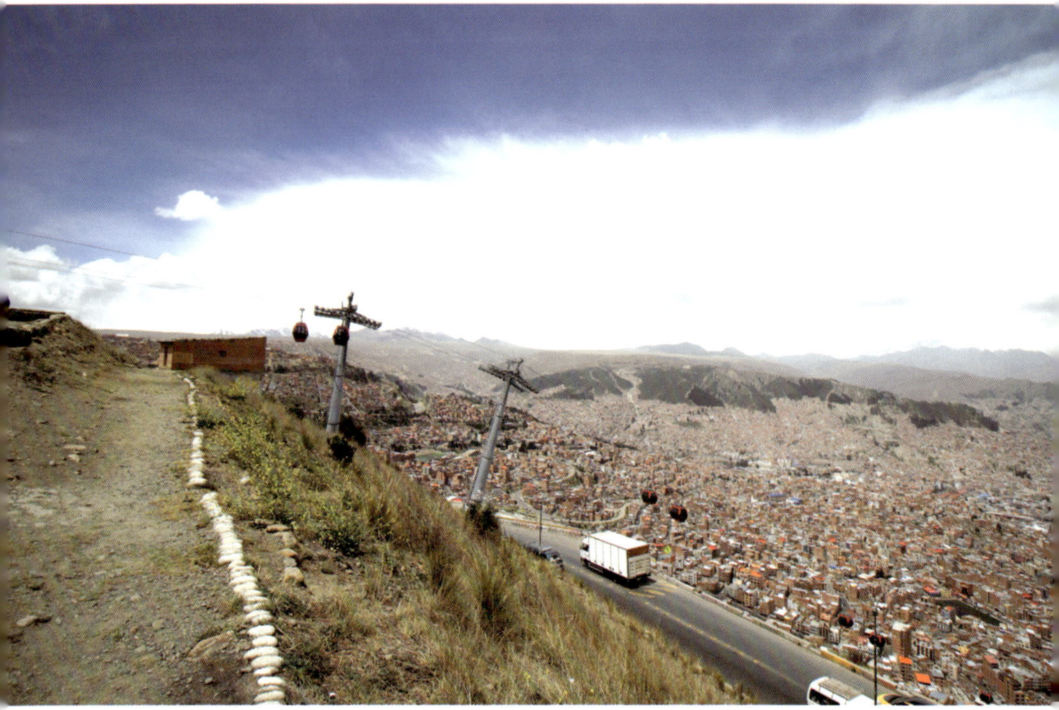

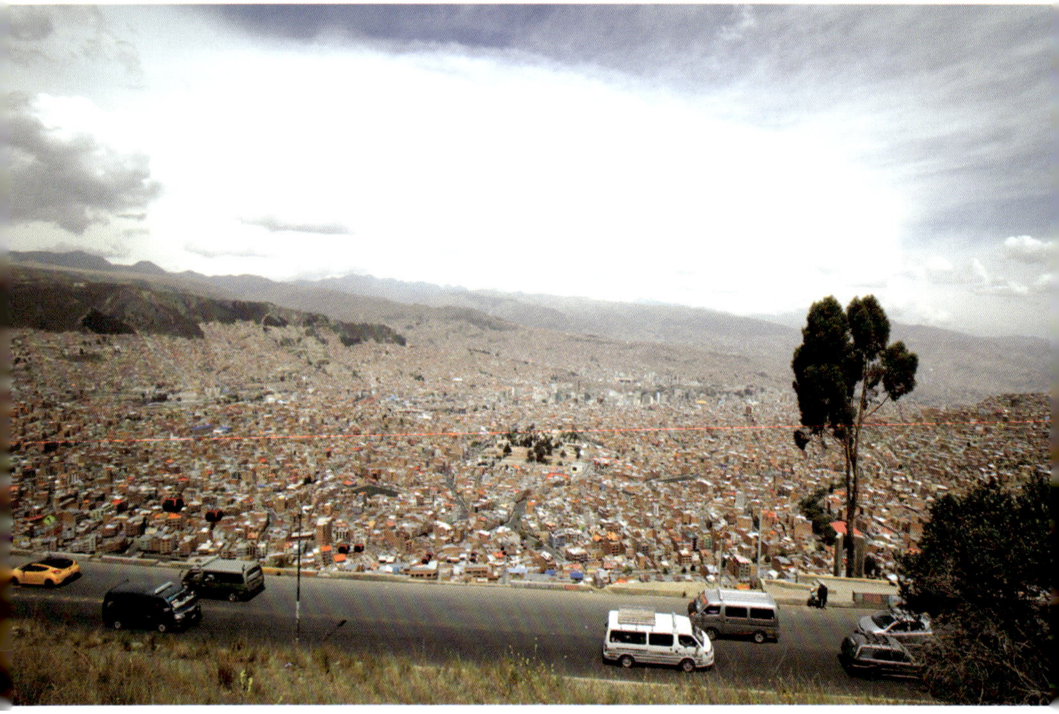

오늘 묵는 CAMINO REAL 호텔은 아파트 형태로 부엌도 거실도 크고 침대도 대형 사이즈다. 방도 넓고 책상도 커서 하루만 묵기에는 좀 아쉽다. 짐을 놓고 곧장 1층 식당으로 향했다. 사이드 메뉴는 뷔페 형태였는데, 야채도 많고 드레싱 종류도 많아서 오랜만에 신선한 야채를 많이 먹을 수 있어 좋았다. 메인으로 주문한 소고기, 닭고기 구이도 아주 맛있었다.

늦은 점심이고 맛도 좋아서 좀 과식을 하고 저녁은 간단히 먹기로 했는데, 한국에서 가져온 컵라면과 햇반을 먹기로 모두 동의했다.

오후 4시쯤 방에 돌아와서 샤워를 할까 말까 고민하다가 했는데, 이젠 고산에 적응이 되었는지 몸에 별다른 무리는 없었다.

책도 보고, 와이파이가 잘 되어 유튜브로 앞으로의 일정을 검색하면서 시간을 보냈다. 와이파이가 잘 되니 오랜만에 아내와 카톡으로 영상 통화를 했다. 오랜만에 아이들을 하니 기분도 묘하고 커다란 방이 더 적적했다.

라파스는 볼거리도 많지 않고, 교통이나 공기가 좋지 않아 다음 날의 산행 컨디션 조절을 위해 충분히 휴식을 취하기로 했다. 우리가 방에서 쉬고 있는 동안 가이드는 내일 필요한 물품을 사러 시내에 갔다 왔는데 바로 목이 잠기고 말이 안 나온다고 한다. 같이 가서 시내 구경을 할까 했는데 안 가길 잘했다는 생각이 들었다.

내일은 와이나포토시 베이스캠프(5,130m)까지 트레킹을 하고 야간 비행기로 우유니로 간다. 내일이 이번 여행 중 제일 높고 힘든 코스이니 오늘은 컨디션 조절을 잘 해야 하는 밤이다. 태양의 섬에서 최악으로 떨어졌던 컨디션이 낮에 차에서 눈을 붙여서 그런지

- 워 케이블카가 대중교통 수단으로 사용되고, 노선이 여러 개 있다.
- 해발 3,600m 항아리형 계곡 속 대도시답게 보기만 해도 숨이 막혔다.

많이 회복되어 피곤하지는 않았다. 책을 조금 더 읽고 싶기도 하고, 잠을 얼른 자야 할 것 같기도 하다.

데카르트의 이성을 깨운 것도 암스테르담으로의 여행이 시작이었다고 한다. 내가 진리라고 생각하고 있는 많은 규정들이, 새롭고 낯선 여행길에서 많이 깨질 수 있는 그런 여행이었으면 좋겠다.

• 라파스의 뒷동산이라고 하듯 와이나보토시 산이 보인다.

11월 20일 한 발 걷고 한숨 쉬고

　이번 여행에서 일기를 밀린 적이 없는데, 어젠 고산 증세로 일기를 쓸 상황이 아니었고, 오늘도 하루 종일 시간이 없어 이틀 만의 밀린 일기를 쓰게 되었다. 어제 아침(20일) 이야기부터 해야겠다.
　6-7-8 일정이었다. 어차피 기상시간 전에 일어나 있었기에 짐을 정리하고 일기를 쓴 다음 7시 아침을 먹으러 갔다. 두 부부팀은 이미 식사를 마쳤고 다른 두 분이 내려와 함께 먹었다.
　오늘 준비사항은 우비와 방한복 그리고 물도 많이 준비해야 했다. 날씨와 상황이 어떻게 될지 모르고, 또 다른 분들에게 피해를 주어서는 안 되기에 걱정이 많이 되었다. 오늘 코스가 이번 여행 중에 제일 힘들 거라는 생각이 들었다.
　그나마 다행인 것은, 태양의 섬에서 컨디션이 아주 안 좋았는데 라파스에서 잠을 잘 잔 것이었다. 아침에 일어나서 식사를 할 때부터 컨디션이 좋았다.
　8시 와이나포토시를 향해 출발했다. 다행히 날씨가 좋았다. 뒷산처럼 보이는 높이 6,439m의 일리마니 산이 우렁차 보였고, 라파스 위쪽 도시인 엘알토에 올라오니 와이나포토시 산(6,088m)도 우람한 설산이었다. 중간에 마치 카일라스처럼 피라미드 모양으로 보이는 산이 있어서 6년 전 생각도 많이 났고, 그때 고생했던 고산증이 또 떠올랐다. 이번엔 잘 해내야 할 텐데….
　중간에 광부들의 묘지에서 사진을 몇 장 찍고 설명을 들었다.

　볼리비아는 156년간 무려 193번의 쿠데타와 혁명을 겪었습니다. 정치에 대한 혐오가 극에 달했을 때, 부통령 르네 바리엔토스가 또

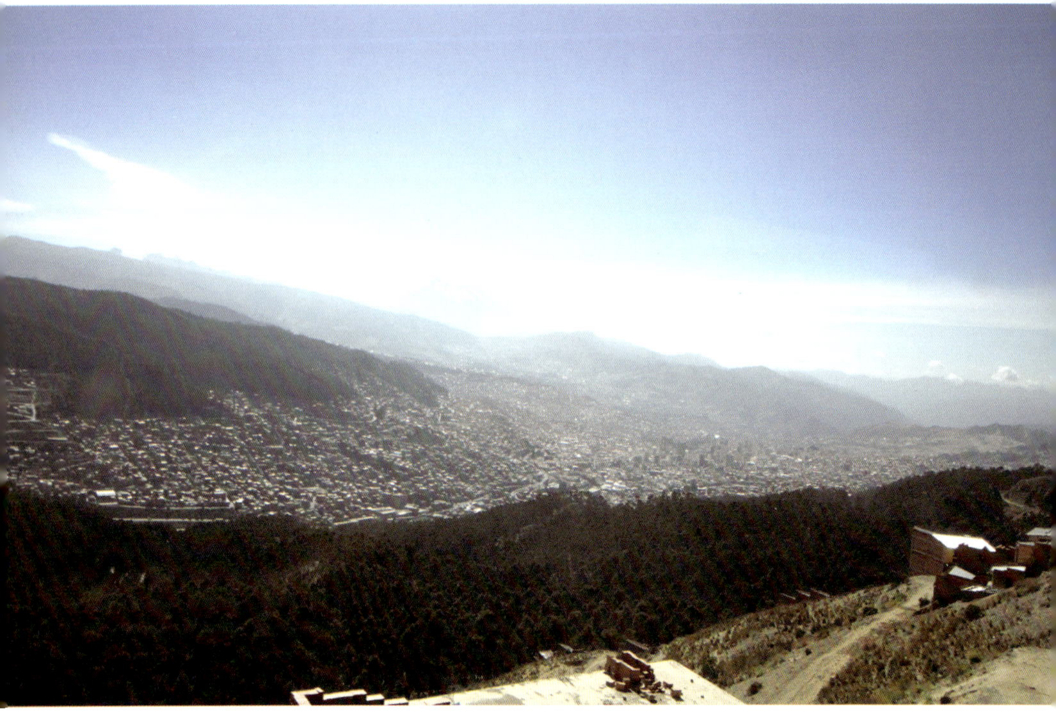

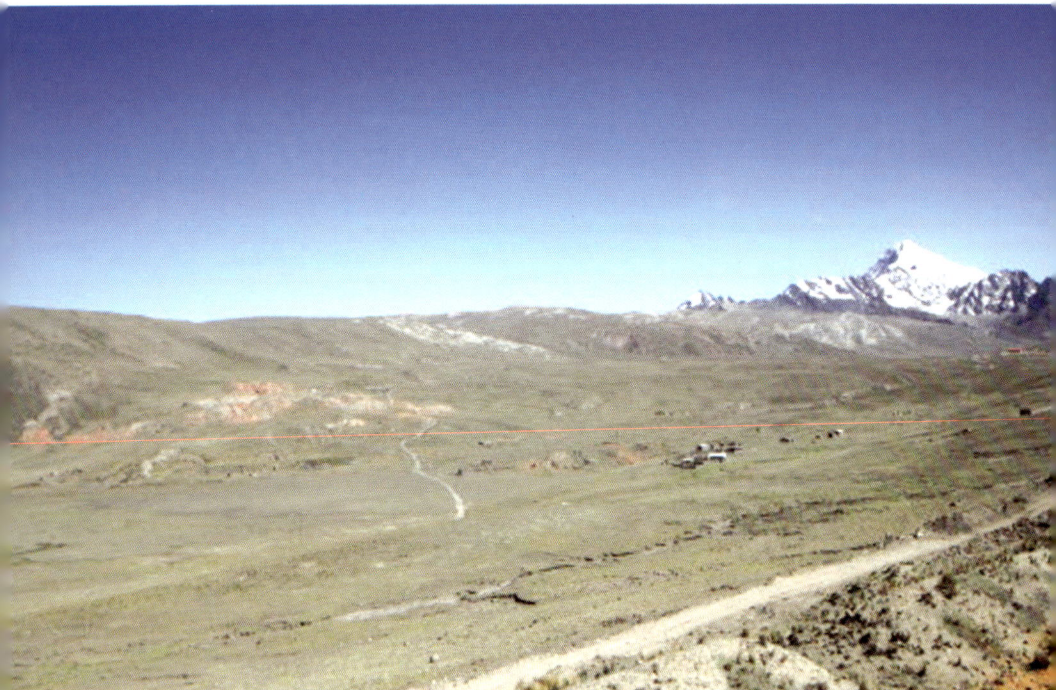

한번 쿠데타를 일으킵니다. 집권에 성공한 바리엔토스 정권은 권력 기반을 강화하는 수단으로 농민조합을 끌어들이고, 정권의 대척점에 있는 광산조합과 좌파세력에 대한 탄압을 시작했습니다. 광산 노동자들은 전국적인 파업으로 맞섰지만, 정권은 군대를 동원해 파업을 무력 진압했고, 이 과정에서 수많은 희생자가 발생했습니다. 여기에 묻힌 무덤의 주인도 그때 죽음을 당한 광산 노동자들입니다.

스페인은 초반부터 은과 금을 많이 캐어 가길 원했고, 많은 잉카인들이 광부로 힘들게 일하다가 죽어 갔다. 인력이 모자라자 아프리카에서 노예들을 데려와 광산 노동을 시켰다. 지난 500년간 끔찍한 고통을 당해 온 볼리비아 광부들의 역사를 생각하니, 광부들 묘지가 예사로 보이지 않았다.

- 6,439m의 일리마니 산이 라파스 뒤에 우람하다. 버스를 타고 100m씩 고도를 높일 때마다 고산증에 대한 대비를 해야 한다.
- 4,000m를 넘어가면서 나무가 사라지고 초원이 나타나면서 멀리 와이나포토시 산이 보인다.
- 광부들의 묘지.

첫 베이스캠프(4,820m)에서 내려 준비운동을 한 후 산행을 시작했다. 이번 트레킹 코스는 4,800m에서 시작하여 5,130m까지 330m만 오르면 되는 짧아 보이는 코스지만, 중간에 포기자가 많이 나오는 만큼 보조 가이드를 한 명 더 섭외한 후 출발하였다.

어제 3,600m 라파스에서 모두 컨디션이 좋았지만, 출발 자체가 4,800m여서 나는 버스가 100m씩 고도를 높일 때마다 의도적으로 물을 한 모금씩 계속 마셨다. 첫 베이스캠프에 도착할 때는 이미 물 두 병을 다 마신 상태였다. 날씨는 언제 어떻게 변할지 모르지만, 일단 매우 맑은 상태였다.

산행은 결국 짐 무게와의 싸움이라 생각하고, 좀 무거운 것들은 버스에 두고 최대한 가볍게 올라갔다. 만약 내가 준비를 못해 못 올라가는 상황이 되면, 아마도 준비물이 있어도 못 올라갈 상황일 거라고 생각하면서 과감히 짐을 줄였다. 날씨가 이상해서 못 올라가는 것이 낫지, 짐이 무거워서 못 올라가는 것은 피하고 싶었다.

가이드가 선두에 서서 천천히 느릿느릿 속도를 조절했기 때문에 12시 반까지는 모두 같은 속도로 걸었다. 나도 처음 계획대로 제일 끝을 책임지겠다는 생각으로 뒤에서 조 선생님과 함께 걸었는데, 12시 반이 넘자 현지 가이드들의 분위기가 바뀌었다. 이런 속도로는 목적지까지 갈 수 없다는 것이었다. 나도 너무 천천히 걷는 것이 오히려 더 힘든 것 같다는 생각을 했는데, 현지 가이드들도 더 힘이 빠지는 것 같았다. 10시부터 3시간을 걸어서 올라왔는데, 100m밖에 못 올라왔다고 하니 아직 갈 길이 멀기도 했다.

나와 조 선생님이 먼저 보조 가이드와 선두조로 나서고, 나머지는 뒤를 따라가기로 팀을 나누고, 이때부터는 앞장서서 걸었다. 갑자기 걸으려니 숨이 막히고 어지러워지려 하였다. 이런 속도로 무리하면 바로 쓰러질 것 같아서, 뒤처지는 조 선생님을 앞에 세우고 그분을 따라가기로 했다. 5,000m 높이에 있는 중간 검문소에서 1시에 이름을 적고 입산료를 내고 오르는데, 여기서부터는 돌들이 계단처럼 이어지는 깔딱고개였다. 한 발 한 발 내디딜 때마다 숨이 차고 어지러웠다. 그래도 내 앞에서 더 힘들어하는 조 선생님이 쉴 때 따라서 쉬다 보니 나는 덜 힘들게 올라갈 수 있었다. 처음 예상은 왕복 4시간이었는데, 그 시간은 절대로 맞출 수가 없었다.

1시에 우리 조&조 팀은 검문소를 지나 다시 출발했다. 가이드는 검문소에 남아 뒤에 오는 사람들을 기다리고, 우리는 보조 가이드와 함께 셋이서 올라가 그분 말대로 130m를 1시간 반 만에 올라가서 2시 반에 제2베이스캠프에 도착했다.

등산은 어차피 중력과의 싸움이다. 버스에 오를 때는 모든 것을 가지고 탔지만, 버스에서 내릴 때는 물과 비옷, 카메라만 들고 시작

• 4,820m 제1베이스캠프.

- 고산증 증세가 나타나면 하산밖에 답이 없다. 숨차지 않게 천천히 올라가야 한다.
- 바로 눈앞의 언덕만 오르면 5,000m.
- 5,130m 제2베이스캠프에 도착, 69세인 조 선생님의 체력이 대단했다.

했다. 초반에 겉옷을 가방에 넣을 일이 생겼지만, 그래도 가벼운 상태였다.

5,000m를 조금 더 지나자 조 선생님의 발걸음이 급속도로 느려졌다. 중간중간 다른 팀에게 길을 비켜 줄 때만 해도 그러려니 했는데, 우리끼리 올라가는 속도도 숨을 고르느라 한참을 서 있어야 했다. 우리가 고갯길에서 고전하고 있을 때, 두 부부 팀도 검문소를 지나 계속 오르려다 포기하고 하산했다고 한다.

고갯길 초반에는 나도 자신이 없는데, 50m를 오르고 70m가 남은 상태에서 조 선생님이 너무 힘들어해 보조 가이드에게 5달러를 주고 카메라를 들어달라고 부탁하고 올라갔다. 그것만 없어도 조 선생님의 걸음걸이가 훨씬 편해졌다. 다시 40m를 오른 후 30m쯤 남았을 때는, 이 정도면 나는 괜찮겠다는 생각이 들었다. 그래서 조 선생님 배낭과 내 가방을 바꿔 들었는데, 이 무거운 배낭을 메고 여기까지 올라온 69세의 조 선생님이 정말 대단해 보였다. 마지막 30m는 앞서가는 조 선생님을 따라가느라 내가 헐떡헐떡거렸다. 가방 하나 바꿨는데 속도가 다르다. 역시 무게와의 싸움이다.

이렇게 한 걸음 한 걸음 올라가는 동안 두 부부 팀은 가이드와 함께 내려가고, 최 가이드는 성큼성큼 따라와 우리와 함께 올라갔다. 결국 보조 가이드의 예상대로 2시 반에 베이스캠프에 도착했다. 거기서 보니 그전과는 다른, 능선 너머의 모습과 정상까지 갔다

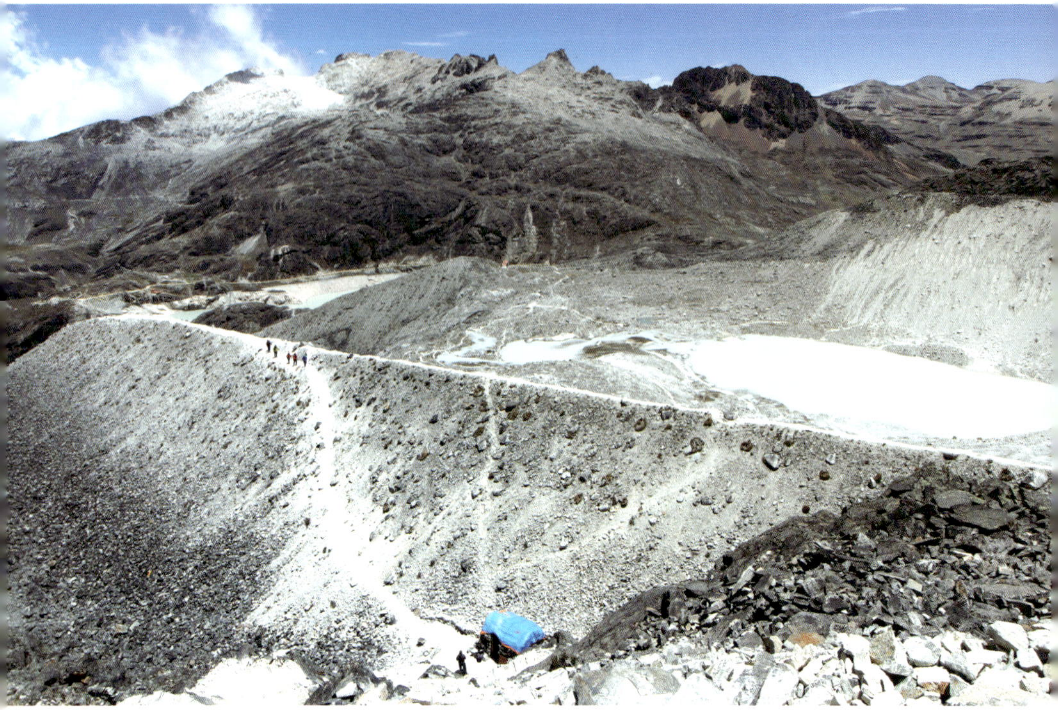

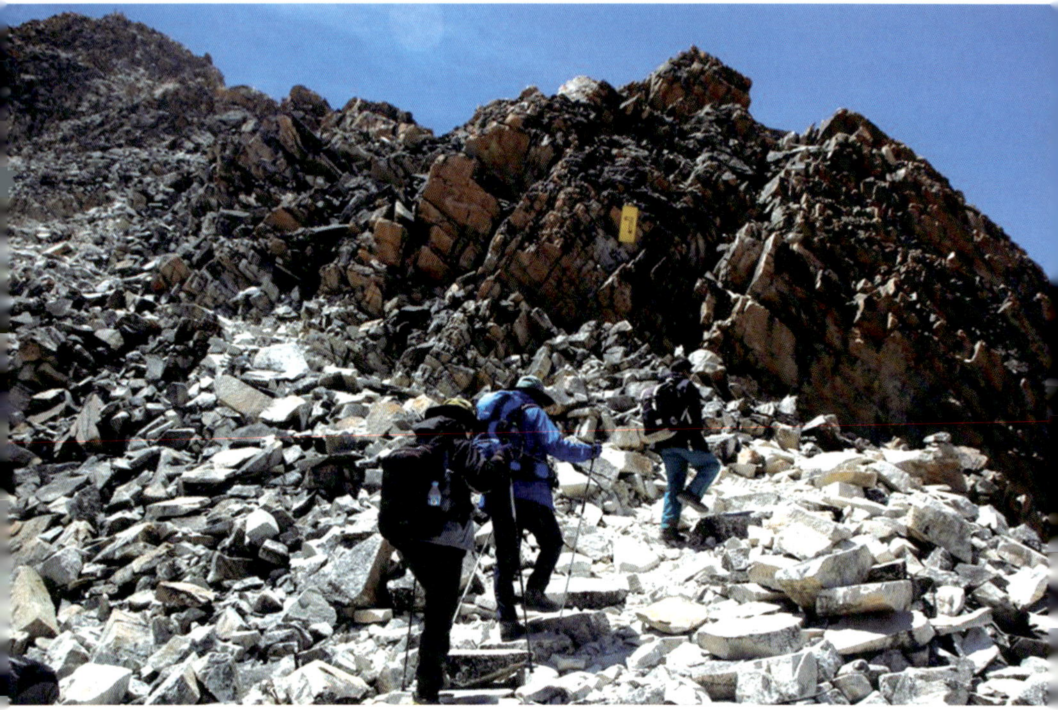

가 내려오는 사람들이 대단해 보였다. 눈앞에 남아 있는 높이는 1,000m인데, 여기 베이스캠프에서 하루 더 자고 새벽 1시경 정상을 향해 출발한다고 해도 못 오를 것 같은 생각이 들었다. 오늘 330m 오르는 것도 이렇게 힘든데 1,000m라니!

눈앞에 펼쳐진 만년설 빙하를 보면서 사진도 찍고, 베이스캠프 벽에 남들처럼 이름도 조그맣게 써놓고 2시 50분에 급히 하산했다. 비행기 시간을 맞추려면 좀 서둘러야 할 것 같아서 좀 빠르게 걸었는데, 문제는 하산할 때도 내가 조 선생님의 배낭을 지고 내려왔다는 것이다. 언제 그만큼 올라갔었나 싶게 한참을 내려왔는데도 구불구불 길이 계속 나타났다. 4시 이전에는 도착해야 했기에 부지런히 걸었더니, 하산 3분의 2 지점에서 갑자기 심장이 요동치면서 구토 증상이 나타났다.

잠깐 멈춰서 무거운 배낭과 옷을 벗고 천천히 걸어서 내려왔다. 나의 가벼운 가방을 메고 걸음걸이가 빨라진 조 선생님의 속도에 맞췄더니 힘들었던 것 같다. 후두 부위 보온을 잘 해야 한다고 하더니, 오후 들어서 빙하의 찬바람이 뒷덜미를 치는 것도 무척 부담스러웠다. 제1베이스캠프에 간신히 도착해 퀴노아 스프만 간단히 먹고 바로 버스를 타고 내려왔다.

컨디션 조절을 위해 초반에 천천히 걸은 것은 좋았으나, 그것이 후반에 속도를 내게 만든 원인이 되었다. 책에는 4시간 정도면 된다고 했는데 오르는 데만 4시간 반이 걸렸다. 내려오는 것까지 7시간은 잡아야 하니 아침에 좀 더 일찍 시작을 해야 할 것 같다.

- 파란 지붕의 검문소에 이름을 적고, 입장료를 내고 들어갔다.
- 검문소를 지나면서부터는 돌계단이 이어지는 깔딱고개를 올라야 했다.

　하산하면서 무리를 했더니 그때부터 머리가 아프고 의욕도 없는 고산 증세가 심해졌다. 목소리도 잘 안 나오고, 온몸에 힘이 없었다. 물론 목표지점에 도달하지 못한 분들의 상실감에는 비할 것이 아닐 거라 생각한다. 다른 분들 앞에서 등반에 성공했다고 좋아하는 척도 하지 못했다.

　2001년에 킬리만자로 정상 50m를 남기고 포기했을 때 마음이 무척 아팠었다. 50m 바로 위에서는 만세를 부르고 있는데, 얼마나 걸리느냐고 물어보니 가이드가 1시간 정도 걸린다고 했다. 세 걸음 걷고 1분 쉬고를 반복할 때였는데, 같이 간 선배 누나가 1분이 지나도 숨이 가라앉지 않고 계속 헉헉댔다. 가이드 없이 혼자서 올라갈 수도 없고, 만년설 옆에 누나 혼자 2시간 동안 앉아 있으라고 할 수

- 천천히 걷느라 더 힘들었을 보조 가이드와 함께.
- T&C 여행사 최진우 가이드와 함께.
- 하산길에 만난 라마들.
- 지금은 아래쪽에 베이스캠프 건물을 새로 지어 사용중이다.

도 없었다. 보조 가이드가 있었다면 한 명씩 나눠서 갔겠지만, 어쩔 수 없이 그 자리에서 하산을 결정할 수밖에 없었다. 17년 전의 일이지만, 그 장면이 아직도 생생하다.

공항에서 짐을 다시 싸서 부치고 안으로 들어갔다. 7시 반 비행기여서 식사시간이 모자라 각자 100sol씩 받아서 해결하기로 했다. 소고기 타키야키 30cm짜리를 시켜 셋이서 나눠 먹었더니 먹을 만했다. 그래도 역시 입맛도 없고, 머리가 너무나 아팠다.

8시 반 우유니 공항에 내려 기다리고 있던 지프차 3대에 나눠 타고 소금호텔로 향했다. 공항에서 호텔까지는 아스팔트가 잘 깔려 있어 1시간 동안 편하게 왔다. 10시 호텔에 도착하여 바로 방을 배정받고 헤어졌다. 곧장 호텔 밖에 나가서 별을 보았는데, 사막 한가운데이긴 하지만 호텔 불이 밝아서 별이 그리 밝아 보이지 않았다.

머리도 아프고 3,680m 고도이다 보니 숨도 가쁘고 추워서 잠을 잘 수가 없었다. 몸이 덜덜 떨리고 힘이 없어서 일기도 못 쓰고 그냥 이불 속으로 들어가 누워 있을 수밖에 없었다.

• 라파스 국제공항에서 보이는 와이나포토시 산.

11월 21일 소금의 지평선에서

　소금호텔은 보기에만 좋지, 살기 좋은 곳은 아니다. 너무 건조해서 코가 빽빽하다. 그렇다고 이불을 덮어쓰기엔 공기가 희박하여 숨이 막힌다. 다른 분들은 코 안에 로션을 바르고 잤다고 한다.
　어젯밤엔 와이나포토시 등반 고산증으로 컨디션이 정말 안 좋았다. 밤새 숨쉬기도 어렵고, 머리가 너무 아프고 추웠다.
　이 소금호텔의 또 다른 문제는 춥다는 것이다. 전기담요가 침대에 있긴 하지만, 추위를 조금 덜어줄 뿐이었다.
　밤새 뒤척이다가 새벽녘이 되어 머리 아픈 것이 좀 사라졌다. 아내와 통화하고 나서 다시 잤다. 일기도 못 쓰고 한두 시간 꿀잠을 자고 8시 10분 최 과장이 문을 두드리는 바람에 일어나 아침을 먹었다. 아이들과도 카톡으로 영상 통화를 했는데, 창문 밖 소금사막을 보여 주고 소금호텔을 보여 주었더니 다들 신기해했다. 보기에는 참 신기하고 특이한 호텔이긴 하다.

　9시 로비에 모여서 출발했다. 날씨가 어떨지 몰라 작은 가방에 짐을 가득 넣고 나갔다. 어차피 지프차로 이동하는 날이니까 짐이 많아도 괜찮았다. 처음 간 곳은 '기차 무덤'. 아타카마 지역에서 발견된 초석이 화약의 주원료가 되어 경제적인 가치가 높아 볼리비아-페루 연합국과 칠레 간에 4년 전쟁이 있었는데, 칠레의 승리로 끝났다. 볼리비아는 태평양으로 나가는 해안가를 빼앗기고 항구가 없는 내륙 국가가 되었고, 그 항구로 소금과 광물을 실어 나르던 철도가 쓸모없어졌다고 한다. 약소국의 비애와 전쟁의 아픔이 느껴지는 임진각 철마가 생각났다.

- 우유니 소금호텔 침실.
- 소금호텔 2층 카페.

다음으로 간 곳은 소금물이 솟아오르는 샘이다. 지하수가 솟듯 짠물이 쏟아져 나왔다. 소금 만드는 맷돌이 이 속에도 있었다.

우유니 소금사막은 티티카카 호수보다 1.4배 크다. 티티카카도 바다 같았는데, 이곳도 너무 광활하다.

한참을 달려 만국기가 걸려 있는 옛 소금호텔을 보고, 그 호텔에서 점심을 먹었다. 가이드 아벨의 집에서 만들어 온 도시락이라는데, 소고기도 닭고기도 맛있고, 여러 가지 채소가 많아서 좋았다. 여기 주변에는 먹을 곳이 없어 가이드들의 집에서 준비하는 도시락으로 식사를 한다고 한다.

그러고 나서 거의 직선으로 1시간 이상 달려 물고기 섬에 도착했다. 우유니 사막 가운데에 있는 선인장이 가득한 섬인데, 이 선인장들은 환경에 맞게 진화하여 1년에 1cm씩 자란다고 한다. 산호가 굳어 있는 것들도 보여, 이곳이 과거에 바다였다는 것을 증명해 주었다. 7m짜리 선인장은 700년을 살아온 것이니, 이런 환경 속에서 살아온 그 세월이 더 대단했다.

100m 정도 올라가는 등산길은 역시 힘들었다. 하지만 정상에서 사방으로 둥글게 보이는 소금 지평선은 그야말로 장관이었다. 지금은 건기여서 사막에 물이 거의 없어 하늘과 땅의 경계가 없는 그런 인터넷상의 장면은 보지 못했다. 그래도 100만 톤 이상의 소금으로 이루어진 사막 자체가 어디에서도 보지 못한 장면이어서 신기하긴 마찬가지였다. 땅이 융기하면서 고여 있던 바닷물이 이곳에서 증발하면서 생겼다는데, 지금도 사방의 산에서 지하수를 통해 이 우유니로 소금물이 모여들어 소금 양은 점점 더 늘어나고 있다고 한다.

오전에 잠깐 들른 소금공장에서 보니, 이곳 지표면의 소금들을 긁어모아 요드를 넣어 함께 볶아서 식용 소금으로 만든다고 하는데

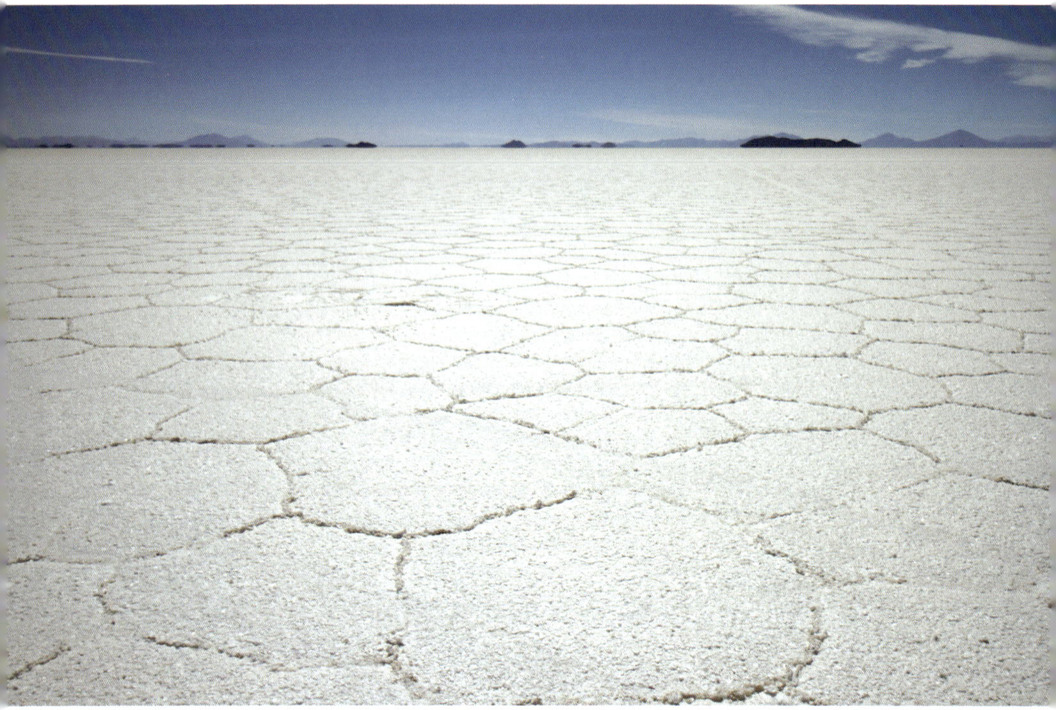

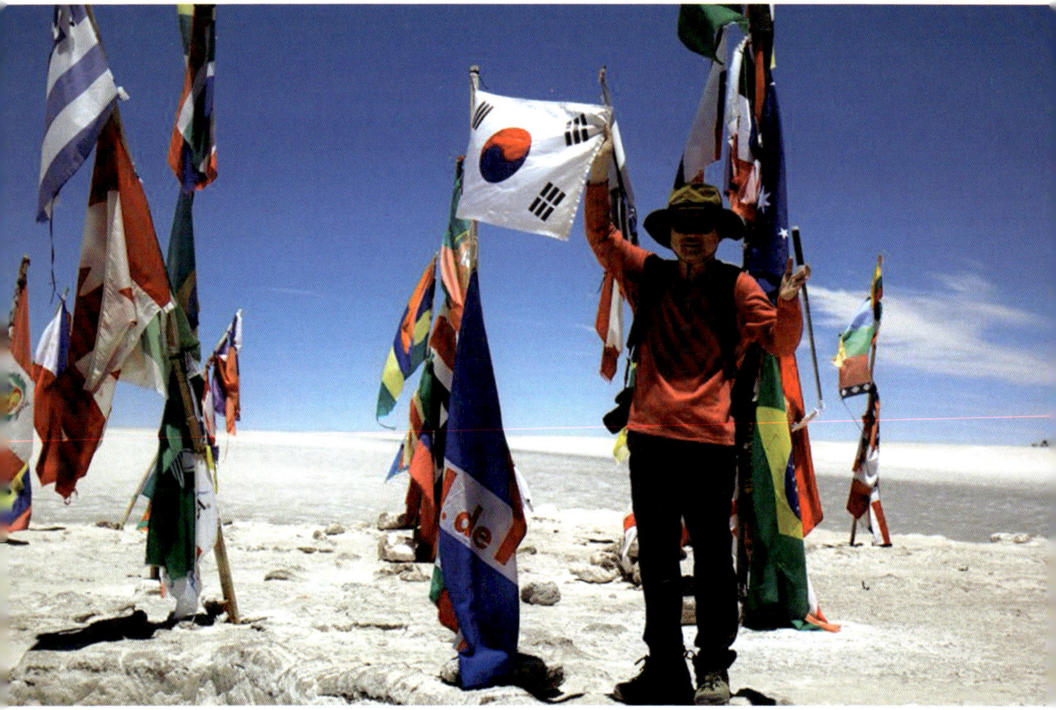
.de

요드의 작용이 어떤 것인지, 그것이 소금에 남아 있어도 되는 건지 잘 모르겠다. 공장이 너무 작고 비위생적인 것 같아 살까 말까 망설이는데, 최 선생님이 500g 한 봉지를 사 주었다. 값은 5볼리비아솔, 1,000원 정도다. 살리네라스보다 반값이다. 그곳은 염전을 만들어 증발시켜서 소금을 얻는데, 이곳은 그냥 굳어 있는 소금을 긁기만 해도 되니 그럴 수도 있을 것 같다.

물고기 섬에서 나와 광활한 평지에 멈춰 섰다. 이곳에서는 원근감이 사라지는 사진을 찍었다. 프링글스 통을 이용하여 비디오도 찍고 사진도 찍었다. 가이드들이 여러 가지 아이디어가 많다

- 건기여서 하늘이 물 위에 비쳐 보이는 환상적인 장면은 없었다.
- 만국기 중 태극기를 찾아서.
- 공장 내부에는 요드를 섞은 소금을 철판 위에 볶는 시설밖에 없다.

고 하더니, 그동안 여기저기서 보았던 장면들을 그냥 찍게 되었다. 독특한 장면을 미리 고민해 놓을 걸 잘못했다.

다시 한참을 달려 투누파 화산 아래쪽으로 갔다. 이곳에는 물이 남아 있어서 반영 사진을 찍기 좋다고 했는데, 물이 없었다. 사진 몇 장 찍고 일몰까지 기다릴까 하다가 그냥 호텔로 돌아오기로 했다. 아무것도 없는 길이어서 운전하다가 졸기에 딱 좋은 드라이브였다. 뒷자리에서 우리도 꾸벅꾸벅 졸았다. 내일 8시간 이상 이런 길을 가야 하는데, 그 길도 만만치 않을 것 같다.

예전에 서양의 한 가족이 차를 빌려 타고 우유니로 들어갔다가 차량이 고장나는 바람에 걸어서 탈출하다가 모두 목숨을 잃은 적이 있다고 한다. 그 후 우유니로 들어가는 관광 차량은 무조건 2대 이상이 조를 이루어 다녀야 하는 것으로 바뀌었다고 한다.

호텔에서 잠깐 쉬다가 일몰 시간에 맞춰 다시 나갔다. 어느 지역으로 갔더니 그쪽에는 물이 조금 있어서, 많은 사람들이 사진을 찍고 있었다. 우리도 일몰 구경을 하고 그 노을빛을 배경으로 윤곽 사진도 찍었다. 6명이 할 수 있는 걸 고민하다가 100m 달리기 연속 샷과 천수관음상 사진을 찍어 보았다.

이제 어려운 코스는 마무리되었다. 호텔로 돌아와 모두 기쁜 마음으로 저녁을 먹으면서, 인천공항에서부터 들고 온 싱글 몰트 양주를 열었다. 반 병 정도만 마실 줄 알았는데 7명이 한 병을 다 마셨다. 고산 적응이 어느 정도 되었나 보다. 샤워해도 괜찮고, 술을 마셔도 괜찮았다.

● 원근감을 무시하는 사진찍기 놀이.
● 이 포즈는 여행 내내 나의 고유한 포즈가 되었다.

9시경 방에 와서 밀린 일기를 쓰고 11시쯤 잠이 들었다. 술 때문인지 새벽 2시까지 푹 잤다. 중간에 다시 깬 후에는 잠을 잘 때 숨이 가쁘기는 했지만, 아주 어려울 정도는 아니었다.

새벽에 샤워를 하고 방안에 수증기를 공급하였더니 좀 살 것 같았다. 수건을 적셔 책상 위에 놓고 일기를 쓰다가 창밖 일출을 보면서 나갔다가 들어오니 6시 반.

● 해질 무렵 모여든 차량과 사람들.

11월 22일   아르헨티나 가는 길 위에서

오늘은 하루 종일 이동만 한 날이다. 오전 8시 50분에 출발하여 저녁 8시 50분 Huacalera 호텔에 도착했다. 중간에 시차가 1시간 줄어 실제로는 11시간 이동이었다.

새벽에 일어나자마자 샤워를 먼저 했다. 젖은 수건을 옆에 두고 전날 일기를 쓴 후 사진을 정리하려는데 와이파이가 잘 안 잡혔다. 6시 40분에 식당으로 갔더니 와이파이가 잘 되었다. 아침은 조금 먹고 단체 카톡에 동영상을 다 올렸다.

춥기도 하고 시간도 남아 다시 눈을 붙였더니 늦잠을 자게 되었다. 다들 모이기로 한 8시 30분을 넘어 40분에 전화를 받고서 일어났다.

지금까지 이틀 연속 잠을 잔 곳은 이곳 소금호텔이 처음이다. 소금호텔은 인기가 너무 좋아 예약하기가 쉽지 않다. 여행하기 좋은 때는 방 잡기가 더 어렵다고 한다. 이번 우리 여행도 이 소금호텔에 연락해 언제 방을 줄 수 있느냐고 먼저 물어본 후 확답을 받고 나서 역순으로 계산하여 출발 날짜를 정했다. 이렇게 인기 있는 소금호텔인데 너무 건조하고, 춥고, 공기가 희박해 그리 편한 곳은 아니었다.

어제 탔던 차량 3대 중 두 번째로 출발했다. 포장도로와 비포장도로를 번갈아 달리다 보니 먼지도 많이 나고 출렁거림도 심했다. 지금은 구불구불 덜컹덜컹 힘든 길이지만, 도로 포장공사를 많이 하고 있어서 몇 년 지나면 편안한 길이 될 것 같다.

처음엔 눈을 붙이다가 경치 구경을 하느라 시간이 잘 갔다. 특히 4,000m를 넘어 고갯길을 지날 때 달 표면 같은 장관이 펼쳐졌다. 1995년 여름 인도 레-라다크로 가는 버스 안에서 그 달 표면 같은

장관을 본 적이 있다. 가이드북마다 비슷한 설명을 해 놓았는데도 도무지 상상을 할 수가 없었는데, 막상 보니 그 당시에는 엄청나게 신기하고 생경한 장면이었다. 이번에 본 알티플라노의 달 표면 모습에서는 풀이 자라지 않는 그냥 매우 높은 산 느낌이 더 들었다. 고원

- 일출 때 소금호텔 옥상에 올라가서 본 소금사막.
- 우유니의 주변은 흙인지 소금인지 두 가지가 섞여 있는 빛깔이다.
- 우유니 자체가 3,600m 높이여서 조금만 올라가도 4,000m 높이의 풍경이 나타났다.
- 고갯길을 한참 올라가서 고개를 넘으면 내리막길일 것 같은데 계속 오르막길이 나타났다. 이런 길이다 보니 예전에 부에노스아이레스까지 1년 걸렸다는 말이 이해가 갔다.
- 달 표면같이 생긴 지형.

의 느낌이 덜 들어서 그런 것 같다.

비포장길을 달리다 보니 맨 앞차는 괜찮지만 뒤따라가는 차에는 먼지가 엄청 들어왔다. 앞차와 멀찍이 떨어져서 달리라고 해도, 어느새 앞차 꽁무니에 붙어 달리면서 먼지를 마시고 있었다. 그래서 몇십 분 간격으로 차량 순서를 바꿔 달렸고, 맨 앞에 달릴 때는 창문을 열 수도 있었다.

여행 시작 전 설명회 때 이 구간에서 꼭 필요한 것이 마스크라고 해서, 작년 메르스가 유행할 때 치과에서 준비하였던 N-95 마스크를 준비해 가서 사람들에게 나눠 주었더니 다들 고마워했다. 작은 먼지도 잘 걸러주고, 코와 마스크 사이가 떨어져 있어 마스크 안에 물을 조금 떨어뜨렸더니 건조하지 않고 습기 조절까지 되어 훨씬 편안하였다. 알티플라노 고원 비포장도로를 지날 때 필수 아이템이다.

나무도 풀도 없는 길을 따라 그렇게 많이 들어간 곳인데도 군데군데 마을이 있고, 사람이 살고 있었다. 4시간 반을 달려 오후 1시 반쯤 Tupiza 마을에 도착했다. 교차로에 신호등까지 있는 좀 큰 마을이었다. 유료 공중화장실에 가서 볼일을 보고 현지 가이드들이 예약해 둔 식당에 갔다. 어제 점심때와 비슷한 뷔페가 차려졌다.

오늘 점심은 다른 가이드 부인이 준비한 것이라는데, 맛있고 입맛에 잘 맞았다. 식당에서는 자릿값만 받고 빌려준 것인데, 얼마를 주고 빌렸는지는 모르지만 좀 미안했다. 다른 분들이 음식을 담고 나서 제일 늦게 담으려고 기다렸는데, 이 선생님이 손수 음식을 담아 갖다 주셨다. 너무나 감사했다.

2시 반에 다시 출발하여 아르헨티나 국경에 4시 반에 도착했다. 중간에 우리가 탄 차에 문제가 생긴 건지 속도가 안 나 2대로 함께 타고 가 그나마 시간을 맞출 수 있었다. 이런 일 때문에 사막에 가기 전 무조건 2대 이상이 팀을 이루어 들어가야 하는가 보다.

- 가이드 부인이 준비해 준 점심 도시락 뷔페.
- 마을 구경을 더 하느라 길가에 나가 있었다.

볼리비아-아르헨티나 국경은 페루-볼리비아의 국경보다는 좀 더 삼엄해 보였다. 볼리비아가 좀 더 가난한 나라여서 아르헨티나로 들어가는 국경이 더 까다로운 것 같았다. 그래도 출입국 도장을 한 곳에서 한 번에 해 주어 줄을 두 번 설 필요가 없어서 좋았다. 줄을 잘못 서면 단체 여행객들 새치기 때문에 시간이 엄청 걸린다는데, 오늘은 금방 도장을 받았다.

정들었던 볼리비아 가이드는 여기서 헤어지고, 아르헨티나 가이드를 만나 버스를 옮겨 타고 다시 출발했다. 5시 무렵이었는데 시차가 바뀌어 6시가 되었다. 오늘 이렇게 험하고 먼 길을 우리와 함께 달려온 3대의 차량과 가이드들은 우리를 국경에 내려주고 다시 그 길을 되돌아 우유니까지 가야 한다고 하니, 그 일도 참으로 고된 일인 것 같아 마음이 짠했다.

아르헨티나 국경에서 6시에 출발하여 8시 반 호텔에 도착했다. 오늘 우리가 온 길은 예전에도 사용했던 길이었는데, 포토시의 은을 부에노스아이레스로 옮기는 데 1년 걸렸다고 한다. 양쪽의 커다란 산맥 사이에 낀 알티플라노 고원으로 지나가는 이 길이 산을 넘는 것보다는 수월한 길이었다고 한다.

9시 호텔 식당에서 늦은 저녁으로 소고기 스테이크와 와인을 마셨다. 흔들리는 차 안에 앉아 있는 것 외에 별로 한 것도 없는 날인데, 모두 피곤해했다.

내 방에 작은 싱글침대가 2개 있는데, 더블침대 하나인 최-이 선생님이 방을 바꾸자고 해 넓은 침대에서 혼자 자게 되었다.

일기를 쓰고 나니 벌써 11시 29분. 오늘은 얼른 자야겠다.

- 국경에서 바라본 볼리비아.
- 아르헨티나 국경 모습.
- 아르헨티나 출입국 관리소.

• 아르헨티나에서 이동 도중 지층이 너무 아름다워서 잠시 차를 세웠다. 이곳 지층도 대단하다고 생각했으나, 다음 날 본 지층은 상상 이상이었다.

11월 23일
그림 같은 오르노칼 14가지 지층

처음으로 제대로 잔 날이다. 2,600m대로 내려와서인지 모두 편안하게 잘 잤다고 한다. 나도 아침 8시 반까지 한 번도 깨지 않고 푹 잤다.

10시 호텔에서 출발해 먼저 간 곳은 우끼아 성당. 정식 명칭은 Iglesia San Francisco de Paula 성당이다.

이곳이 유명한 이유는 성당 안에 그려진 천사 그림 때문이다. 스페인 지배자들은 잉카의 화가들에게 '우리와 닮고, 날개가 있고, 강력한 무기를 들고 있는' 천사를 그리라고 했는데, 천사 그림을 한 번도 본 적이 없는 잉카의 화가들은 상상을 하면서 그림을 그렸다고 한다. 본인들이 본 제일 아름다운 날개인 플라밍고의 날개를 그리고, 중성적인 서양인의 얼굴에, 강력한 무기인 총과 창을 든 모습을 그렸다. 본토 스페인 사람의 하얀 얼굴이 아닌, 안데스 바람을 맞아 볼이 빨간 남미에 온 스페인 사람의 얼굴을 그렸다고 한다. 잉카인에게 당시 스페인 군대가 어떤 모습으로 다가왔을지 상상이 간다.

이 성당 주변에는 또 다른 전설이 있다. 마지막 잉카였던 아타우알파 잉카가 피사로에게 생포된 후 전국의 금을 모아 쿠스코로 가지고 오라고 명령한다. 국민들이 금을 모아 쿠스코로 가지고 가는데, 이 남쪽 지역에서도 금을 가지고 가다가 도중에 잉카가 처형당했다는 소식을 듣고, 금을 이 성당 근처 협곡에 묻어 놓았다는 것이다.

성당 안에서는 사진을 못 찍게 하여 그림엽서를 한 장 샀다. 곧이어 우마우아카 협곡으로 갔다. 실제 명칭은 Serrania de Hornocal(오르노칼 산맥)인데 오르노칼 국립공원으로 지정되었고, 시안소 협곡

- 우끼아 성당. 겉모습은 소박한 성당이다.
- 우끼아 성당 안의 천사 그림. 총을 들고 있고 플라밍고 날개를 달고 있는 스페인 사람의 얼굴이다.

- 구불구불한 비포장도로를 한참 올라 전망대까지 갔다.
- 해발 4,350m 오르노칼 산맥 전망대.

과 아파르소 협곡 사이라고 한다. 여러 지층 형태와 침식작용으로 생긴 지형인데, 14가지 지층 색깔로 된 광대하고 웅장한 자연의 그림을 보여 주었다.

　버스에서 내려 14색 지층을 보는 순간 너무나 감동스러워 얼른 가까이 보고 싶었다. 그러나 30분 정도 내리막길을 따라 앞으로 가서 전망대에 도착해 보니, 14색 지층 아래로 어두운 색의 땅과 호수까지 다 볼 수 있는데 오히려 14색 지층의 산맥이 더 멀어 보이고 덜 감동스러워 보였다.
　중국의 일곱 색깔의 산인 칠채산과 비슷하다는데, 어떻게 다른지 중국에 가서 비교해 보고 싶다.
　이곳은 4,350m 높이여서 버스로 한참을 올라갔다. 버스에서 내려 전망대까지 가는 약간의 내리막길은 가는 데는 수월했는데 돌아오는 길은 역시 힘들었다. 그래도 1시간 반 정도 걸었는데 고산에 적응이 된 건지 큰 문제 없이 돌아왔다.
　다시 버스를 타고 한참을 내려와 우마우아카 시내 식당에서 점심을 먹었다. 모두 입맛이 좋아진 건지, 밥맛이 좋은 건지, 음식을 남김없이 다 먹고 맥주도 1리터짜리를 4병이나 마셨다.
　호텔로 돌아와 맡긴 짐을 싣고 '살타'로 향했다. 250km 거리라고 했는데. 오후 3시에 출발하여 7시에 도착했다.
　살타에 도착하여 고도계를 보니 해발 700m로 고도가 급격히 낮아졌다. 기온도 많이 높아 대부분 반팔 옷을 입고 다녔다. 인구 50만의 도시에 높은 빌딩들을 보니 오랜만에 문명을 만난 느낌이었다.
　8시경 광장 근처에 있는 El Solar del Convento 식당에서 아르헨티나답게 소고기구이와 말벡 등 와인을 즐겼다. 진짜 아르헨티나에 도착한 것 같았다. 현지 가이드도 같이 와인을 마셨는데, 인천치과의사회 회장님을 닮아서 같이 사진도 찍었다. 식당에 사람들이 별로

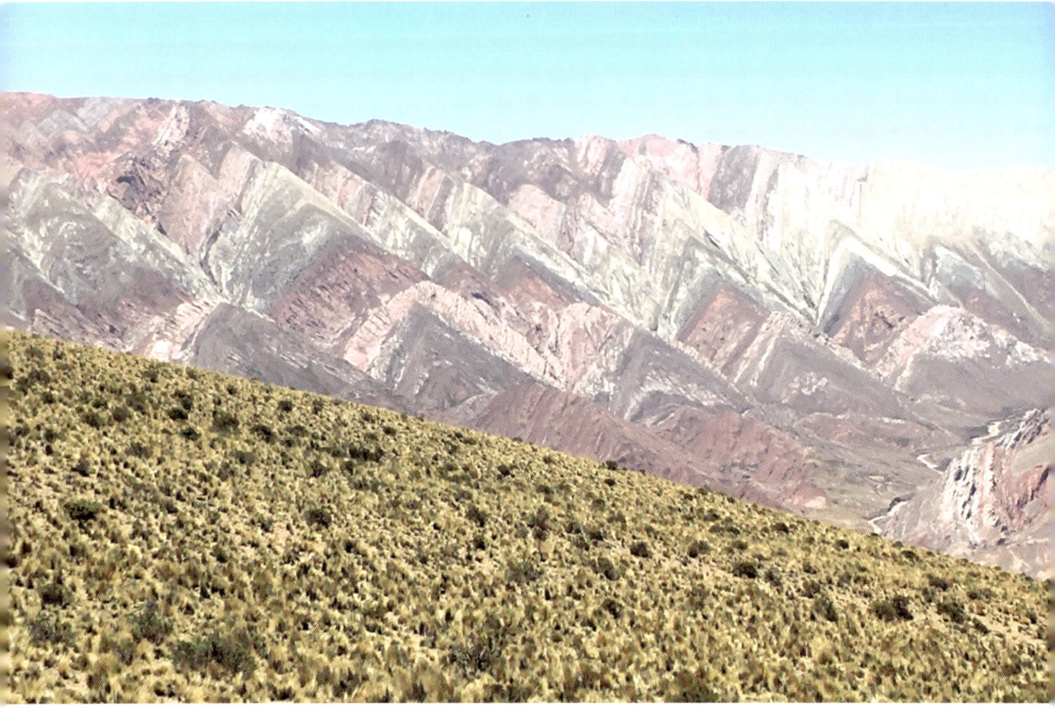

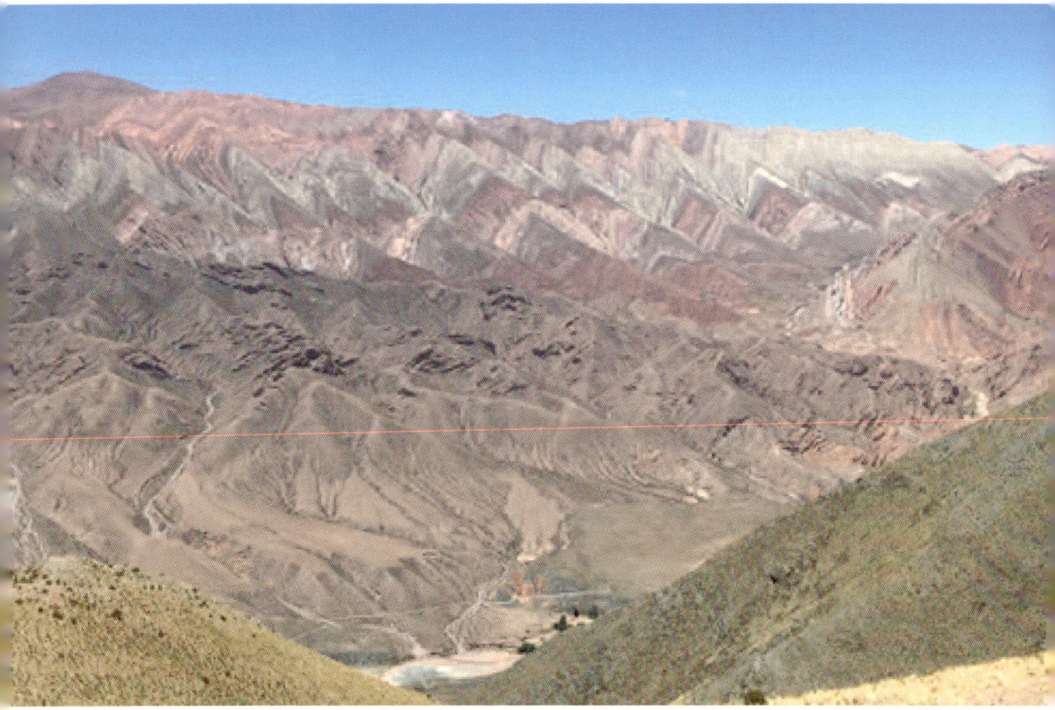

없어서 노래도 부르면서 다같이 "Feliz viaje(행복한 여행)"을 외치며 저녁을 먹었다. 이 지역 사람들은 보통 9시가 넘어야 저녁 식사 시간이라더니, 우리가 나오려는 시간에 사람들이 몰려들었다.

  호텔에 돌아온 후 최 가이드와 함께 길거리 카페에서 맥주를 한 잔 더 했다. 가이드 말로는, 지금까지 여행 일정이 일정상으로는 1/3이지만 느낌상으로는 1/2이라고 했다. 날씨도 좋고, 공기도 좋고, 숨쉬기 좋고, 먹거리 좋고, 앞으로는 좀 편안한 여행이 될 것 같은데, 그렇다고 너무 긴장을 풀지는 말아야지.

- 오히려 가까이 가서 아래 바닥층까지 보니 14색 지층의 감동이 덜한 것 같았다.
- 가까이 갈수록 지층과 산맥이 더 멀어 보였다.
- 되돌아와서 다시 올라오는 길.

- 우마우아카 시내의 식당. 실내가 넓고 전통 노래를 공연하는 악사도 있는 고급 식당이다.
- 식당 근처에 있는 산 프란시스코 성당.

- 인천광역시 치과의사회 정혁 회장님과 닮은 현지 가이드.
- 소고기 바베큐 모둠.

11월 24일 이동만 하는데도 힘드네

오늘부터는 좀 여유 있는 여행이 될 것 같다. 바쁘지도 않고, 힘들지도 않은 여행. 그런데 여행이 아닌 관광이 될까 봐 염려스럽기도 하다.

아침 8시 반 식당에 가서 커피만 마시고 금방 올라와 일기를 썼다. 그리고 10시 살타 공항으로 갔다. 짐을 부치는데 내 가방은 22.6kg으로 간신히 통과되었다. 공항 안에서 샌드위치와 맥주 한 병으로 점심을 대신하고 게이트로 갔다. 좁은 게이트 앞에는 다른 비행기 대기자들과 섞여 혼잡했다. 또 전광판도 없이 직원들이 뭐라뭐라 떠들면 그 말을 듣고 줄을 서야 하는 시스템이다 보니, 스페인어가 안 되는 여행객들은 너무 불편했다. 우리는 멘도사 이름을 듣고 최 과장의 안내를 받아 비행기를 탈 수 있었다.

오후 1시 15분에 출발하여 3시 멘도사에 도착한 후 Diplomatic 호텔에 여장을 풀었다. 건조하고 따뜻하여 포도 재배에 딱 맞아서 아르헨티나 와인 생산의 70%를 차지하는 도시라고 하더니 정말 날씨가 좋았다. 남위 32도면 제주도와 비슷한 위도다. 호텔 야외 수영장에서 물놀이 하는 사람들을 보니 지금까지 지나온 곳들과는 완전히 다른 것 같다. 처음으로 반바지와 반팔을 입었다.

오후에는 일정이 없어 좀 쉬다가 5시에 근처의 중앙공원과 시장 구경을 하고 2시간 정도 걷다가 돌아왔다. 재래시장을 둘러보았지만 오히려 공원의 시원한 그늘에 앉아 쉬는 것이 더 좋았다. 가이드의 도움 없이 우리끼리 아이스크림을 사먹는 재미도 있었다.

와이파이가 잘 되어 페이스북에 페루 일정만 정리해서 올리고

　8시에 다시 모여 저녁을 먹으러 갔다. 늦은 시간에 천천히 저녁을 먹으며 즐기는 현지인들이 여유 있어 보였다. 10시까지 스테이크와 와인을 먹고, 중앙공원의 야경과 야시장을 구경하고, 젤라틴 아이스크림을 사먹으면서 돌아왔다. 얼마 전까지 퀴노아 스프만 있으면 살 수 있겠다고 했는데, 벌써 부드러운 소고기가 기본인 것 같은 느낌이다.

　별로 한 것도 없는데 오늘도 피곤한 하루였다. 중간중간 비행기 타는 일정이 많아 대기 시간이 많은 것은 어쩔 수 없다. 그런 날은 별로 한 것이 없는 날이 된다. 내일은 와이너리 투어를 가는 날이다.

• 멘도사는 날씨도 좋고 기후도 좋아서 가로수들이 멋지고 관리도 잘 되어 있다.

- 가이드 없이 아이스크림 사먹기.
- 나무 그늘이 좋은 중앙공원에서 쉬는 게 제일 좋았다.

• 멘도사 중앙공원의 야경.

11월 25일
아르헨티나 와인의 본고장에서

어제도 일기를 못 써 또다시 하루 밀린 일기를 쓴다.

멘도사 호텔 304호는 야외 수영장 바로 위층이어서 일광욕을 하는 사람들이 바로 보인다. 나도 수영복을 입고 뛰어들고 싶었다.

9시 와이너리로 출발했다. 보통 배낭여행객들의 블로그를 보면 시내에서 한 시간 이상 버스를 타고 가서 와이너리를 구경한다고 했는데, 우리가 간 곳은 농장이 아니라 와인숍 같은 시내에서 가까운 곳들이었다. 포도나무는 보여 주는 용도로 키우는 것 같고, 실제 농장은 아니었다. 어쩌면 근래에 생긴 것들이 외곽에 있고, 우리가 간 곳은 100년 이상 된 양조장들이어서 시내에 가까울 수도 있을 것 같다.

첫 번째 와이너리는 Domiciano였다. 이른 시간이었지만 직원이 나와서 공장에 대해 열심히 설명해 주고, 콘크리트 발효통과 와인 저장고도 보여 주었다. 한국의 선조들은 있는 술을 마셔 버리느라 애썼는데, 외국에서는 수십 년간 저장해 놓았다가 후손들이 비싸게 팔고 있다는 이야기가 생각나면서 많이 부러웠다. 몇 가지 시음을 했는데, 가격 대비 괜찮았다. 통관에 문제만 없다면 종류별로 다 사고 싶은 마음이 들었다.

여직원이 본인 생일 같은 날에만 먹는 와인이라고 소개한 제일 비싼 와인을 두 병(600페소, 900페소=약 5만 원, 9만 원) 공급으로 사서 나중에 같이 마시기로 했다.

- 안데스 산맥 설산을 배경으로 한 아름다운 농장.
- 저장고에 수십 년 저장해 놓는 술을 볼 때마다 부러웠다.

두 번째 간 곳은 100년 전 이탈리아 사람들이 열었다는 LOS TONELES('큰통'이라는 뜻) 와이너리인데, 지금은 시내 슈퍼마켓 주인 몇 명이 이 양조장을 운영하고 있다고 한다. 이곳은 시내에서 가까워서 그런지 큰 홀에서 무대공연을 하고, 토요일 점심때여서 그런지 사람들이 많았다.

이곳저곳 양조장을 다니면서 술 빚는 이야기를 듣다 보니, 마치 막걸리학교에 술 기행을 온 것 같은 느낌이 들었다. 이곳에서는 콘크리트 발효통이 1층에 있고, 발효된 액체를 호스에 연결하여 지하의 숙성통으로 바로 옮길 수 있어 와인이 상하지 않는다는 것이 좀 달랐다.

또 발효통을 세척할 때 어린이를 줄에 묶어 내려보내서 청소를 시켰는데, 가스를 마신 어린이가 움직이지 않으면 얼른 꺼내기 위해서라고 했다. 물론 옛날이야기지만, 예전에 이 통 안에서 얼마나 많은 어린이들이 고통을 겪었을지를 생각하니 마음이 아팠다. 지금은 보호장구를 착용한 성인들이 내려간다고 한다.

점심은 이곳 양조장에 붙어 있는 레스토랑에서 먹었다. 테이블에 와인 잔이 5개 놓여 있었다. 46, 78, 136, X 등 4가지 와인을 차례로 맛보고, 식사는 L-bone 스테이크와 연어구이를 시켜 조 선생님과 나눠 먹었다. 질 좋은 식사와 와인을 음미하며 모두 행복한 시간이었다.

- LOS TONELES 와이너리.
- 시음용 와인들. 이 중에서 한정 판매되는 도미시아노 두 병을 공금으로 사서 좋은 식당에서 스테이크와 먹기로 했다.

2시 반경 공항으로 향했다. 이제 칠레다. 버스로 국경을 넘었다면 8시간 정도 가야 한다. 하지만 그 8시간 동안 구불구불 산길의 풍경이 정말 좋다는 글을 보았는데, 우리는 1시간 비행으로 칠레에 도착했다. 비행 중 우측으로 남미 최고봉인 아콩가구아 산이 보였다. 언젠가 천천히 오를 수 있는 기회가 왔으면 좋겠다.

칠레는 남미에서 가장 부유한 나라답게 입국심사가 더 까다로웠다. 거의 7시가 다 되어 칠레 가이드를 만나 El Bosque 호텔로 갔다. 시내 중심에서는 좀 떨어졌지만, 남미 최고층 건물(300m, 62층) 근처에 있는 것을 보면 이 지역이 신흥 개발지역인 듯했다. 칠레 가이드가 한국에 이렇게 높은 빌딩이 있느냐고 물어보는 표정이 너무나 의기양양해서 롯데타워 이야기는 하지 않았다.

호텔에 짐만 내려놓고 곧장 저녁을 먹으러 '대장금'이라는 한식당으로 갔다. 이미 8시가 되었지만 점심때 소고기와 와인을 거하게 먹은 후여서 삼겹살이 당기지 않았지만 몇 점 먹고 나니 다시 정신이 돌아왔다. 9시 반까지 배부르게 먹었다.

앞으로는 한동안 와이파이가 안 된다고 하여 페이스북에 볼리비아 사진과 글을 올리고 나니 1시가 되었다. 아내와 카톡을 했는데 한국은 일요일 오후 1시였다. 이제 이번 여행도 거의 반이 지났다. 집에 가면 앞으로는 더욱 가장 역할을 잘하고 싶다.

그런데 새벽에 건물이 울리는 느낌을 받았다. 지진인가 싶어 걱정을 하면서도 계속 잤는데, 아침에 물어보니 아무도 못 느꼈다고 한다. 공기 팬 돌아가는 소리를 지진으로 느꼈나 보다.

칠레 1,700만 인구 중에 수도 산티아고에만 650만 명이 산다고 한다. 한국 교민은 2,500명 정도, 페루 리마보다 2배. 깨끗하고 선진국 같은 남미 도시인데, 그만큼 강도나 소매치기가 많으니 조심 또 조심하라고 한다.

• 비행기에서 본 아콩가구아 산(남반구 최고봉 6,960m).

11월 26일   산티아고를 떠나 산맥으로

아침을 간단히 먹고 9시에 출발하였다. 일요일이어서 자전거를 타거나 달리기를 하도록 막아놓은 길도 많고, 그걸 즐기는 사람들도 많았다. 그만큼 치안도 좋아 보이는 도시였다.

아침 일찍 문을 연 곳이 없어 먼저 간 곳은 Camino del Condor, 즉 콘도르 도로 위의 언덕 마을이었다. 칠레의 제일 부촌인 그 동네 집들의 월 유지비가 600~700만 원 이상 든다고 한다. 언덕 위로 올라가는 골목골목과 집들, 그 언덕 위에서 바라보는 풍경을 보니 서울의 평창동이나 한남동 같은 느낌이 들었다.

그곳에서 내려와 잠깐 공예품 가게에 들렀는데, 남성의 성기가 나왔다 들어갔다 하는 토속 인형을 살까 말까 하다가 아직 여행 일정이 많이 남아 있어 포기했다.

그 다음 들른 곳은 Cerro Santa Lucia, 산타루시아 언덕이었다. 구시가 중심에 있는 얕은 언덕이었는데, 스페인 지배 초창기 이 지역 원주민의 저항이 거세어 그에 대응하기 위한 방어 요새였다고 한다. 지금도 곳곳에 성곽과 대포를 전시해 놓아 그때의 모습을 보여 주고 있었다.

바로 근처의 아르마스 광장은 지금은 나무들이 많아서 광장이라기보다 공원처럼 보이는 곳이다. 이 지역의 원래 이름이 마푸체인데, 마을 이름에 '체'자를 붙이는 것이 네팔의 남체, 당보체 등의 마을 이름과 같아서 신기했다. 언어는 별로 안 변했을 것 같은데, 네팔

- 원주민들의 토속 공예품, 살까 말까 하다가 아직 여행 일정이 많이 남아 있어 포기했다.
- 원주민들의 공격을 방어하기 위한 요새였던 산타루시아 언덕에 남아 있는 대포.
- 산타루시아 언덕에서 내려다본 산티아고 전경.

의 선조와 남미의 선조가 어떤 연관이 있는 것인지 궁금했다.

산티아고는 피사로의 부하 페드로 데 발디비아가 세운 도시다. 발디비아는 피사로에게 이 지역 원주민 마푸체족을 점령하라는 명령을 받았고, 산크리스토발 언덕에 성채를 쌓아 마푸체족의 공격에 적절하게 대응하여 결국 승리를 얻은 발디비아의 기마상이 아르마스 광장에 서 있다.

'아르마스'는 스페인어로 무장시키다, 전쟁 준비를 하다, 무기를 공급하다는 뜻을 가진 단어라고 한다. 스페인 점령지의 중앙부마다 아르마스 광장이 있는 이유는, 전쟁이 일어났을 때 무기를 나눠 주기 위해 사람들을 모으던 광장이었던 것이다.

광장 옆 성당에는 많은 사람들이 예배를 드리고 있다. 유럽의 성당에 가 보면 실제로 예배 드리는 장면을 보기 어려운데 말이다. 많은 사람들이 예배 드리는 모습을 보니 나 또한 경건하게 기도를 하게 되었다. 남미에서 교황이 선출되는 이유가 있는 것 같다.

모네다 궁전 오른쪽 앞에 있는 살바도르 아옌데 동상이 인상적이었다. 1970년 남미 최초로 선거에 의한 사회주의 정권이 출범하였는데, 아옌데 정권은 국가 기간산업을 국유화하고, 농지개혁으로 농민들에게 분배하는 정책을 펼쳤으며, 1971년 지방선거에서도 압승을 거두고 개혁정책을 추진하였다. 그런데 1973년 9월 11일 미국의 지원을 받은 피노체트가 쿠데타를 일으키고, 아옌데 대통령에게 해외로 망명할 것을 요구하는 성명서를 발표하였다. 아옌데는 라디오를 통해 죽음으로 보답하겠다고 방송한 후, 대통령궁 경비대를

- 아르마스 광장에서 본 발디비아 기마상과 대성당.
- 산티아고 대성당. 내부 촬영은 불가능했다.

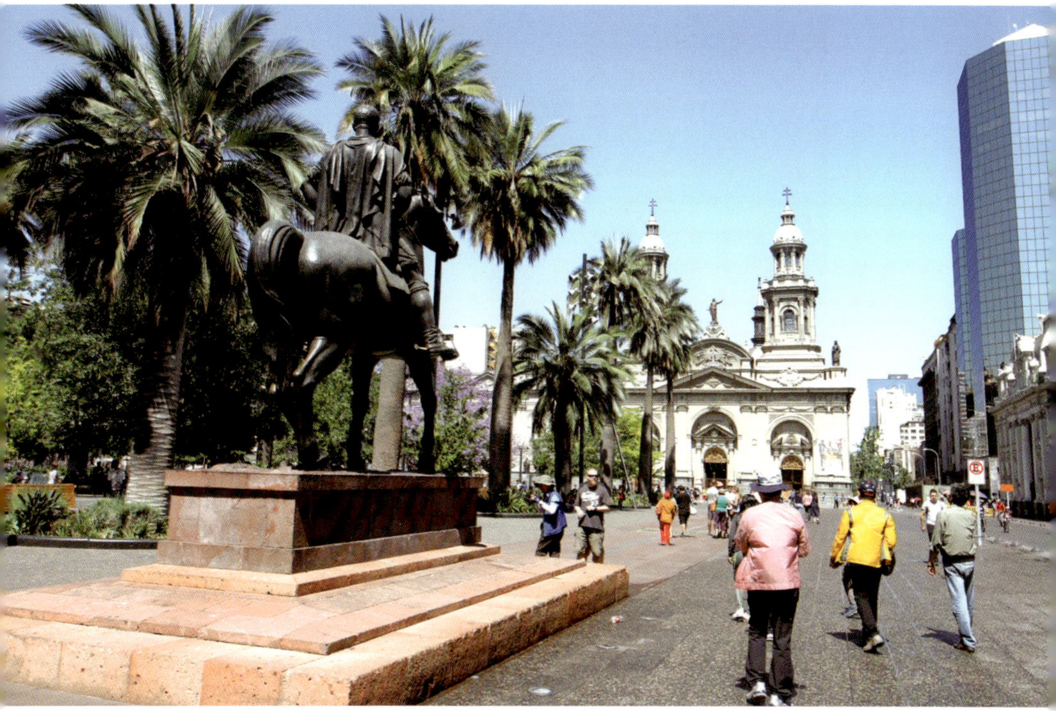

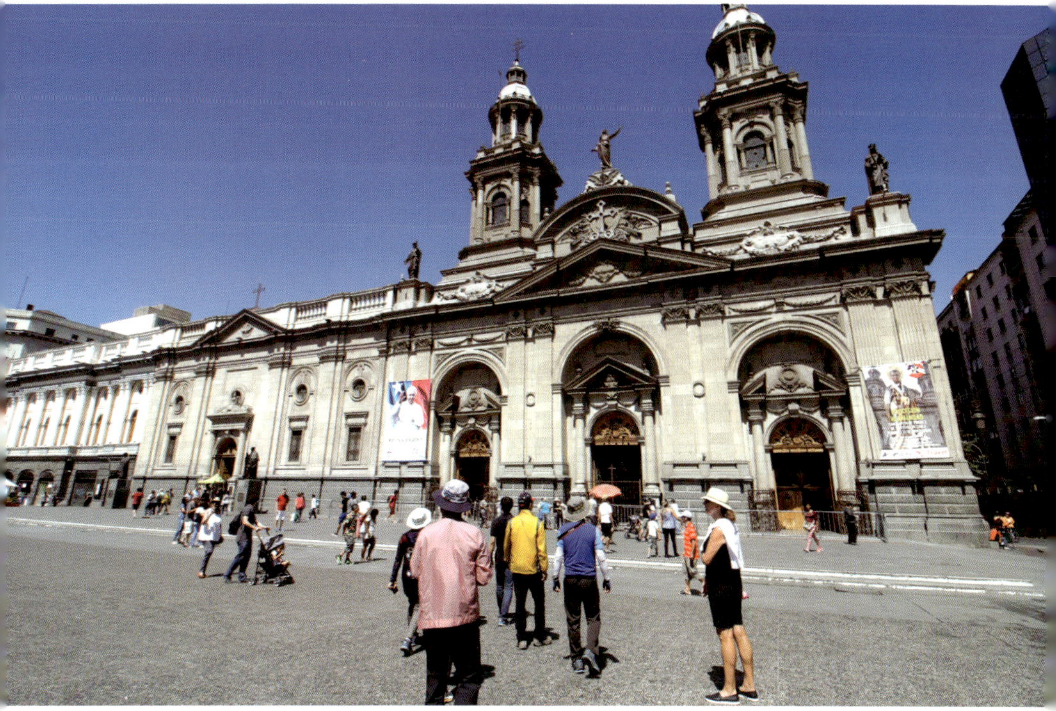

• 아옌데 동상 앞에서.

대통령궁 밖으로 내보내고, 민주주의 수호를 위해 찾아온 40여 명의 지지자와 모네다 궁에서 최후를 맞았다.

공중 폭격기까지 동원된 현장에서 죽은 아옌데. 죽어서 모네다 궁과 국민들의 마음속에 계속 살고 있고, 피노체트는 몇 년 전에 그냥 죽었다고 한다. 쿠데타를 일으켜 무고한 시민들을 죽인 이들은 늙어서 병사하는 것이 참으로 불공평한 것 같다. 그래도 죽기 전에 재판에는 회부되었다고 하니 다행이라고 해야 할까? 아옌데 동상 앞에서 감사하는 마음으로 기념사진을 찍었다.

비행기 시간도 얼마 남지 않고 일요일 12시 반에 문을 연 식당이 별로 없어서 고민하다가 버거킹에서 햄버거로 점심을 먹기로 했다. 소고기 패티를 2개 넣어 주는 빅맥은 보았는데, 여기에는 서너 개를 넣어 주는 것도 있다.

산티아고 공항은 시설도 좋고 시스템도 좋았는데, 우리가 탈 비행기가 50분 이상 연착되는 바람에 대기시간이 길어져 좀 지루했다.

3시 비행기를 4시에 타고 5시 반에 푸에르토 몬트에 내렸다. 푸에르토 바라스는 여기서 버스로 30분 이동하여 도착한 작은 마을이다. 매일 비행기를 타고 이동하는 것도 새롭고, 매일 새로운 가이드를 만나는 것도 새롭다. 가이드와 인사를 하고 나면, 바로 이별이다.

바라스에 도착하니 멀리 설산들이 반긴다. 후지산과 닮은 화산들이 하얀 봉우리를 뽐낸다. 산티아고만 하더라도 하얀 눈이 쌓이려면 5,000m급 높이가 되어야만 하는데, 바라스에서는 2,000m급 산에도 눈이 제법 남아 있고, 여름 내내 녹지 않는다고 한다. 가까운 Calbuco 화산과 멀리 보이는 Osorno 화산이 특히 멋진데, 내일부터 페리와 버스로 이동하면서 계속 볼 산들이다.

6시 Hotel dreams de Los Volcanes에 들렀다가 동네를 한 바퀴 돌아보았다. 벼룩시장에는 살 만한 것이 없고, 등산 전문점이 많아

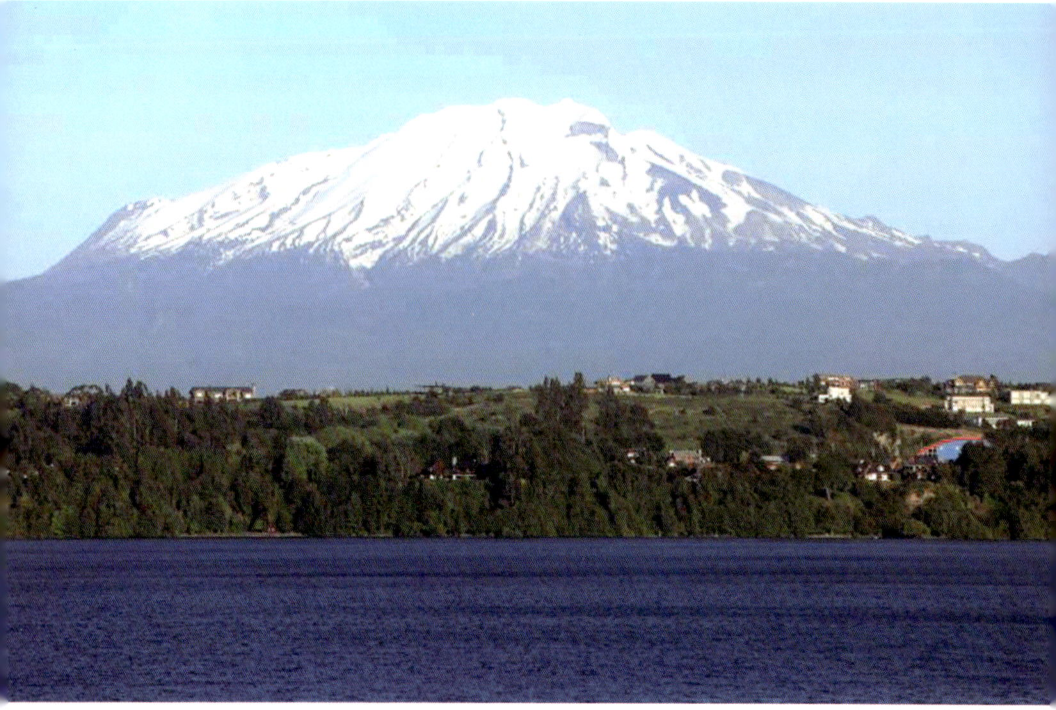

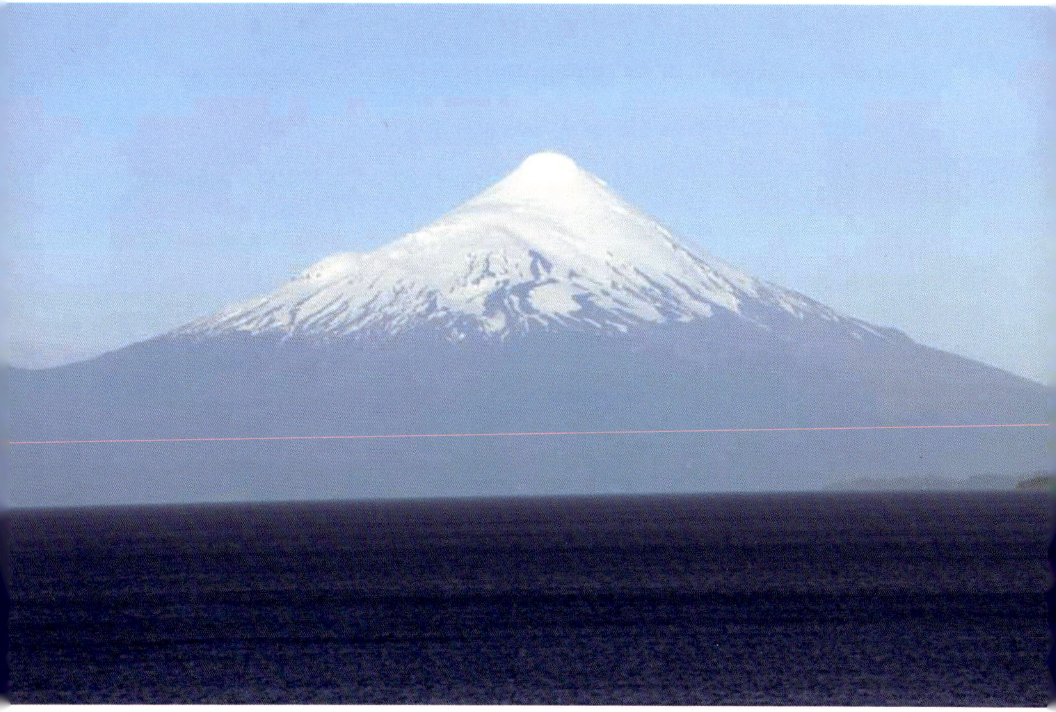

등산용품을 구경했다. 호수 주변도 돌아보았는데, 잔잔하고 넓은 호수에 흰 화산 모습이 스위스 같기도 하고 일본 같기도 했다.

8시 Fogon las Buenas Baras 식당에서 오랜만에 해산물 요리가 나와 반갑기도 하고 맛도 좋았으나, 홍합탕이 너무 짜서 국물을 마시지 못해 아쉬웠다.

벌써부터 추우니 약간 걱정이 된다. 겨울용 파카를 안 가져왔는데, 앞으로 더 추워질 것 같아 등산용품점에서 옷을 살까 말까 고민하다가 참았다. 필요하면 그때 사기로 했다.

내일 가는 안데스 산맥 횡단 코스는 체 게바라의 여행길로 유명한데, 지금은 여행 체계가 잘 짜여져 있는 코스라고 한다. 내일은 좀 더 여유 있다고 하니, 책도 많이 보고 틈틈이 운동도 해서 파타고니아 트레킹에 대비해야겠다.

- 남위 41도여서 기온이 큰 폭으로 떨어져 쌀쌀했다.
- Osorno 화산(2,652m). 후지산을 닮았다.
- 정원이 멋진 Fogon las Buenas Baras 식당.

11월 27일 봄꽃과 함께 여유롭게

오늘은 지금까지 여행 중에서 최고로 편안한 날이다. 버스 타고 배 타고 또 버스 타고 이동만 한 날이다.

오늘부터는 우리끼리 하는 여행이 아니라, 이곳 현지 여행 프로그램에 합류하는 것이어서 시간 엄수가 중요했다.

9시 호텔 로비에 모여 단체버스에 등록을 하고 올라탔다. 나중에 보니 이곳에서 짐에 이름표를 붙이는 것만으로 짐을 다음 호텔까지 옮겨 주었다.

호텔에서 안데스 횡단 보트를 타는 항구까지 가는 길에 오른쪽으로는 Calbuco 화산, 왼쪽으로는 호수 너머의 Osorno 화산이 보여 환상적이었다. 중간중간 전망 포인트에는 때마침 들꽃들도 피어 있어 더욱 멋졌다. 남반구는 이제 봄에서 여름으로 가는 중이니까 봄꽃이라 해야 할 것 같다.

유람선으로 갈아타니 설산이 병풍처럼 둘러 있어 주변 경관이 더 대단했다. 변색 선글라스를 쓰고 안경색이 변하는 줄 모르고 있다가, 하늘색이 이상하다는 생각이 들어 선글라스를 벗고 보니 하늘, 산, 호수의 파란 빛이 더 아름답게 보였다.

10시경 Petrohue 항에서 유람선을 타고 천천히 구경하다 12시 작은 항구에 내렸다. 여기서 다시 기다리고 있던 버스를 타고 30분 정도 달려 Peulla 호텔에 도착했다. 시간으로만 보면 바로 이동해서 가도 될 것 같은데, 대부분 이곳에서 무조건 1박을 하는 것 같다.

그리고 남은 시간 동안 선택 관광을 하게 하였다. 우리는 승마, 수륙 양용차, 캐노피 중 선택했다. 집라인이라는 이름이 더 친숙한

- Osorno 화산. 봄꽃이 피는 시기여서 더 잘 어울렸다.
- Todos los Santos Lake를 지나면서 안데스 설봉들이 나타났다.
- Petrohue 항에 도착하여 유람선으로 갈아탔다.

것 같은데, 줄을 타고 내려오는 것은 비슷했다.

　숙소 도착 후 곧장 1시에 점심을 먹었다. 소고기구이와 연어구이가 맛있어서 남김없이 다 먹었다. 방에서 좀 쉬다가 3시에 캐노피 가이드를 만나, 몸에 안전띠를 착용하고 줄을 타고 내려오면서 필요한 요령에 대해 배운 다음 산으로 걸어 올라갔다. 엄청나게 커다란 나무들에 쇠줄을 연결해 놓고 위에서부터 차례로 줄을 타고 내려오는 것이었는데, 총 8개 나무를 건너면서 내려오는 코스였다.

• Puntiagudo 화산(2,498m).

웬만한 곳에 있는 집라인은 인공 타워에서 길게 한 번 타고 내려오는 것들이 많았는데, 이곳에서는 짧게 짧게 끝나는 것이 아쉽지만 그래도 훨씬 자연적이어서 느낌이 좋았다. 나무가 너무 커서 가이드들과 우리가 함께 올라가 있어도 불안하지 않을 정도였다.

나무와 나무 사이에 줄을 교체하면서 다 내려온 다음, 마지막 나무에서는 땅에 내려오기 위해 두 번의 수직 하강(레펠)을 하게 되어 있었다. 겁이 나서 못할 것 같았는데 막상 가이드들이 줄을 잘 잡아주고 속도를 조절해 주어 모두 잘 해냈다.

4시 반에 끝나 각자 방에 들어가 쉬기로 했다. 나도 알람을 맞춰놓고 푸욱 잤다. 아무래도 그동안 여독이 쌓였던 모양이다. 세 시간을 자고 일어나 8시경에 저녁을 먹었다. 그 시간에 저녁 식사를 시작하는 팀은 우리밖에 없을 정도로 이른 저녁이었다.

모두들 체력이 좀 회복되었고, 내일도 편안하게 이동하는 날이 될 것 같고, 저녁 식사도 일찍 끝나 내 방에 모여서 뒷풀이 시간을 가졌다. 이야기를 하면서 남아 있는 와인을 마시다 보니, 인천에서부터 들고 간 글렌모렌지 양주를 한 병 다 마셨다.

수십 년 직장생활을 하고 은퇴하신 분들과 대화를 하다 보니, 모두 책 수십 권 분량의 경험과 생각이 있으셨다. 내가 겪거나 생각하지 못했던 것에 대해 많이 듣고 배울 수 있어서 참 좋았다.

우유니 사막에서 한 병을 마시고, 지금까지 들고 다닌 두 번째 병을 오늘에야 비우게 되어 가방에 여유 공간이 좀 생겼다. 내일은 안데스 횡단을 끝내고 바릴로체에 도착하여 멘도사에서 공급으로 산 와인을 마시기로 했다.

벌써 1시다. 책을 조금 더 보다가 자야 할 것 같다.

- 세 가지 액티비티 중에 선택한 캐노피.
- 하강 준비를 하고 있는 모습.
- 캐노피를 탄 사람들과 함께.

11월 28일 '라틴아메리카의 알프스'에서

어제에 이어 오늘도 느긋하게 이동만 했다. 그런 날은 뭔가 기억나는 것이 적어서 시간이 빨리 가는 것 같다.

아침 9시에 출발한다고 하여 부랴부랴 나갔더니 10시 반으로 미뤄졌다고 한다. 로비에 앉아 막내딸과 카톡을 주고받으며 시간을 보냈다. 보고 싶은 가족들! 잠깐 졸다가 깼다.

건치 인천지부 총회를 하는 날인데 올라온 사진들을 보니, 조촐하게 잘 치른 것 같아 다행이었다.

뻬울라 호텔에서 출발한 버스가 300m쯤 갔나 싶더니, 칠레 출입국 사무소가 있었다. 버스에서 내려 줄을 서서 칠레 출국 도장을 찍었다. 나가는 도장은 잘 찍어 준다.

거기서 비포장길을 달려 구불구불 산 위로 올라갔다. 폭포도 지나고 3,400m급의 트로나도르 산 전망대에도 잠깐 서서 구경하고 또 계속 올라가더니, 제일 정상부에서 1,020m 높이의 국경을 지나게 되었다. 안데스 산맥에서 주변의 산들은 높고도 험한데, 이런 고갯길은 아마도 이 길 하나인 것 같다.

국경선을 넘으니 이젠 계속 하산길이었다. Puerto Frias에 아르헨티나 출입국 사무소가 있었다. 입국 도장을 받고 짐들을 하나하나 내용물을 확인한 후에야 통과시켜 주었다.

짐 검사 시간이 길어져 앞에 있던 배가 항구를 떠나는 것을 보고 아쉽다고 생각했는데, 배를 기다리면서 체 게바라의 오토바이 모형을 전시해 놓고 그의 여행길을 표시해 놓은 것을 보면서 다시 한번 그를 생각할 수 있어서 좋았다. 그리고 다음 배에 우리만 조용히 탈 수 있어서 또 좋았다.

- 호텔 바로 근처에 있는 칠레 출입국 사무소.
- 트로나도르 산(해발 3,400m) 전망대.

- 칠레와 아르헨티나 국경. 사진 찍은 쪽이 아르헨티나 땅이다.
- 체 게바라의 오토바이 여행 루트와 모형.

이 자리에서 현지 가이드가 바뀌었다. 왔던 버스와 가이드는 다시 배에서 내린 손님들을 태우고 칠레로 돌아가고, 우리는 새로운 가이드를 만나 배에 올랐다. 이 배를 10분 정도 타고 Puerto Alegre에서 내려 다시 버스를 바꿔 탔는데, 10분 만에 다시 내리라고 했다.

Puerto Blest라는 항구에 호텔 겸 식당이 있었다. 12시 반에 점심으로 샌드위치 반 개와 콜라를 마셨다. 배가 고픈 듯하여 치즈와 과자를 자꾸 먹었더니 속이 좋지 않았다. 또 이상한 것은, 한 것도 별로 없는데 피곤했다. 식사 후 건물 밖으로 나가서 호수 사진을 찍고 벤치에 누워 20분 정도 낮잠을 잤더니 좀 나아졌다.

2시 반에 다시 호수 여행이 시작되었다. 유람선이 커서 내부 구경도 하고, 큰 호수와 주변 설산들의 경치도 좋았다.

한 시간 이상을 항해한 후 Puerto Panuelo 항구에서 다시 버스를 갈아타고 30분 정도 달려 드디어 횡단 크루즈의 종점인 바릴로체에 도착했다. 설산이 있고 호수가 있고 호숫가에 사람이 모여 살아서 '라틴아메리카의 알프스'라고 불리는 도시인데, 역시 아름다웠다. 우리는 호수 바로 옆 Alma del Lago Suites&Spa 호텔에 바로 내렸는데, 호수 뷰 객실은 전망이 정말 멋졌다.

7시경 지하 3층 수영장에 가서 오랜만에 수영을 했다. 전면이 호수 전망이어서 풍경도 좋은데다 사람이 없어서 더 좋았다. 내일 아침에도 수영을 하면 좋을 것 같다.

저녁을 먹으러 시내로 나갔다. 스위스처럼 만들어 놓은 중심 광장을 지나 El Boliche de Alberto 식당으로 갔다. 스테이크가 유명하다는데 예약이 안 되어 무조건 줄을 서야만 한다는 집이었다. 우리는 8시 가게 오픈 시간에 맞춰서 도착했는데, 이미 20명 이상 줄을 서 있었다. 다행히 우리까지는 오픈과 동시에 곧장 들어갈 수 있었다. 보통의 스테이크가 380페소, 3만 원 정도 하는 것 같다. 립아이

2개, 등심 1개, 안심 3개, 치맛살 1개를 주문하고, 기다리면서 멘도사에서 사온 와인을 땄다. 떫고 신맛, 향기가 좋고 개운했다.

스테이크는 종류별로 1인분씩 나올 줄 알았는데, 도마에 여러 가지를 한꺼번에 올려놓고 각자 알아서 잘라 먹어야 했다. 처음엔 너무 커서 다 못 먹을 줄 알았는데, 조금씩 조금씩 잘라 먹다 보니 10시가 조금 넘어 술과 고기가 다 사라졌다.

체 게바라의 오토바이 여행길이 어제 오늘의 안데스 횡단 크루즈 길을 포함한다고 하여 유명해졌는지 모르지만, 이동하는 데 시간이 많이 걸려 여행객들마다 호불호가 있을 것 같다. 그래도 나는 중간에 체 게바라의 흔적을 잠깐이나마 볼 수 있어서 좋았다.

내일은 또 비행기로 이동하는 날이다. 드디어 피츠로이와 세로 토레를 보게 된다. 이제 여행은 딱 반이 지났다. 남은 날도 열심히 잘해 보자!

• 호텔에서 바라본 호수 풍경.

● '라틴아메리카의 알프스'라고 불리는 바릴로체 중심 광장. 그래서 그런지 스위스 같은 느낌이 들었다.

11월 29일 미봉(美峰) 피츠로이·세로토레

오늘도 하루 종일 이동만 했다. 내일부터 열흘간 이어질 파타고니아를 위해서 지금까지 남하한 것 같다.

어제 바릴로체는 초콜릿이 유명한 곳이었는데 그냥 지나쳤고, 호수도 구경만 한 것이니 큰 감흥을 주는 도시는 아니었다. 호수 주변의 설산 트레킹을 하는 프로그램이 있었다면 달랐겠지만, 눈으로 보고 지나가니 다른 곳과 비슷한 느낌이었다.

여기서부터 부에노스아이레스까지는 팜파스라 불리는 대평원 지대다. 아스텍이나 잉카 중심부에는 원주민이 많아서 인종 청소가 불가능했지만, 거주 인구가 적은 이 팜파스 지역에서는 원주민들을 제거했다고 한다. 특히 로카 장군(1843~1914)은 1870년 팜파스에 소수로 퍼져 사는 원주민들을 일일이 찾아다니며 멸절시켰고, 교회에서는 원주민들은 고릴라와 비슷한 종족이므로 그들을 죽이는 것은 살인이 아니라는 면죄부를 주었다고 하니, 불과 100여 년 전에 이런 끔찍한 일이 있었던 것도 충격이었다. 그래서 그런지 바릴로체 이후로는 원주민이나 혼혈인들을 만나기가 쉽지 않았다.

10시 반 비행기를 타야 했기에 7시에 아침을 먹었다. 엊저녁 늦게까지 먹은 고기가 벌써 소화가 되었는지 배가 고픈 듯했으나 간단히 먹고 바로 수영장으로 갔다. 15분가량 수영을 하고 나니 기분이 상쾌했다.

8시 반경 공항에 도착하여 아르헨티나 항공 수속을 했는데, 이 비행기는 국내선 수화물이 15kg 제한이라고 했다. 큰 가방에 있는 무거운 것들을 작은 가방으로 옮기고 무게를 재었더니 17.2kg 나왔

으나 통과시켜 주었다. 큰 가방에 있는 짐을 손가방에 담아 들고 타면 어차피 실리는 무게는 똑같은데, 이런 형식을 따르게 하는 모양이 꼭 조삼모사 같다. 대기실에서 기다리는 동안 내가 술 강의를 하겠다고 하니 모두 환영하였다. 40분 동안 알고 있는 술 이야기를 들려주었다.

12시 반 엘 칼라파테 공항에 내렸다. 버스에 짐을 실은 후, 가는 길에 식당이 없어 공항에서 햄버거로 점심을 때웠다. 각자 돈을 나눠 주고 먹고 싶은 것을 사 먹으라고 해서 나는 햄버거 180페소, 물 40페소, 맥주 70페소를 썼다(약 2만4천 원). 여기 음식도 너무나 짰다.

같은 비행기에 한국인 배낭여행객 남녀가 있었는데, 공항에서 버스표 살 돈이 없다고 했다. 이 공항엔 환전소도 없어서 우리 가이드에게 환전을 부탁하였다. 그래서 우리 버스에 자리가 남으니 그들을 그냥 태워 주기로 했다. 이런 경우 배낭여행객에게는 정말로 큰 행운이 아닐 수 없다.

2시간 반을 달려 라 레오나 카페에 도착하였는데, 그 카페 벽에 1890년대 서부에서 그 유명했던 은행 강도 버치 캐시디와 선댄스 키드의 현상금 포스터가 붙어 있었다. 1969년도 발표된 영화 '내일을 향해 쏴라'의 실제 모델이다. 그들은 볼리비아의 광산 근처로 숨어들어 갔었는데, 미국 보안관들은 대륙의 끝까지 갔다고 생각하고 이 호텔까지 와서 현상금 포스터를 붙였다고 한다.

카페 내부도 괜찮았지만 카페 밖에서 보이는 피츠로이가 멋져서 오히려 이곳에서 사진을 많이 찍었다. 거기서 20분 정도 달려 엘 찰텐 마을에 있는 호텔에 도착해 배낭여행객들과 헤어졌다.

- 라 레오나 호텔 겸 카페.
- 버치 캐시디 현상금 포스터와 은행털이범 동료들 사진.
- 카페 안에 있는 기념품 가게.

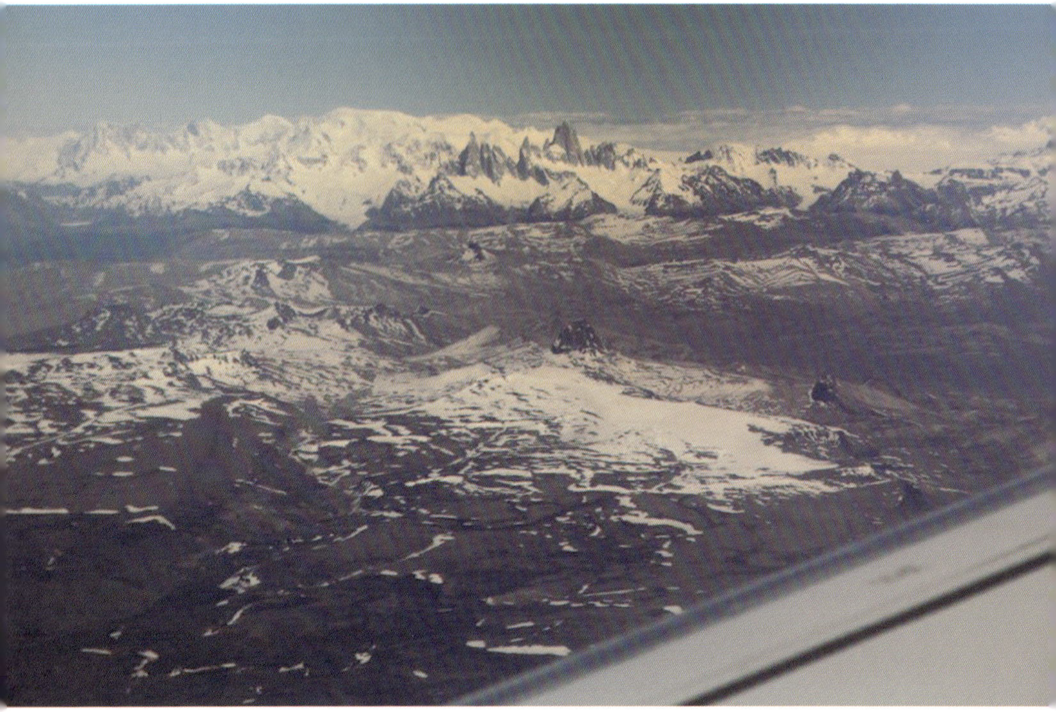

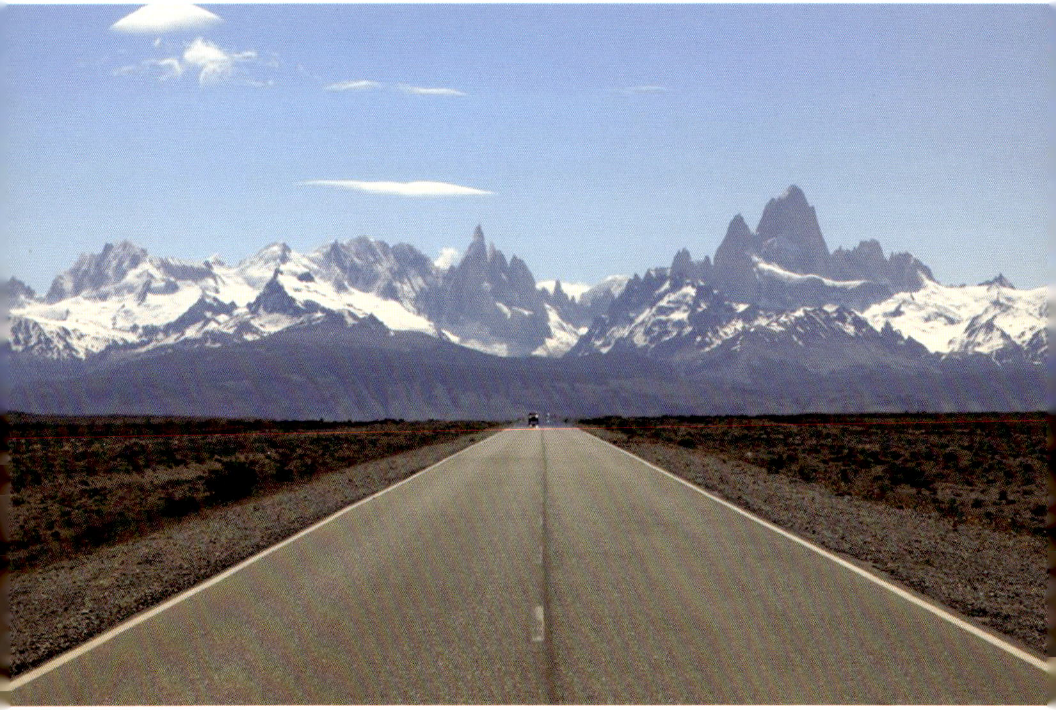

빨래를 모아 호텔에 맡기고 1시간 반 코스인 전망대로 향했다. 버스 안에만 있어서 몰랐는데 바람이 무척 불어 천천히 다녀왔는데도 약간 힘들었다.

피츠로이와 세로토레는 참으로 절경이었다. 엘 찰텐으로 오는 길에 피츠로이와 세로토레가 멀리서 보이기 시작하면서부터 모두 탄성을 자아냈다. 조금씩 가까이 올수록 더욱 멋졌다. 손바닥 모양이 피츠로이, 엄지손가락 모양이 세로토레였다.

우리 호텔은 Don Los Cerros Boutique Hotel&Spa인데, 언덕 위에 있어서 전망은 좋은데, 시내에서는 좀 떨어져 있어 불편했다. 하지만 객실 욕조에 월풀 기능이 있어서 오랜만에 피로가 풀리는 듯 하였다.

7시 반 La Tapera 식당으로 가면서 피츠로이를 바라보니, 꼭대기에 연기가 나는 것처럼 구름이 붙어 있었다. 피츠로이는 영어 이름이고, 원주민들이 부르는 원래 이름은 '엘 찰텐'이라고 하는데, 그 뜻이 '연기나는 산'이라고 하니 딱 이 시간의 모습이었다.

오두막처럼 지은 식당은 1, 2층 모두 만석이었고, 밖에 4명이 기다리고 있었다. 이 집도 소문난 맛집이었다. 남자 주인이 롤링 스톤의 광팬이면서 젊은 시절에 그룹사운드도 한 적이 있다더니 음악 선곡도 좋고 분위기도 좋았다. 우리는 와인 2병에 등심 스테이크 6개와 연어 하나를 시켰는데, 좀 질긴 것 빼고는 양과 맛 모두 괜찮았다. 앞으로는 미디움이 아니고 레어로 주문해야 할 것 같다.

엘 찰텐 마을은 여름 시즌 4개월 정도만 사람이 사는 마을이라고 한다. 겨울에는 피츠로이, 세로토레에 찾아오는 사람이 거의 없어서

- 바릴로체에서 엘 칼라파테로 이동 중에 비행기에서 본 피츠로이와 세로토레.
- 버스를 타고 가면서 멀리 피츠로이와 세로토레가 보이기 시작하자 모두 창문에서 눈을 떼지 못했다. 기사에게 부탁하여 버스를 잠깐 멈춘 후 사진을 찍었다. 오른쪽 넓적한 손바닥 모양이 피츠로이, 중앙에 엄지손가락처럼 보이는 것이 세로토레.

마을에 남아 있는 사람이 없고 이 식당도 여름에만 문을 연다고 한다.

저녁 식사 때는 윤 교장 선생님이 술을 샀다. 그리고 50달러씩 공동 경비를 또 걷었다. 식사 때마다 와인을 마셔서 그런지 경비가 잘도 나간다. 따로 챙긴 돈이 부족할 수도 있을 것 같다.

9시 40분 식사를 마치고 방으로 왔다. 밖이 아직 훤하니 이상한 느낌이 든다. 잠은 안 오지만, 내일 피츠로이 트레킹이 제일 긴 코스여서 오늘은 좀 일찍 쉬기로 했다.

10시 50분쯤 되니 창밖에 어둠이 내리기 시작했다.

- 라 레오나 호텔 앞에서 본 피츠로이와 세로토레 빙하 전경.
- 엘 찰텐 마을 호텔에 도착한 후 전망대에 가려고 마을 안으로 내려왔다. 아직까지는 봉우리들이 잘 보였다.
- 왼쪽에 보이는 바위 언덕 위에 올라가야 전망대가 나온다.
- 전망대에서 내려다본 엘 찰텐 마을. 세로토레는 구름에 가렸다.

11월 30일 파타고니아·피츠로이 트레킹

대망의 파타고니아 트레킹 첫날이자 피츠로이 트레킹 날이다. 이번 여행 중 트레킹 거리도 제일 길고 표고차도 제일 높아서 가장 어려운 날이 될 것이다. 어젯밤 식당에서 호텔로 걸어올 때도 바람이 너무 거세어 걷기가 힘들 정도였는데, 더 큰 문제는 하늘에 구름이 점점 많아진다는 것이었다.

호텔이 추워서 처음엔 걱정했으나 창문 아래 라디에이터를 살짝 열어 놓으니 금방 따뜻해져 편안하게 잤다.

아침을 먹으러 가서 긴 트레킹을 앞두고 부담스러운 식사 대신 커피 두 잔, 오렌지주스, 콘플레이크와 우유만 먹었다. 그리고 큰 짐은 놔두고 등산 배낭을 챙겨 8시에 모였다.

반팔 티셔츠, 긴팔 티셔츠, 그 위에 얇은 다운재킷, 윈드스토퍼만 입고, 만약을 대비하여 방한복과 우비, 목토시 2개를 가방에 챙겨 넣었다. 우산을 넣을까 말까 고민하다가 우비를 믿고 우산은 가방에서 뺐다. 그리고 물 2개, 도시락 샌드위치를 넣으니 가방이 거의 꽉 찼다.

염려했던 대로 아침부터 비가 오고 바람도 거셌다. 한국에서도 더운 날 우비를 입고 산행하는 것을 싫어했는데, 트레킹 첫날부터 비가 내려 걱정이 앞섰다.

'엘마르'라는 여자 가이드는 키도 크고 운동을 잘할 것같이 보였다. 8시에 봉고차를 타고 30분 정도 강물을 따라 올라가서 El Pilar

- 아침에 바로 앞산도 보이지 않을 정도로 날씨가 흐려서 피츠로이를 포기할 뻔했다.
- 산행 준비 중에 모두 우비를 꺼내 입었으나 나만 그냥 버티기로 했다.

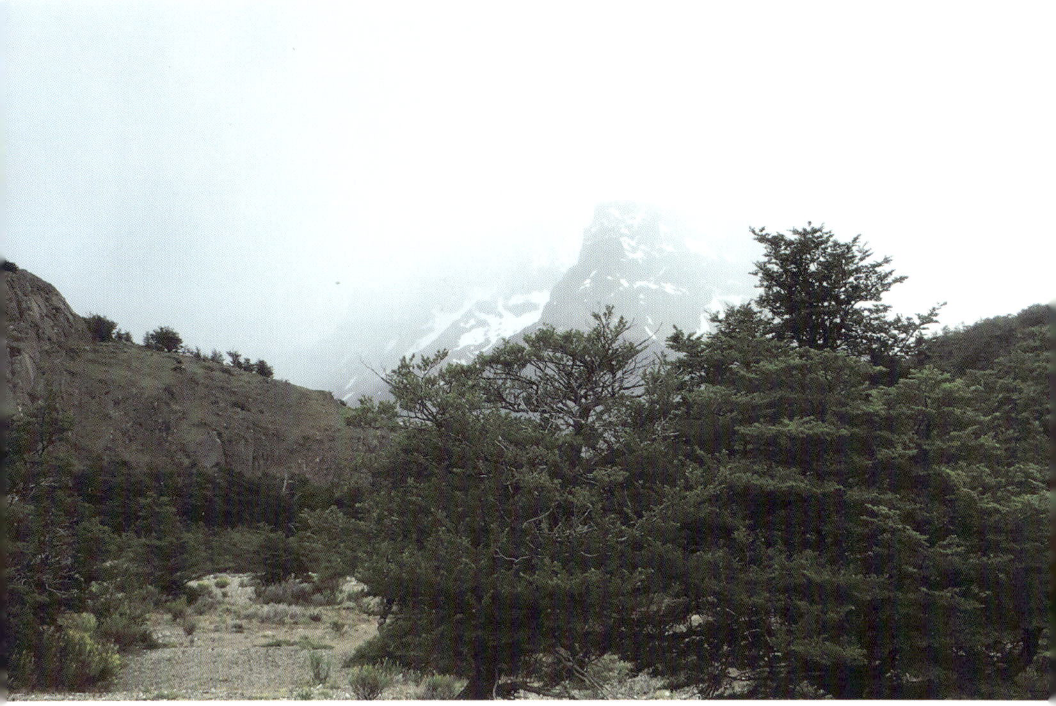

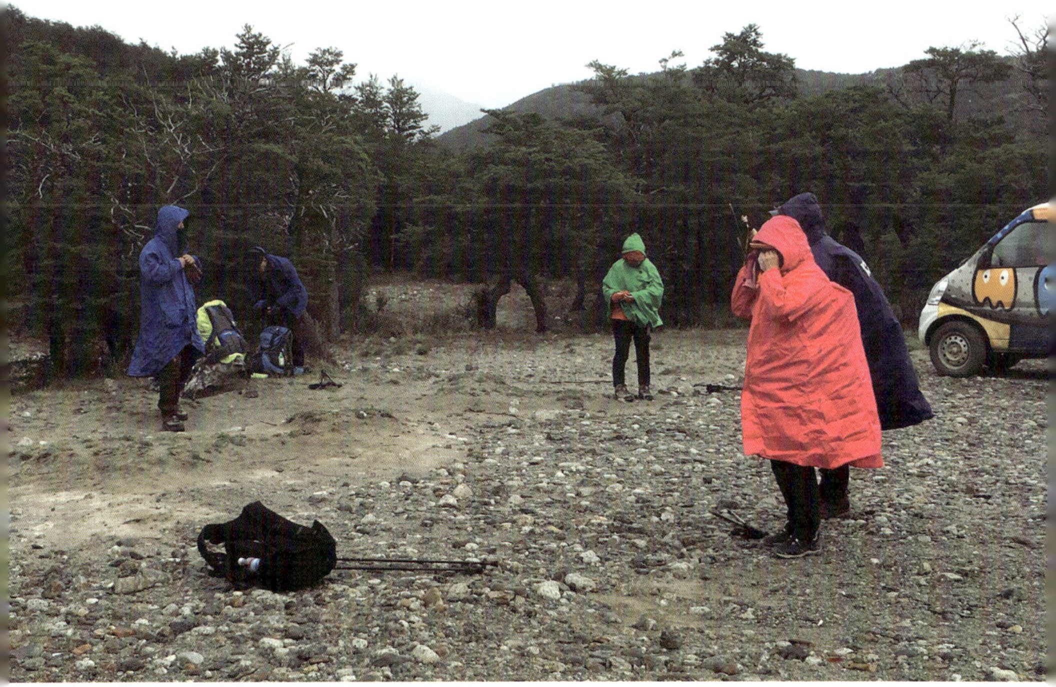

호스텔에서 내렸다. 여전히 비가 왔다. 이곳은 사유지여서 떠들지 않고 조용히 걸어서 트레킹 입구에 도착하였다.

  최 과장이 우비를 꺼내 입으라고 했다. 체온이 떨어지면 안 되니까 몸이 젖기 전에 입으라는 것이었다. 그런데 가이드도 입지 않고 비도 보슬보슬 내리는 것 같아 그냥 고어텍스 윈드스토퍼를 믿고 그냥 가기로 마음먹었다. 다른 분들은 다 입는데 나만 최 과장 말을 따르지 않는 듯해 미안했지만, 비옷을 입고 하루 종일 걸을 수 없을 것 같아서 그것은 피하고 싶었다. 결과적으로는 나의 선택이 좋았다. 1시간 정도 산행 후 점점 이슬비처럼 내리다가 해가 나기 시작했다.

  8시 반 준비운동을 하고 숲속으로 들어가 걸었기에 비 맞는 양이 더 줄었다. 목토시를 잠시 후 제거했다. 언덕길 초입에 도착하니 구름이 조금씩 걷히고, 앞산의 빙하가 눈에 들어왔다. 안에 입은 다운 패딩재킷도 벗었다.

• 딱다구리가 나무를 파고 있는 모습을 보니 살아 있는 숲이라는 생각이 들었다.

언덕 하나를 넘고 나서는 거의 평지였다. 11시 30분쯤 Poincenot 캠핑장에 도착했다. 그곳에는 작은 2~3인용 텐트가 쳐져 있었다. 이렇게 캠핑하면서 트레킹 하는 사람들이 진정한 백패킹 캠핑이라는 생각이 들었다. 최근 한국의 오토캠핑은 너무 심한 장비를 들고 다니는 것 같다.

잠시 후 계곡을 지나는데, 가이드가 물통을 꺼내 물을 받았다. 물이 너무나 맑아서 먹을 수 있을 것 같았다. 그것도 그럴 것이 몇 백 년 전에 내린 눈이 지금 녹아서 흐르는 것일 것이다. 그전까지 물을 별로 안 마셔서 나는 물을 채울 일이 없었는데, 하산 중에는 빈 물통에 계곡물을 채워서 내려왔다.

언덕길은 생각보다 길고 가팔랐다. 나는 이번에도 맨 뒤에 서서 갔는데, 조 선생님이 카메라와 짐이 많아서 힘들어 보였으나 거들어 드리지는 못했다. 그래도 걷다 쉬다 꾸준히 올라가서 1시에 토레스 호수에 도착해 피츠로이 전망대에 올랐다. 이 언덕 위까지 무사히 올라온 조 선생님의 열정과 체력은 역시 대단한 것 같다.

피츠로이를 바라보며 빙하가 떠 있는 맑은 호수 근처에서 샌드위치를 먹었는데, 치킨 샌드위치보다 야채 샌드위치가 덜 퍽퍽해서 먹을 만했다. 빙하 옆에 앉아서 식사를 하는 동안 체온이 급격히 떨어졌다. 가방에서 옷을 꺼내 입고 모자를 썼다. 체온 조절이 중요하다.

아침부터 비가 오다가 그치고, 구름이 조금씩 걷혀 앞산의 빙하가 조금씩 보이더니, 캠핑장에 도착할 즈음에는 바람이 잦아들고 하늘이 조금씩 개는 듯했다. 아침에만 하더라도 이번 여행에서 피츠로이는 못 보겠구나 싶었는데, 캠핑장을 지나 오르면 오를수록 파란 하늘이 나타났다. 평소에 바람이 너무 세 사람이 날아갈 정도라고 한다. 그래서 바람이 너무 세거나 날씨가 안 좋으면 캠핑장 이후로 입산 금지라는데, 다행히 우리는 올라갈 수 있었다.

　마지막 깔딱고개를 넘어서니 피츠로이가 구름을 거의 벗고 모습을 나타내었다. 마지막 구간의 얕은 고개를 더 넘으니 파란 하늘을 뒤로하고 너무나도 눈부시게 완벽한 피츠로이가 우리를 맞아 주었다. 이곳에 일곱 번째 와 본다는 최 과장도 오늘이 최고의 날씨라고

- 빙하 국립공원 입구.
- 시야가 조금씩 넓어지면서 앞산 사이의 빙하가 보이자 사람들의 환호성이 커졌다.
- 여름이 짧은 기후 탓인지 숲의 모습이 독특했다.
- 산행 초기에 간신히 보이던 빙하 위쪽으로 날씨가 점점 맑아졌다.
- Poincenot 야영장.

했다. 첫 트레킹부터 운이 따라준 것 같아 기분좋았다.

피츠로이는 라틴아메리카 탐사선 '비글호'의 선장이었다. 그 배에 젊은 의대생이 타고 있었는데, 그가 찰스 다윈이었다. 비글호와 함께한 탐사에서 영감을 얻은 다윈은 후에 《종의 기원》을 저술하여 인류의 사고전환을 일으켰다. 명예와 신앙심이 깊었던 영국 왕족 출신의 피츠로이는 이런 신성모독의 책이 나오게 된 것을 본인의 책임이라고 생각하고 자살을 했다고 한다. 사람의 발길을 허락하지 않는 완고한 최고봉에 피츠로이 이름을 붙인 이유가, 정확한 근거는 없지만, 이해는 가는 것 같다.

이 피츠로이도 1952년 첫 번째로 정상을 허락하게 되었다고 한다. 피츠로이 전망대에 도착하기 전 구름에 가려져 있던 상태에서 조금씩 보이더니 구름이 피츠로이에서 연기가 피어오르는 것처럼 보였다. 산 꼭짓점에서 구름이 몽글몽글 피어오르는 모습을 보면서, 모두 피츠로이라는 이름 대신 원주민들이 불렀다는 엘 찰텐(연기 나는 산)이라 불렀다.

토레스 호수 너머 만년설 위로 발자국을 내면서 정상으로 올라가는 사람들의 행렬이 보였다. 현 위치가 1,000m, 피츠로이가 3,405m이니 앞으로 2,400m만 올라가면 된다. 그중에 1,000m 이상 수직 암벽을 올라야 하는데, 그런 도전을 하는 사람들이 정말 대단해 보였다.

멋진 풍경을 보면서 점심을 먹고 2시부터 하산하기 시작했다. 하산하는 길 내내 손바닥을 보이며 흔들어 주는 피츠로이를 돌아보

- 깔딱고개에 오르면 오를수록 피츠로이가 점점 더 잘 보였고, 연기나는 산, 엘 찰텐이 뚜렷했다.
- 마지막 완만한 언덕을 넘으면 토레스 호수와 피츠로이가 바로 나타난다.
- '엘마르' 가이드와 함께.

- 완벽한 모습을 보여 준 피.츠.로.이.
- 피츠로이 주변 봉우리들의 이름.
- 샌드위치로 점심을 먹고 나니 구름이 금방 가득했다.
- 피츠로이의 일출을 보기 위해 어두울 때 올라가는 사람들은 평지 구간에서 길을 자주 잊어버린다고 한다.
- 하산길. 피츠로이를 등지면 보이는 장면.

며 계속 사진을 찍느라 걸음걸이가 늦어졌다.

긴 트레킹을 마치고 마침내 엘 찰텐 마을 입구에 도착했다. 총 24km 거리였고, 10시간 이상 소요되었다. 연습 없이 바로 오르기엔 무리였은데, 그래도 마을에서 오르막길로 시작하는 것보다 강 상류로 해발 200m 정도 올라가 하산하면서 트레킹을 하는 것이 덜 힘들고, 초반 입구에 원시림 숲길이 아름다워 오늘 우리 코스처럼 걷는 것이 나을 것 같다.

호텔에 들어가기 전에 저녁을 먹기로 하고 호텔 바로 아래 있는 La Cava라는 레스토랑에 갔다. 맥주를 마시는 곳이어서 그런지 식사가 아닌 안주 같은 느낌이었는데, 우리 입맛에 잘 맞았다.

호텔에 와서 샤워까지 마치고 창밖을 보니 9시 반인데도 햇살이 봉우리에 남아 있었다. 해가 금방 떨어질 것 같아 얼른 다시 나가 마을 밖 다리 건너까지 가서 피츠로이와 세로토레의 석양 사진을 찍었다. 모처럼 혼자만의 여행을 하는 것 같은 짜릿하고 즐거운 시간이었다.

문제는 해가 지는 골든 타임이라 생각하고 나간 것이었는데 노을이 지지 않았다. 피츠로이 꼭대기를 비치는 햇살도 금방 떨어질 줄 알았는데 한참 그대로 있었다. 위도가 낮아서 해 떨어지는 시간이 오래 걸리는 것 같다. 10시 반까지 기다리다가 추워져 돌아왔더니 몸살 기운이 들어 일기도 쓰지 못했다. 조금 더 무리하면 다음 날 세로토레 트레킹을 못할 것 같았다.

오늘 저녁 식사 때 나와 조 선생님이 30달러씩 내어 맥주를 샀다.

- 엘 찰텐 마을 쪽 트레킹 입구.
- 엘 찰텐 마을.
- 석양이 비치는 피츠로이.

12월 1일 세로토레, 불가능에 도전하다

벌써 12월이 되었다. 역시나, 누구에게나, 어떻게 살든 간에 시간은 똑같이 흐른다. 앞으로 남은 시간이 매우 중요하다. 특히 앞으로 10년의 삶이 나의 인생에서 그런 시간일 것 같다. 그 시간을 정말로 아껴서 잘 써야겠다.

어제 피츠로이 트레킹이 너무 좋아서 20년 후에 다시 와야겠다고 선생님들에게 농담을 했더니, "20년을 더 살아야 우리 나이가 되냐?" 하면서, "좋겠다. 다시 올 수 있어서" 한다. 정말로 20년 후에, 여기 이 선생님들의 나이가 되었을 때 또 와 보고 싶다. 그땐 좀 더 여유있게 돌아보고 싶다.

세로토레(해발 3,128m) 트레킹을 가는 날이다. 피츠로이가 파타고니아 최고봉이라면, 세로토레는 불가능의 암봉이다. 해발 1,000m 위로 2,000m 우뚝 솟은 수직 절벽 때문에 세계에서 제일 오르기 힘든 봉우리라 한다. 그렇다 하더라도 1974년 페라리가 초등에 성공하였다고 인정을 받았으니, 이젠 불가능한 봉우리는 아니게 되었다.

아침은 간단히 커피 두 잔과 콘플레이크를 먹고 짐을 쌌다. 체크아웃을 해야 해서 큰 짐은 호텔에 맡기고 8시에 호텔 앞에서 준비운동을 하고 출발했다.

너무 힘들면 전망대까지만 갈까 하고 생각했는데, 막상 전망대에 도착하니 2.5km 거리밖에 안 되어 너무 일찍 도착한 것 같았다.

- 아침 8시. 날씨가 화창하여 트레킹 하기 좋은 날이었다.
- 호텔 오른쪽에 토레 호수로 가는 길이 있다.

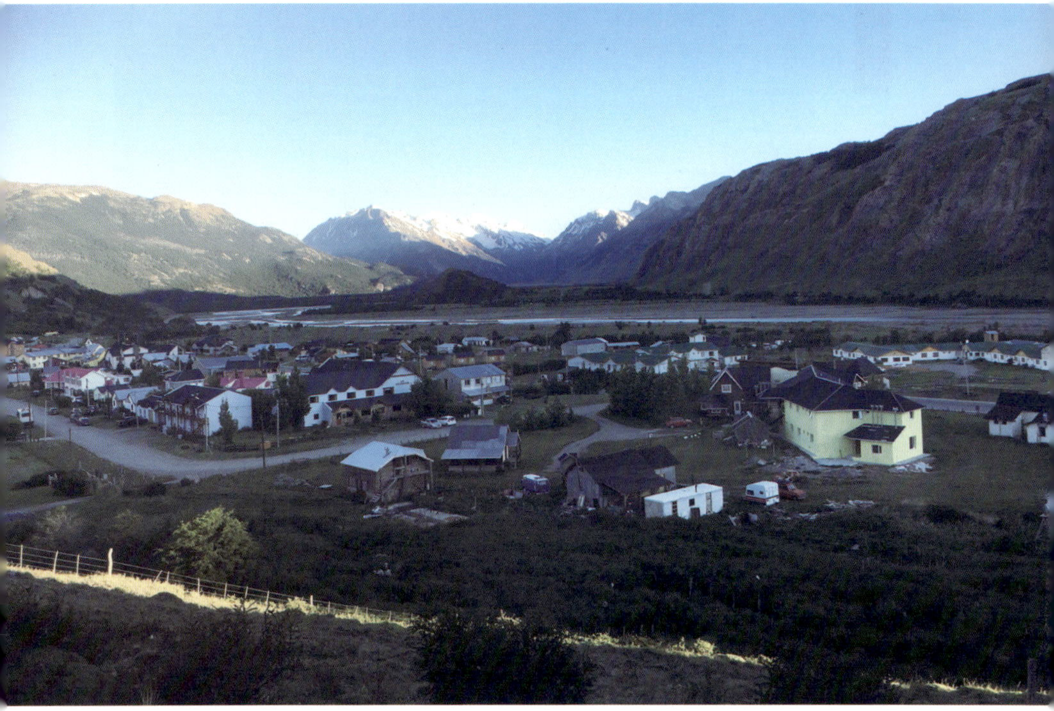

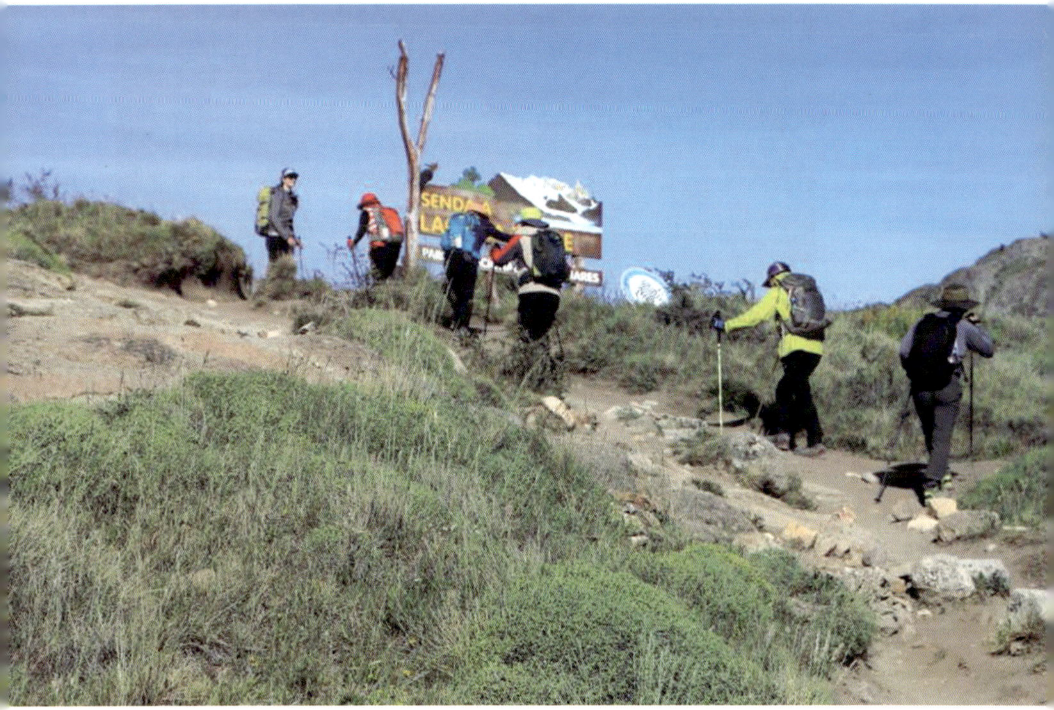
SENDA

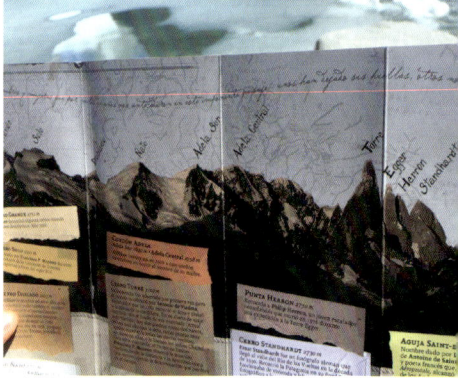

그리고 오르막 높이도 어제에 비하면 심하지 않아서 금방 올라갔다. 나머지 길은 거의 평지라고 했다.

10시쯤 도착해서 사진을 찍고 나니, 여기서 되돌아가기엔 너무 일렀다. 더욱이 날씨도 구름 한 점 없이 맑았고, 세로토레가 정말 또렷하게 보였다.

모두 'GO!' 하고 외쳤다. 보통 여기서 반 정도는 되돌아간다고 하는데, 우리 팀은 걷기에 특화된 것 같다. 다들 걷고 싶어 했다.

전망대에서 내려와 늪지대를 끼고 평지를 계속 걸어갔다. 걷기도 편하고 시야도 좋아서 세로토레가 점점 더 잘 보였다. 열심히 걷고 찍고 쉬다 보니 12시가 되어 9km의 종점인 세로토레가 잘 보이는 토레 호수에 도착했다. 빙하가 흐르는 주변에는 큰 돌들이 많은 너덜지대가 있다. 너덜지대를 지나니 토레 호수가 나타났다. 이곳은 평소에도 차가운 바람이 세게 부는 곳이라는데, 그날은 약간의 바람만 있을 뿐이었다. 피츠로이의 토레스 호수는 맑고 푸른 물이었는데, 세로토레의 토레 호수는 탁한 흐린 물이었다. 세로토레에서 내려오는 빙하 밑에 흙이 더 많은가 보다. 2,000m의 수직 암봉이 정말로 엄지손가락을 번쩍 치켜든 것처럼 늠름하게 서 있었다.

날씨 좋고, 하늘 좋고, 햇살 좋고, 바람 좋고, 풍경 좋고, 너무나 운이 좋았다. 세로토레는 강풍 때문에 못 올라오는 곳이라고 했는데, 오늘 바람이 잦아든 것은 정말로 축복과도 같았다. 도시락으로 받아온 샌드위치를 반쯤 먹고 12시 반에 하산을 시작했다. 어제처럼 아쉬움에 자꾸만 뒤를 돌아보았다. 2,000m의 수직 절벽, 등반하기 정말로 어렵게 보이는 암봉, 세로토레는 역시나 '엄지척'이었다.

- 갈 때는 몰랐는데 되돌아올 때 이 길이 무척 길게 느껴졌다.
- 토레 호수 경로. 토레 호수까지 9km, 전망대까지 2.5km.
- 세로토레 전망대 안내판과 세로토레 주변 봉우리들의 이름.

- 피츠로이와 세로토레가 드디어 모습을 나타냈다. 날씨가 너무 좋았다.
- 표고차 250m 정도 오르면 나타나는 세로토레 전망대.
- 세로토레를 정면으로 바라보면서 가는 길. 세로토레가 조금씩 더 크게 보일 때마다 사진을 찍게 된다.
- 줌으로 당겨서 찍은 세로토레. 높이 2,000m 수직 암봉이라는데 멀어서 그런지 감이 잘 안 온다.
- 마지막 언덕을 오르고 나면 나타나는 토레 호수.

되돌아오는 길은 조금 지루했지만 평지여서 속도를 낼 수 있었고, 3시 30분 호텔에 도착했다. 오늘은 왕복 18km를 7시간 반 동안 걸었다. 평지를 많이 걷다 보니 다른 분들도 이젠 등산 스틱을 능숙하게 사용하고 더 잘 걷는 것 같다. 나도 스틱 사용에 요령이 붙으면서 언덕길이 나와도 훨씬 덜 어려웠다.

이틀 연속 강행군으로 양쪽 발바닥에 물집이 생겼다. 앞으로 토레스 델 파이네 3일 트레킹이 남아 있는데, 약간 차질이 생겼다.

호텔에서 성공을 자축하며 맥주 한 잔씩 하고, 4시에 버스에 짐을 싣고 다시 엘 깔라파테로 향했다. 버스가 출발하자마자 모두 금방 잠이 들었다. 중간에 휴게소에 들른 다음 트로트 음악을 틀어놓고 노래를 부르면서 왔더니 덜 지루했다.

2시간 반 만에 Patagonia Queen 호텔에 도착했다. 사장님이 한국분이어서 더 반가웠고, 호텔 바닥과 가구들이 깨끗하게 관리가 잘 되어 있어서 더 좋았다. 그런데 너무 한국 사람 티를 내지 말고 조심해 달라는 가이드의 부탁이 있었다. 현지인들을 위해 오히려 한국에는 홍보하지 않는 호텔이라고 한다.

7시경 중심가에 있는 '스시 앤 바'라는 일식집에 갔는데, 일본인

- 하산 중에 찍은 호수에 비친 세로토레.
- 엘 깔라파테 파타고니아 퀸 호텔.
- 중심가에 있는 '스시 앤 바' 식당.

남편과 한국인 아내가 하는 집이었다. 연어스시와 다른 롤들, 된장국을 먹었는데, 오랜만에 찰진 밥알을 씹으면서 모두 행복의 노래를 불렀다. 170페소짜리 화이트 와인도 마시고 사케도 한 잔씩 했다. 너무 오랜만에 밥과 된장국에 회까지, 기분 좋게 배부르게 먹었다.

물값으로 100페소씩 받았는데, 조 선생님과 나는 와인을 한 병씩 사고 물은 다른 분들이 채워 주었다. 숙소에 돌아와 남자 넷이서 그 와인을 마시고 11시 반에 각자 방으로 헤어졌다.

가족 카톡방에 사진을 올렸더니 아이들이 바로 대답을 해 깜짝 놀라서 물어보니, 지금 토요일 낮 12시여서 학교에 안 갔다고 한다. 매일매일 돌아다니니 요일 가는 줄도 모르겠다.

핸드폰 사진들을 보니 재미있고 기억이 새록새록 났다. 앞으로 사진을 더 많이 찍어야겠다. 피츠로이와 세로토레, 비와 구름, 바람이 강한 곳이어서 둘 중에 하나만 봐도 좋겠다고 생각했는데, 두 봉우리를 거의 완벽하게 볼 수 있어서 참으로 운좋은 트레킹이었다. 하루 밀린 일기를 쓰고, 1시 반이 되어 잠자리에 들었다.

12월 2일 모레노 빙하 속으로

한 호텔에서 이틀 연속 자는 것은 흔한 일이 아니다. 앞으로 남은 2주 동안 세탁할 시간이 없을 것 같아 양말과 속옷을 빨아 널었다. 장기간 여행을 하려면 빨랫줄이 요긴하다는 한비야 씨의 이야기가 생각났다. 정말로 빨랫줄이 필요했다.

7시 알람 소리에 일어나 아침을 먹으러 내려갔다. 식빵에 달달한 잼을 바르고, 토마토에 설탕을 뿌려서 먹었다.

오늘은 그 유명한 페리토 모레노 빙하를 보러 간다.

그런데 최 과장이 무릎이 안 좋아 같이 못 가겠다고 한다. 오늘은 지역 여행 프로그램을 따라가는 것이어서 안 가도 된다면서 나에게 2,000페소를 주었다. 입장료를 100페소씩 내고 나머지는 예비비로 가지고 있으라고 했는데 은근히 신경이 쓰였다.

버스가 우리 6명을 태우고 다른 호텔에 들러 여행객들을 가득 태운 후 모레노 빙하 공원으로 갔다. 빙하 국립공원 입구 하늘에 독수리 떼가 빙빙 돌고 있는 것을 보니, 이런 빙하 근처에 무슨 먹을 것이 있나 궁금했다.

현지 가이드가 오더니 입장료가 1인당 500페소라고 한다. 1,000페소가 부족했다. 달러로 계산해도 되는지 물어보니 안 된다고 하면서 시간이 지체되고, 현지 가이드가 버스에서 나갔다가 들어오고 하면서 시간이 또 지체되어 다른 승객들에게 미안했다. 다행스럽게도 조 선생님이 옆자리 유럽 남자에게 부탁하여 60달러를 주고 1,000페소

- 빙하의 왼쪽, 강 건너편에 내려주었다.
- 빙하의 크기도 멀리서는 가늠이 안 된다.
- 빙하가 많이 내려와서 강 건너편 땅에까지 맞닿아 있다.

로 바꿔서 해결했다. 보통 1달러에 17페소 교환 비율이니, 큰 손해는 없었다.

공원으로 들어간 버스는 곧장 선착장으로 가서 배를 타게 되었다. 저 멀리 빙하가 보이는데, 어느 정도 크기인지 가늠이 되지 않았다. 배는 점점 가까워지다가 빙하 왼쪽으로 가서 우리를 내려주었다. 그곳에서 스페인어 팀과 영어 팀으로 나눈 후 설명을 따로 들으면서 트레킹을 시작했다.

선착장 근처 오두막에 각자 짐을 보관해 놓으라고 했는데, 아무도 지키는 사람이 없어서 약간 불안하긴 했지만 모두 그렇게 하니 짐을 놓을 수밖에 없었다. 호숫가를 따라 걸어가서 빙하 옆에 도착했다. 여기에서 현지 가이드들이 신발 위에 아이젠을 일일이 달아 주며 주의사항과 아이젠을 끼고 걷는 방법 등을 설명해 주었는데, 몸짓으로 다 보여 주어 무슨 말을 하는지 이해하기 쉬웠다.

빙하의 가장 큰 특징은 뭐니 뭐니 해도 움직인다는 것이다. 눈에는 보이지 않지만 조금씩 조금씩 내려오고 있다는 것, 그 작은 움직임으로 인하여 큰 U자형 계곡이 생기는 것을 생각하니, 자연과 세월의 힘은 어마어마했다.

빙하 속으로 걸어 들어가니 그 안에 또 하나의 다른 세상이었다. 밖에서 보았을 때는 얼음 덩어리 안에 있는 작은 틈 정도로 보이는데, 안에서 보니 그것은 또 하나의 산이었고, 봉우리였고, 계곡이었고, 산맥이었다. 크레바스도 구경하고 오르락내리락하면서 사진을 계속 찍는데, 1시간 반이 금방 지나갔다.

빙하 위를 걸어 다녀야 하는 코스여서 무척 춥고 힘들 것으로 예상했는데, 바람 한 점 없는 맑은 하늘이어서 그런지 따뜻한 기분이

- 유람선 내부에 붙어 있는 페리토 모레노 빙하 안내도.
- 현지 가이드들이 한 사람 한 사람 꼼꼼하게 아이젠을 달아 주었다.
- 처음에는 걷는 것이 어색해서 경사면에 서 있는 것도 이상했는데, 금방 적응되었다.

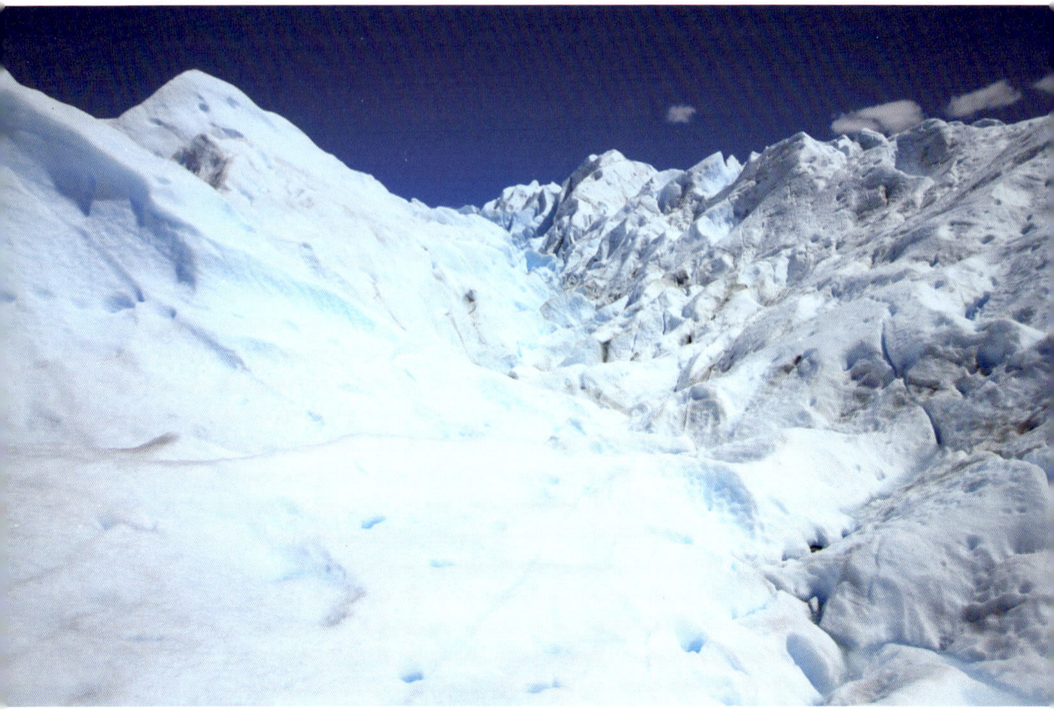

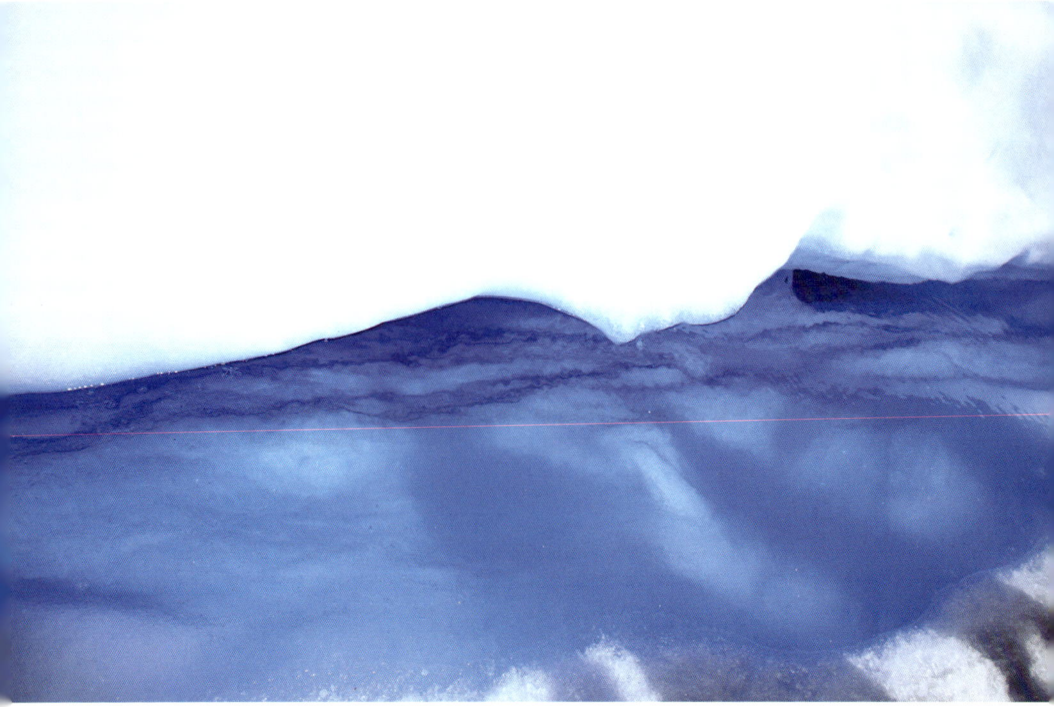

들 정도여서 두꺼운 점퍼와 모자, 방풍 하의까지 준비해 갔는데 쓸모가 없었다. 오히려 챙 넓은 모자, 선크림, 선글라스, 장갑이 필수품이었다.

마지막으로 빙하를 깨서 위스키를 한 잔씩 주었는데, 얼음이 좋아서 그런 건지 정말로 시원하고 맛이 깨끗했다. 그 전에 흐르는 빙하 녹은 물을 맛보았는데, 이것 또한 맛이 기가 막혔다.

- 밖에서 보았을 때는 작은 얼음 골짜기로 보였는데, 실제로 안에서 보면 거대한 산과 산맥, 계곡이었다.
- 곳곳에 얼음이 녹아 있는 크레바스 부위에 너무나도 맑고 투명한 물이 있었다. 멋있다는 느낌보다 무섭다는 느낌이 더 강했다.
- 1시간 트레킹 후 하산을 시작하였다. 다들 아쉬운 마음에 내려올 수밖에 없었다.
- 하산길에 빙하 위스키 한 잔!

1시 반에 빙하를 내려와 아이젠을 반납하고 오두막에 모여 아침에 받아 둔 샌드위치로 점심을 먹었다. 따뜻한 햇살 아래 빙하 절벽을 바라보면서 도시락을 먹는 느낌이 너무 평안하고 좋았다.

   3시에 다시 배를 타고 나가 버스로 갈아탔다. 잠시 후 빙하 건너편에 있는 전망대에 도착했고, 짧게 설명을 들은 후 1시간의 자유 시간이 주어졌다.

   제일 앞에 가서 사진을 찍고 빙하를 구경했다. 높이 50m의 얼음 절벽, 좌우 폭이 4km인 얼음덩어리가 수십 킬로미터를 흘러내리는 모습은 정말로 장관이었다. 인간의 왜소함을 다시 한번 느끼게 해 주었고, 수백 년 동안 내려오고 있는 빙하 앞에서 인생의 찰나도 느끼게 해 주었다. 광각 카메라로도 다 채우지 못할 정도로 대단한 빙하였고, 핸드폰 파노라마 촬영으로 해야 전체 모습을 찍을 수 있었다. 그래도 그 사진과 실물의 차이는 너무나 컸다. 북반구에 있는 캐나다, 북유럽, 히말라야의 빙하는 해마다 점점 줄어들고 있는데, 이곳의 빙하들은 아직 점점 커지고 있다고 하니, 그나마 다행이라는 생각이 들었다.

   빙하가 아래쪽으로 계속 내려와 지금은 전망대 쪽 땅에까지 닿아 있는데, 겨울철에 빙하가 더 커져서 강물을 완전히 막아 버리면 빙하로 막힌 곳의 상류 쪽 수위가 급격하게 높아져 빙하를 한꺼번에 터뜨리기도 한단다. 구경하는 도중에 한두 번 대포 소리나 천둥소리가 나기에 처음엔 무슨 소리인가 했는데, 전망대에 가보니 끝에 매달려 있다가 강물로 떨어지는 빙하 소리였다. 다만, 떨어질 것 같은 빙하를 보고 있으면 절대 안 떨어지고, 다른 쪽에서 소리가 나서

- 빙하에서 멀어지면서 만화 영화 '개미'가 생각났다. 우리가 그렇게 크다고 생각했던 세상이 멀리서 보니 매우 작은 일부분이었다.
- 모레노 전망대에서 만난 장면. 사진으로는 절대로 표현할 수가 없다.
- 버스 시간에 맞춰 다시 올라오면서 보니, 빙하의 뒷면과 멀리까지 잘 보여 아래에서 바로 앞에서 보는 빙하보다 더 어마어마했다.

보면 이미 물에 떨어져 물보라만 일으키고 있어서, TV에서 보던 것처럼 빙하가 떨어지는 장면을 찍고 싶은 욕망은 채울 수가 없었다.

5시에 다시 버스로 돌아와서 엘 깔라파테에 6시 반에 도착하여 호텔 앞에 내려주었다. 우리는 Mi Viejo 레스토랑에서 양고기를 포함한 고기모둠(아사도)을 시켜놓고 맥주와 와인까지… 배부르고 행복하게 먹었다. 최 과장이 돈을 적게 주어 생긴 문제에 대한 사과로 와인을 샀다.

흐리고 바람이 많이 불었으면 춥고 힘들었을 텐데, 날씨가 너무 좋아 걷고 보고 사진 찍기에 정말 좋았다. 이번 빙하 트레킹도 잊지 못할 경험이 되었다. 트레킹 전반기의 날씨 운은 너무나 완벽했다. 남은 트레킹에서도 날씨 운이 좋기를 기도해야 할 것 같다.

내일은 토레스 델 파이네로 간다. 이곳 4박 여행이 지나고 나면 이번 남미 여행도 막바지다. 며칠만 더 날씨가 좋았으면 좋겠다.

• 저녁을 먹으러 간 Mi Viejo 레스토랑

12월 3일 패키지여행, 내일을 위한 준비

　패키지여행의 특징은 스피드하게 진행되어 구경거리의 양이 시간 대비 많다는 것이고, 오지 트레킹은 오지까지 가는 중간중간의 이동 거리와 소요 시간이 많아 구경거리의 양이 적다는 것이다. 이번 남미 여행도 패키지이긴 하지만 오지 중심으로 가다 보니 중간중간에 어쩔 수 없이 이동 거리와 시간 소모가 많았다.
　오늘도 아침 9시에 버스에 올라 3시간 후 국경 도착, 국경 통과, 다시 칠레에서 기다리고 있는 버스로 갈아타고 다시 이동, 오후 3시 반에 파이네 국립공원에 있는 Las Torres 호텔에 도착했다. 이것으로 오늘 일정은 끝이 났다. 좀 싱거운 하루였다. 하지만 내일부터 3일간의 트레킹이 중요하니, 컨디션 관리를 해야 하는 날이다.

　아침 7시 반에 일어나 간단히 아침을 먹고 가족들과 카톡을 했다. 한국은 일요일 저녁 7시 반이었다. 아이들과 카톡을 주고받다가 호텔 로비로 나갔다. 인터넷 접속이 오늘 이후 당분간 안 되기에 페북에 남미 중부지역을 올리려고 하는데, 어젯밤 늦게까지 일기를 쓰고 자느라 사진과 글을 정리해서 올릴 틈이 없었다.
　그래서 오프라인으로 버스에서 미리 준비하기로 마음먹고 평소와는 다르게 오늘은 버스에 일찍 올라가 2인용 자리를 차지했다. 옆 좌석에 가방과 책들을 올려놓아야 편할 것 같아 욕심을 부렸다. 버스가 출발하면서부터 사진을 고르면서 살타에서 엘 찰텐까지의 여정을 정리했다.
　사진을 고르고 순서를 정리하다 보니 지나온 여정이 다시 새록새록 떠올랐다. 글까지 써놓고 나니 2시간이 지났다. 초등학교 교사

출신인 이정숙 선생님이 손자들 가르쳐 주려고 보고 있다는 수학책 《1031》을 소개해 주어 남은 시간 동안 버스에서 수학 문제를 풀어 보았다. TV 프로그램 '문제적 남자'에 나오는 문제 유형과 비슷해 게임 하듯 문제를 풀다 보면 오히려 재미있을 것 같았다. 한국에 돌아가자마자 이 책을 사서 봐야겠다.

버스에서 나눠 준 도시락은 지난번 저녁 식사를 했던 '스시 앤 바'에서 만든 김밥이었다. 역시 맛있었다. 나는 11시 반쯤 일찍 버스에서 먹었는데, 다른 분들은 국경에서 기다리는 동안 차 안에서 먹었다. 며칠 동안 트레킹을 하면서 점심으로 샌드위치만 먹어 부실한 느낌이 있었는데, 오늘은 김밥을 먹으니 든든하고 맛도 좋았다.

아르헨티나에서 칠레로 넘어가는 국경은 분위기가 삼엄해 긴장되었다. 그래도 출입국 도장을 받는 데는 문제가 없었다.

오늘 아르헨티나를 떠나 칠레에 두 번째 입국하였다. 버스에서 짐을 다 내려 다시 검사받고 또 싣고 하는 데 시간이 꽤 많이 걸렸지만, 아르헨티나 가이드 겸 운전기사가 서류를 들고 이리저리 뛰어다니고 우리는 가만히 있었으니 우리가 힘든 것은 없었다.

기다리는 동안 키가 크고 멋지게 생긴 서양 남자 둘이 오토바이를 타고 출입국 사무소로 들어왔다. 가죽 점퍼에 헬멧을 썼는데 너무나 멋져 부러워 보였으나 막상 가까이 왔을 때 보니 옷과 머리카락에 먼지가 잔뜩 묻어 실제 모습은 상거지 같았다. 모든 것이 멀리서 보는 것과 가까이서 보는 것은 완전히 다른 것 같다.

- 아르헨티나-칠레 국경을 지나니 멀리 토레스 델 파이네(파이네의 탑들) 국립공원이 보인다.
- 호숫가 근처에 있는 전망대에서 한 컷!
- 토레스 델 파이네의 화강암은 1200만 년 전에 융기되어 올라온 것인데, 화강암 위에 있는 까만 바위는 이끼나 풀이 있어서 색이 다른 것이 아니라, 니암의 변성암인 점판암이어서 그렇게 보인다고 한다.

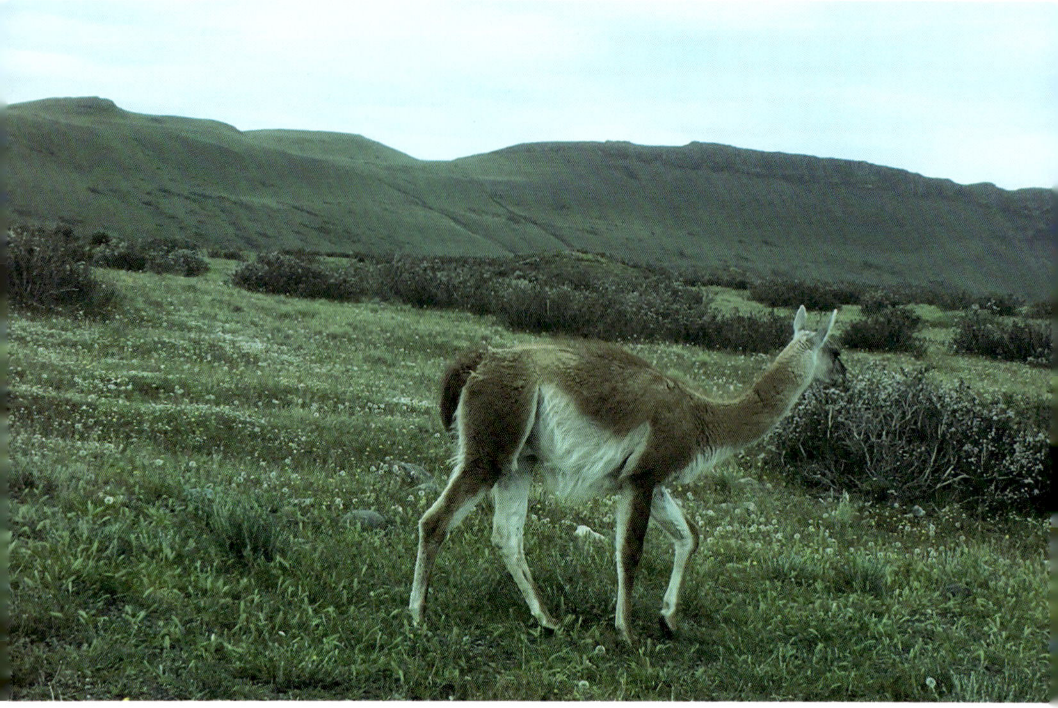

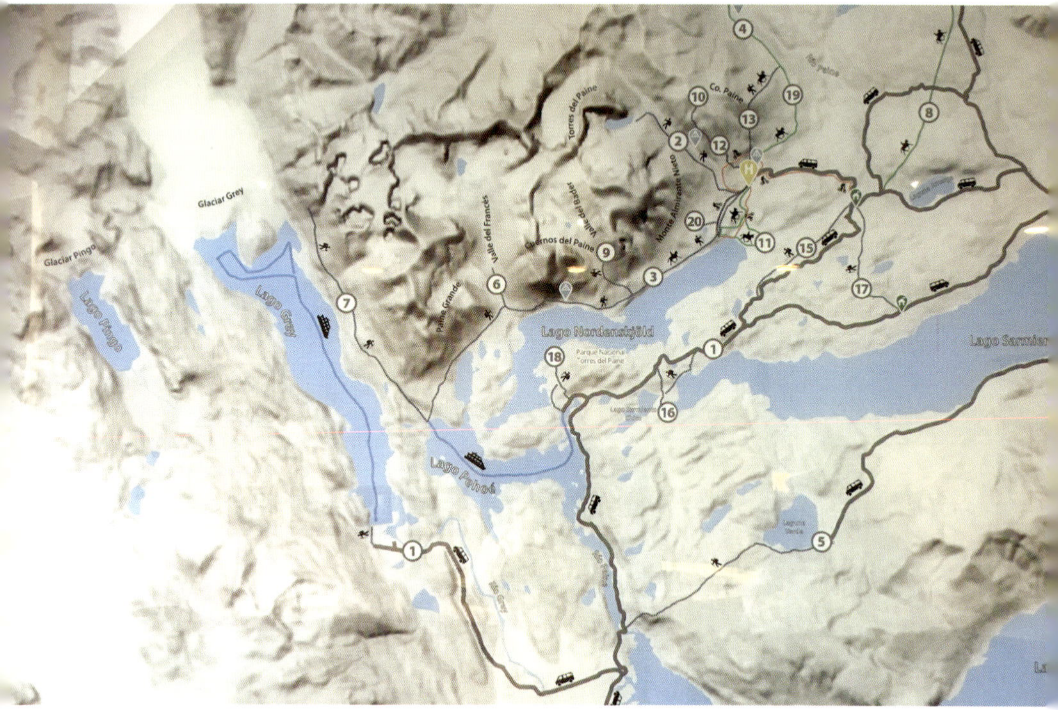

Glaciar Grey
Glaciar Pingo
Lago Pingo
Lago Grey
Valle del Francés
Paine Grande
Torres del Paine
Valle del Bader
Cuernos del Paine
Monte Almirante Nieto
Co. Paine
Lago Nordenskjöld
Parque Nacional Torres del Paine
Lago Pehoé
Lago Sarmien
4
10
19
13
2
12
8
20
11
15
9
3
6
7
17
1
18
16
5
1

칠레 입국 수속을 마친 다음 칠레 버스로 옮겨 타고 1시경 다시 출발하였다. 아르헨티나 가이드는 지금 왔던 길을 되돌아가야 하니 미안하고 고마웠다. 버스를 타자마자 꾸벅꾸벅 졸다 보니, 어느새 토레스 델 파이네(파이네의 탑들)가 눈앞에 펼쳐져 있고, 야생 과나코(구아나코) 떼들이 길가에 어슬렁거리고 있었다.

과나코 떼가 무리 지어 이동하거나 풀을 뜯을 때, 반드시 한두 마리는 미동도 없이 퓨마가 오나 안 오나 망을 보는 역할을 한다는데, 과나코 떼들을 만날 때마다 유심히 보았더니 정말로 한두 마리가 제일 높아 보이는 곳에서 미동도 없이 경계를 하고 있었다.

호텔에 도착하여 시간도 충분하고 인터넷도 되어 미리 써놓은 글과 사진을 페북에 올리고, 다른 분들이 카톡에 올린 사진들을 다운받았다. 그리고 잠깐 잠이 들어 7시 15분 식사 시간에 늦어 버렸다.

저녁 메인 요리는 양고기찜이었고 그전에 맛있는 새우스프가 나왔다. 그리고 후식으로 마테차 아이스크림까지 먹고 나니, 이 호텔이 고급이라는 말이 믿어졌다.

10시 반인데도 아직 밖이 훤하다. 보름달이어서 달도 밝은데 해가 지지 않아 보름달이 밝은지를 모르겠다. 내일부터 토레스 델 파이네의 유명한 'W'자 트레킹 시작이다. 3일간의 트레킹 중에서 제일 힘들고 제일 중요한 날이니, 날씨만 좋기를 기원한다.

- 야생 과나코(구아나코). 남미에 사는 낙타과 네 동물(라마, 알파카, 비쿠냐, 과나코) 중 하나인데, 다른 세 동물은 이미 가축화 되어 있고 과나코는 파타고니아 일대에서 야생 생활을 하고 있어서 더욱 반가웠다.
- 토레스 델 파이네 국립공원 트레킹 지도, 2번-3번-6번-7번으로 이어지는 코스가 유명한 'W' 코스인데, 우리는 가운데를 빼고, 2번과 7번, 3번 일부만 하게 되었다. 전체를 다 돌려면 한 달 코스이고, 'W'자 코스는 4박5일 정도 걸린다.

- 호텔 라스 토레스 파타고니아. 1층 호텔인데 시설과 레스토랑의 식사가 훌륭했다.(오늘같이 이동만 하는 날은 산장에서 자고, 트레킹을 한 날 호텔에서 잤으면 더 좋았을 뻔했다.)
- 슈퍼문이 뜬 날이었는데 하늘이 밝아서 달 밝은 줄 몰랐다. 크기만 크게 보였다.
- 태양도 옆으로 도는지, 노을이 오랜 시간 지속되었다. 조금만 더 남쪽으로 내려가면 백야가 될 것 같다.

12월 4일 먼 듯 가까운, 가까운 듯 먼

어젯밤에 보름달이 떴는데 슈퍼문이었다고 한다. 그런데 주위에 구름이 많아서 별도 잘 안 보이고 달빛도 많이 가려 큰 보름달 모양을 찍을 수가 없었다.

별자리 앱을 열어 남십자성을 찾아보았다. 20년 전 호주에서는 그냥 봐도 알 수 있었는데, 북반구의 북두칠성같이 잘 보이는 남십자성을 찾지 못했다. 시기와 시간이 맞지 않아 못 보는 것인지, 구름이 많아서 그런지 별자리 앱을 열어서 봐도 못 찾겠다.

저녁 식사 전에 잠깐 자서 그런지 잠이 오지 않았다. 오랜만에 《철학 VS 철학》을 읽었다. 역시 읽을수록 기분이 좋아지는 책이다. TV도 없는 방에서 할 일도 없으니 1시 반까지 책을 보다가 잠자리에 들었다.

아침 햇살이 방을 비추기도 했고, 어제 저녁 식사 시간에 늦기도 해 자꾸만 잠이 깼다. 설잠을 자다가 6시 40분에 일어나 샤워를 했다. 아침은 보통처럼 커피 두 잔에 콘플레이크, 삶은 계란을 먹었다. 아침 창밖 풍경이 썩 괜찮은 호텔이었다.

8시에 큰 짐은 호텔에 맡기고, 우리는 드디어 토레스 델 파이네로 트레킹을 시작했다. 호텔 오른쪽으로 가서 다리를 건너니 제주도에서 본 것같이 말은 못 지나가고 사람만 지나가도록 만든 통로가 있었다.

처음부터 완만한 경사에 계속 천천히 오르는 구간이었다. 스틱이 있어서 그리 힘들지는 않았지만 한참 오르막이 이어졌고, 오늘은 맞바람이 정말로 장난이 아니었다.

원래 바람 하면 세로토레라고 했는데, 다행히 우리는 세로토레에서는 바람이 없었고 오늘 이곳의 바람이 더 거셌다. 숲속에서는 견딜 만했는데, 비탈길 사면에 까딱 잘못하면 길옆으로 떨어질까 걱정이 될 정도였다.

또한 먹구름이 끊임없이 밀려오면서 간간이 빗방울이 떨어져 날씨가 더 나빠지지 않을까 염려스러웠는데 다행히 더 흐려지지 않았고, 먹구름도 더 커지지는 않았다.

9시 50분 칠레노 산장에 도착해 보니 완전한 바람골이었다. 화장실만 잠깐 들렀다가 바로 출발하였다. 이곳 산장에도 텐트가 여러 동 있었는데, 흔들리는 텐트 안에서 잠이나 잘 수 있을까 싶었다.

전체 10km 중 8km 지점에 11시쯤 도착했다. 여기서부터 급경사 오르막 구간이 시작되었다. 길도 자갈 바위만 있는 너덜지대여서 오르기가 쉽지 않았다. 그래도 표고차가 400m만 올라가면 돼서, 12시 반에 호수 앞 전망대에 도착했다. 칠레노 산장 표고가 495m이고 토레스 전망대가 875m니까 400m가 좀 안 되는 높이였다.

파란 하늘은 아니지만 그래도 토레스 3봉은 다 보였다. 1500만 년 동안 우뚝 서 있는 암봉의 높이가 가운데는 2,460m, 왼쪽은 2,510m라고 하는데, 그렇다면 눈앞에 있는 봉우리의 남은 높이가 1,500m라는 뜻인데 전혀 그렇게 보이지 않았다. 가까이 가서 보면 엄청 큰 것인데 너무 멀어서 작게 보이는 것일 텐데, 어제의 모레노 빙하도 그렇고, 오늘 토레스 델 파이네의 3봉도 그렇고, 그동안 우리가 보던 크기와는 다르게 보여 가늠이 잘 안 되었다. 바로 밑에까지 가면 수직 절벽이 실감나려나?

- 아침 8시, 준비운동을 한 후 트레킹을 시작했다.
- 계곡 위쪽으로 한참 올라가니 경사가 거의 절벽처럼 보여 바람이 불 때마다 약간 걱정스러웠다.
- 숲을 통과해 마주친 계곡, 맞바람이 불어 정말로 날아갈 것 같았다.

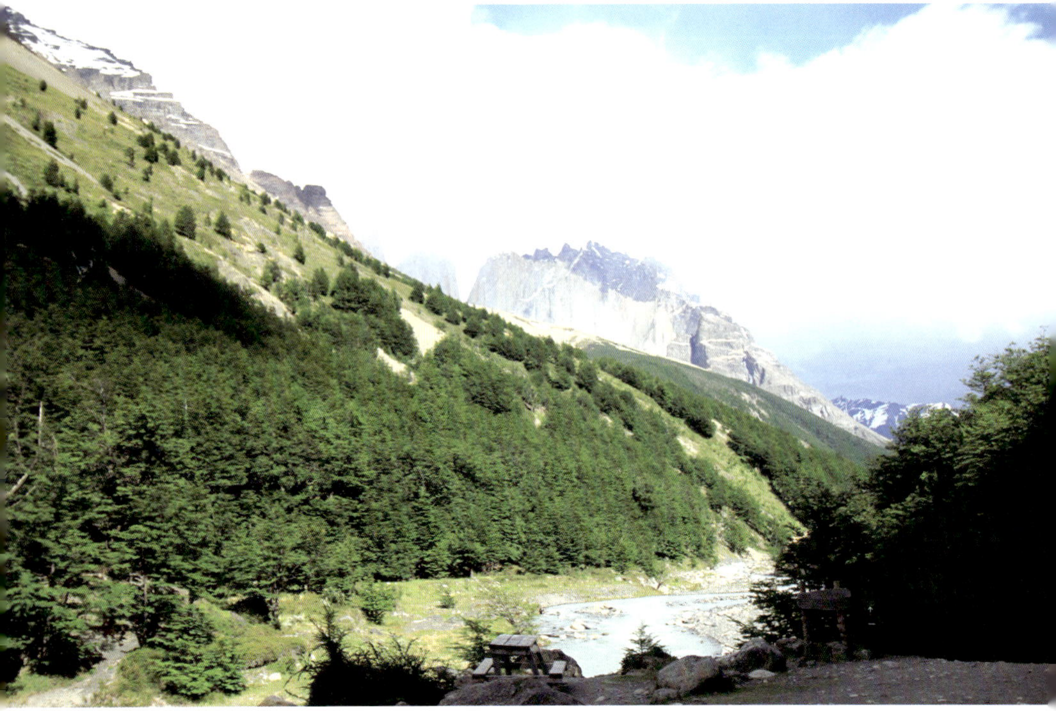
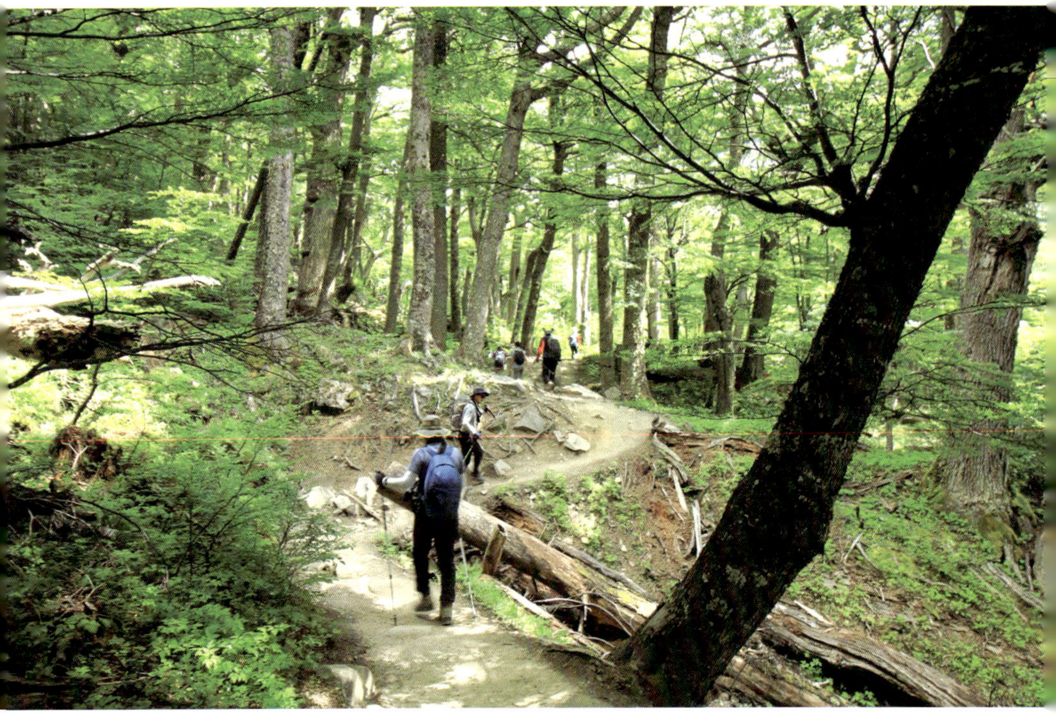

바람 피할 곳을 찾아 샌드위치를 먹었다. 오늘은 햄샌드위치였는데, 케찹과 마요네즈 소스가 없어서 더 퍽퍽했다.

기다려도 파란 하늘은커녕 오히려 바람이 점점 더 심해졌다. 사진을 좀 더 찍고 1시에 하산하기 시작했는데 오른쪽 무릎이 약간 시큰거렸다. 내가 오른발만 자꾸 써서 그런지 오른쪽 무릎에 문제가 생겼다.

내려오는 길은 길고 멀었다. 한참을 걸어 급경사를 다 내려오니 2시, 칠레노 산장에 다시 도착한 시간은 3시 10분이었다. 여기서 차 한잔 할까 하다가 바로 내려와 토레스 호텔에 4시 50분에 도착했다. 거의 9시간 동안 21km를 걸었다. 피츠로이 다음으로 길고 힘든 코스였다. 그나마 다행히 걸어가서 볼 수 있을 정도의 바람이 불었고, 파란 하늘은 아니지만 구름이 토레스 3봉을 가리지는 않았으니 이 정도면 다행이었다.

산비탈의 경사면을 걸을 때는 매우 심한 V자 협곡인데다가 깊이가 너무 깊어서 잉카 트레일 걸어갈 때의 생각도 나고, 말들이 칠레노 산장까지 짐과 사람들을 싣고 다니는 길이다 보니, 길에 말똥이 많아서 티벳이나 네팔의 트레킹 길과 비슷하다는 생각도 들었다.

숲이 길고 트레킹 코스가 많아 트레킹으로 보자면 참 좋은 코스였다. 힘에 부치는 사람은 산장까지 말을 타고 왕복할 수도 있어 이용해도 좋을 것 같은데, 사실 트레커들에게는 안 좋은 환경이다. 말이 지나갈 때마다 길을 비켜 줘야 하고, 말똥 냄새도 많이 나고, 그것을 안 밟으려고 신경도 써야 했다.

어제는 호텔 투숙객이어서 안에 들어갈 수 있었는데, 오늘은 투숙객이 아니어서 못 들어간다고 하여 뒷문으로 투숙객인 것처럼

- 토레스 3봉이 조금씩 보이기 시작했다.
- 중간에 있는 숲속에서는 바람이 잦아들어 잠깐 쉬어가기 좋았다.

- 윤 교장 선생님 부부.
- 현 위치가 875m인데 토레스 중앙봉의 높이가 2,460m라고 하니, 저 암봉의 높이도 1,500m 이상이라는 것인데 실감이 나지 않았다.
- 칠레노 산장에서 토레스 전망대 구간 안내판.
- 길이 미끄럽고 계곡 경사가 심하고 자갈이 많아 말을 타고 가도 말이 미끄러질까 봐 더 겁이 나서 못 탈 것 같다. 그래도 다리가 네 개여서 그런지 잘 내려갔다.
- 호텔에서 600m 정도 떨어져 있는 Refugio Torre Norte 산장.

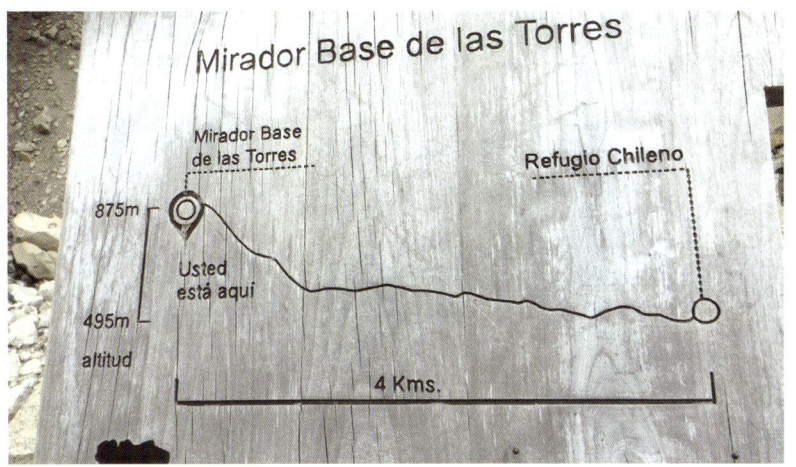

호텔로 들어가 바에 앉아서 맥주를 한 잔씩 마셨다. 한 잔에 1만3천 원이었다.

호텔 바에서 시간을 보낸 우리는 5시 반에 짐을 찾아 Refugio Torre Norte 산장으로 이동했다. 사실 어제는 이동만 하고 힘들지 않은 날이어서 어제 산장에서 자고, 오늘은 피곤하고 땀 흘린 날이니 호텔에서 잤으면 더 좋았을 것 같은데, 산장 예약하기가 어렵고, 해약도 잘 안해 주어 순서가 이렇게 된 것 같다.

산장에서는 2층 침대 4개가 한방에 있어 우리 7명은 같이 잤다. 커플 룸을 사용하듯 부부들이 1, 2층 침대를 사용하고 독방 쓰는 내가 1층 하나를 사용했다. 2층 침대 높이가 낮아서 1층 침대에 앉아 있을 수가 없고, 방도 좁아서 가방 놓을 자리가 부족하여 가방을 열려면 복도로 들고 나가야 했다. 공동 화장실과 공동 샤워실은 기본이었다. 오늘 여기서 1박 하고 내일 Grande 산장에 가서 2박 해야 하는데, 많이 불편하지 않을까 걱정된다.

그래도 침구는 깨끗하고 난방도 잘 되어 이 정도면 산장 중에서는 최고라고 할 수 있다. 침낭을 안 가져와도 되는 산장이니 산장 중에서는 호텔급이다.

저녁을 먹기 전 다른 분들이 씻을 동안 나는 미리 일기를 썼다. 식사 후에는 방에 불을 켜고 있기가 어려울 것 같다.

12월 5일 에메랄드빛 빼오에 호수

어제 저녁 Norte 산장은 짐까지 들여놓기에는 너무 좁았지만 침구가 깨끗하고 푹신한 것은 좋았다.

7시 반에 산장 식당으로 갔다. 현지 가이드가 미리 계산을 하고 자리까지 잡아놓았다. 경치 좋은 자리에 앉아서 메뉴를 기다리는데, 야채와 빵은 계속 갖다 주었고, 메인으로 나온 돼지고기 덮밥도 꽤 괜찮았다. 야채에 발사믹 소스, 올리브 오일을 뿌리고, 남은 양념을 빵으로 닦아 먹으니 그릇마저 깨끗했다.

쿠키 아이스크림 디저트까지 먹고 거실 쪽으로 와서 엘 깔라파테에서부터 가져온 와인을 한두 잔씩 나눠 마시고 잘 준비를 했다.

가방을 열고 옷정리를 했다. 내일부터 그레이 빙하 쪽 산장에서의 2박용으로 작은 가방을 따로 싸야 했는데, 아침에 샤워하면서 바로 입을 옷, 빨랫거리로 보관할 옷, 2박3일 동안 챙겨 넣을 옷 등을 나누기로 하고, 세수와 발만 씻었다.

다른 분들은 모두 잠자리에 들고 나는 《철학 VS 철학》 책을 들고 나와 거실에서 읽었다. 챕터별로 되어 있어 잘 읽혔다.

11시가 되어도 하늘이 파랗고, 해가 진 곳은 아직도 여명이 남아서 별이 잘 보였다. 별자리 앱을 켜서 확인해 보다가 거실에서 졸고 있는 최 과장을 깨워 같이 자러 들어갔다.

차가운 벽에 살이 닿으면 자꾸 깨어 깊은 잠을 자진 못했다. 6시 반에 누군가 일어나면서 동시에 모두 일어났다. 나도 얼른 샤워를 하고 옷을 갈아입고 트레킹 옷을 챙겨 놓았다.

시간이 빠듯해 아침을 간단히 해결하고 배 시간에 맞춰 7시 40분

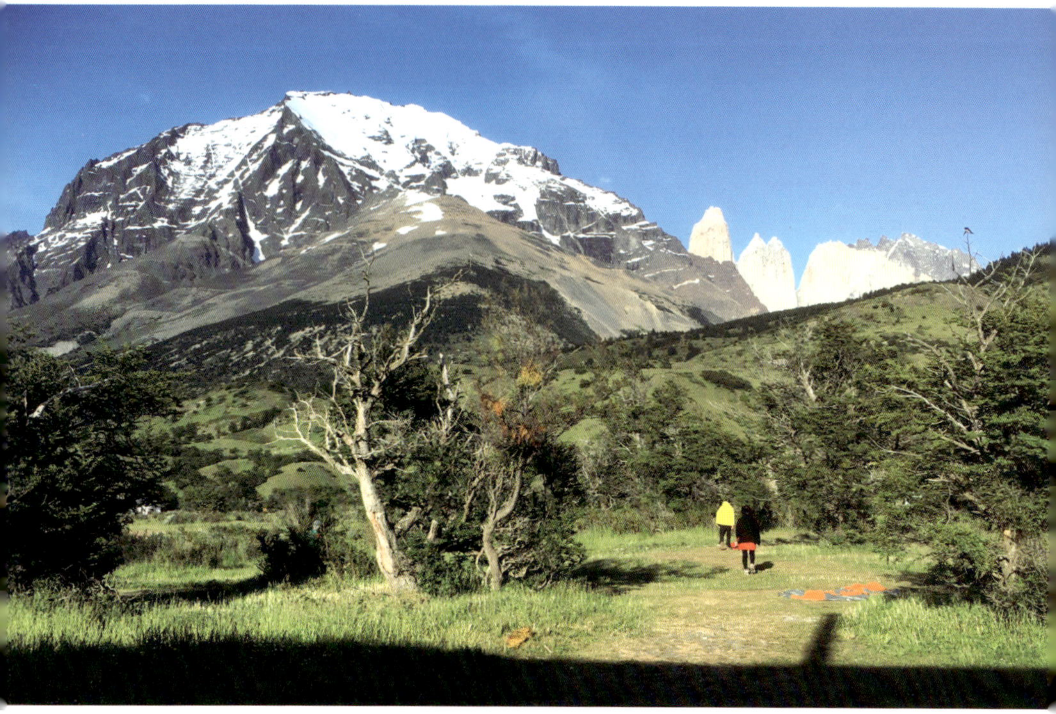

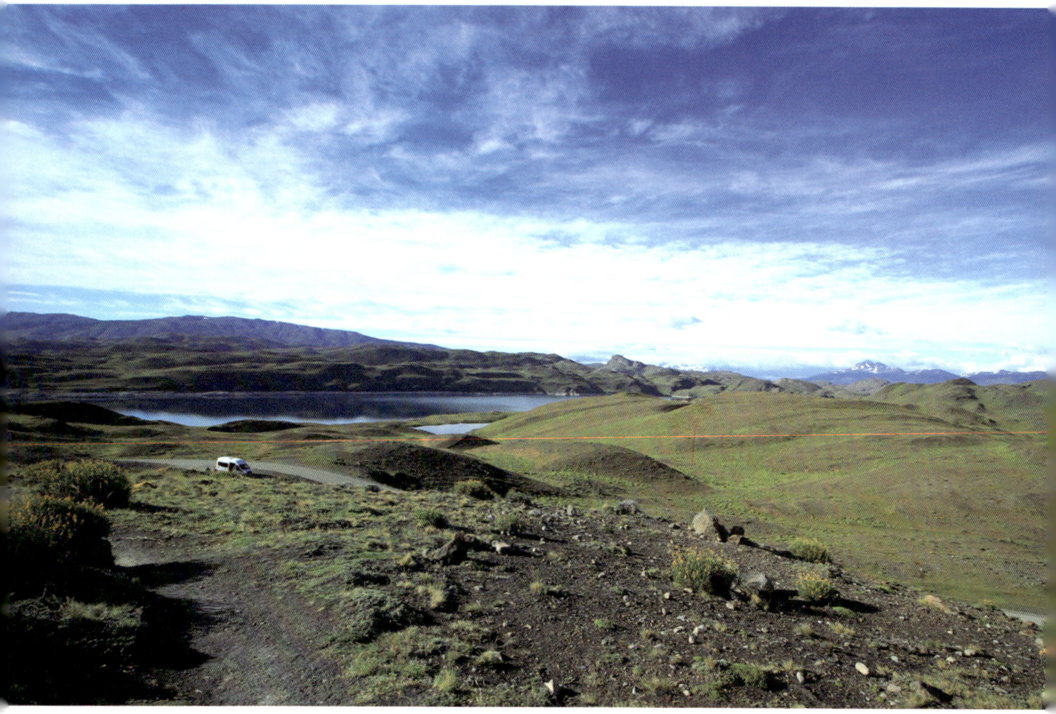

에 버스에 올랐다. 오늘도 역시 큰일을 치르느라 종종거렸지만, 그래도 장기간 여행 중에 아침마다 화장실에 잘 가게 되어 하루 종일 난처한 일이 없었던 것이 다행이었다.

버스로 조금 달려 보트 선착장에 도착했다. 뻬오에 호수를 지나면서 토레스 산군의 멋진 모습이 파란 하늘과 어우러져 탄성을 자아내게 했다. 큰 짐은 버스에 놔두고 작은 짐만 들고 9시에 배를 타고 30분 이동한 후 그란데 산장에 내렸다.

작은 짐도 산장에 맡기고 우리는 뻬오에 호수를 따라 트레킹을 시작했다. 에메랄드빛 호수와 토레스들의 병풍 같은 풍경이 너무 좋았다. 여유 있게 걷다가 양지 바른 곳에서 샌드위치 점심을 먹고 3km 정도 더 갔다가 다시 천천히 돌아오다 보니 아프던 오른쪽 무릎이 오히려 괜찮아졌다.

2시경 산장에 도착해서 다른 분들은 쉰다고 할 때 조 선생님과 나는 더 걷기로 했다. 철학책도 안 가져오고 와이파이도 안 되어 걷는 게 좋을 듯했다.

방 배정을 받고 바로 다시 트레킹을 시작했다. 내일 가는 코스 말고 이탈리아노 산장 쪽으로 갔는데, 2011년 이스라엘 여행객의 실수로 불이 나 하얗게 타버린 나무들이 많이 있었다. 한 번의 실수라고 하기엔 그 피해가 엄청났다.

이탈리아노 산장으로 가는 길에 스코뜨베르그 호수를 만나 그 옆을 따라 걷는데 바람이 무척 거셌다. 그동안 파이네 국립공원에 바람이 세다는 이야기를 들었는데, 오늘 오후에 제대로 맞은 것 같다.

- 토레스 델 파이네 노르테 산장 식당에서 바라본 풍경. 토레스 3봉 중에 2봉이 잘 보인다. (저기 보이는 봉우리가 우리가 어제 본 토레스 3봉인가 아닌가에 대한 이야기가 나왔는데, 나는 '맞다'에 한 표.)
- 뻬오에 호수 선착장으로 가면서 전망대 언덕 위로 올라갔더니, 사방으로 보이는 파노라믹 뷰가 환상적이었다.

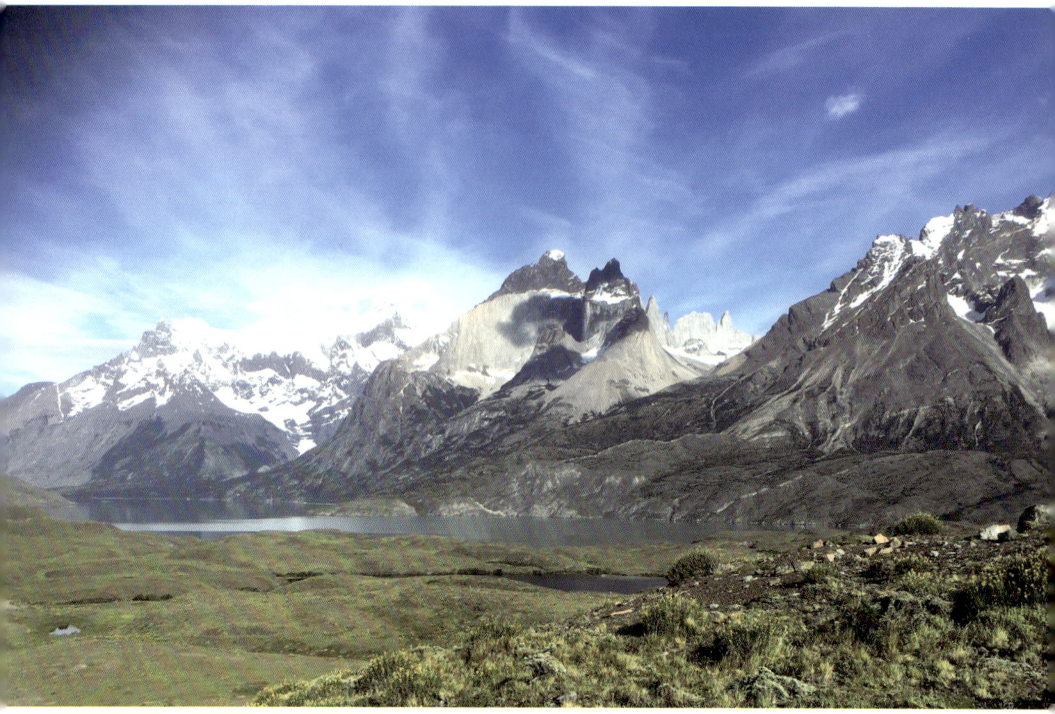

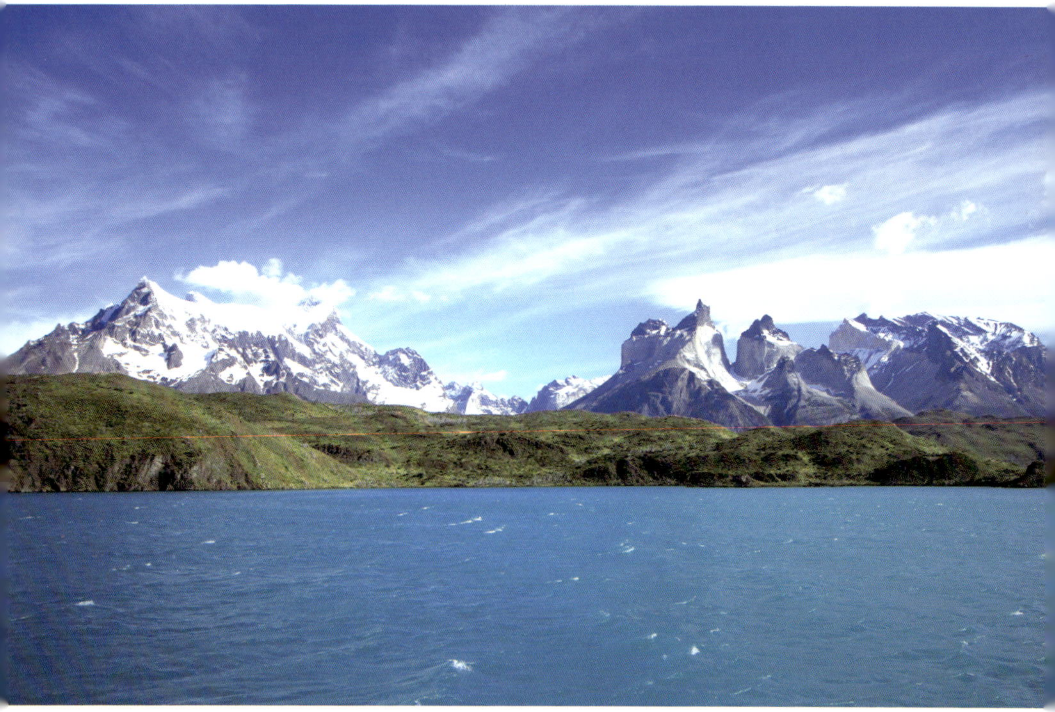

　조금 더 가보기로 하고 언덕을 넘으니 두 번째로 다른 호수가 나타났다. 이 부근에 하얗게 타버린 나무들도 많고, 바람 소리도 기괴했다. 이미 5.4km를 걸었고(7.5km 거리의 이탈리아노 산장은 아직 멀었고) 더 가면 안 될 것 같아서 발길을 돌렸다. 바람이 처음보다 더 거세져 산장에 도착할 수 있을까 걱정했는데, 6시경 그런데 산장에 도착했다.
　저녁을 먹으며 맥주를 한잔 할까 하다가 내일 마지막 트레킹이 남아 있어 참기로 했다. 내일 하산 후 축하를 해도 늦지 않았다.
　산장 음식이 안 좋으면 라면을 먹을까 했는데, 다들 만족해했다. 오늘도 17km 이상을 걸었더니 오른발에 물집이 다시 생겼다.

- 오른쪽 토레스 델 파이네 구간과 왼쪽 그레이 빙하 사이 구간을 가로지르는 트레킹 코스를 걷는 것이 유명한 W자 코스인데, 우리는 가로 구간을 버스와 배로 건너뛰었다. 산불로 풍경이 많이 훼손되어 코스를 변경했다고 한다. 우리는 11자 코스 트레킹을 했다.
- 처음엔 배 안에 앉아 있었는데, 창밖 풍경을 보고서 밖으로 나올 수밖에 없었다. 왼쪽이 Paine Grande, 오른쪽 코뿔소 모양이 Cuernos del Paine.
- 뻬오에 호수를 따라 걷는 길에 빙하가 녹아 만들어진 에메랄드빛 호수를 만끽할 수 있었다.

- 2011년 이스라엘 여행객이 쓰레기를 태우다 산불이 나서 많은 나무들이 탔는데, 여기까지 그 흔적이 남아 있다. 바람이 워낙 센 곳이어서 산불을 끄기가 불가능했을 것 같다.
- 바람이 센 곳이어서 그런지, 시시각각 변화하는 흰 구름도 파이네 산군과 호수와 더불어 함께 아름다웠다.

- 고개를 넘으니 두 번째 호수가 나왔다. 이탈리아노 캠핑장까지 가볼까 했으나, 해가 지고 있고 바람도 점점 더 거세져 5.4km 정도 구간에서 되돌아왔다.
- 산장의 6인용 도미토리. 파이네 그란데 산장에 오니 장기간 여행 중인 한국 배낭여행객들이 많았다. 대부분 산장 예약을 못해 산장 밖의 텐트를 빌려서 잔다고 했는데, 밤에 많이 추워 힘들어했다. 산장 안의 우리도 핫팩 하나씩 가슴에 품고 자야 했다.

12월 6일
그레이 빙하를 보며 트레킹을

어제 10시쯤 잠자리에 들어 아침 6시까지 잘 잤다. 다행히 오늘은 어제보다 바람도 약하고 구름도 없다. 날씨 운이 좋아서 정말 다행이다.

이 산장은 한번 예약하면 취소 환불이 안 된다. 처음 아내가 계약을 했다가 못 오게 되어 식권이 한 장 여유가 있었다. 한국 배낭여행객 중 텐트에서 밤새 춥게 잔 사람에게 주었더니 무척 좋아했다.

8시에 출발하였다. 땀이 나고 열이 날 것을 대비하여 방풍 옷을 벗고 시작하려 했는데, 초반부터 바람이 너무 거세어 방풍 재킷을 입지 않을 수가 없었다. 처음에는 작은 호수가 나타나고 좀 더 가니 그레이 호수와 전망대가 나왔다. 3.5km 지점이었다. 9시 40분 그레이 빙하 전망대에 도착했는데, 해발 50m에서 출발하여 200m 정도 오르는 것이어서 그리 힘들지 않았다.

보통 팀은 여기서 반 정도가 되돌아간다는데 우리 팀은 끝까지 가겠다는 의지가 불타올랐다. 또 너무 이른 시간이어서 그레이 산장을 향해 더 갔다. 지금까지 많이 불던 바람도 전망대를 지나 하산길에 들면서 숲이 나오니 잦아들었다. 여기서 모두 외투를 벗었다.

전망대에서 보면 가운데 섬이 빙하를 양쪽으로 나누고 있었다. 저 멀리서 밀려오는 빙하의 모습이 거세게 밀려오는 계곡물처럼

- 길고 완만한 계곡길을 올라가 처음 만난 파토스 호수.
- 해발 50m에서 200m로 올라오면 파토스 호수이고, 50m 정도 되는 작은 언덕을 넘으면 그레이 호수가 나타난다.
- 파토스 호수를 지나 산길을 따라 걷다 보면 커다란 그레이 호수 전망대가 나온다. 호수 왼쪽 끝에서 출발하여 오른쪽 끝의 빙하까지 유람선이 다닌다.

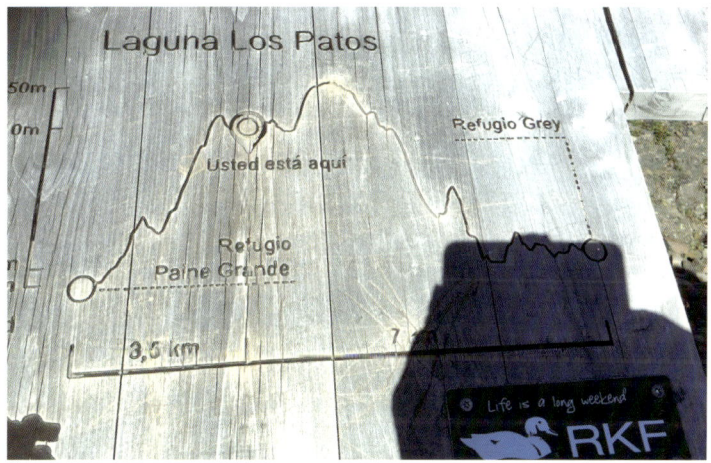

보였다. 그것도 일어서서 내려오는 성난 계곡물 같았다.

    7.5km를 부지런히 걸었는데 거의 평지여서 수월했지만, 숲속 길과 왼쪽에 호수, 오른쪽에 가파른 산이 있어 전혀 지루하지 않았다.

    12시 10분경 드디어 그레이 산장에 도착했다. 여기서 도시락을 먼저 먹기로 했다. 매점에서 최 과장이 산 사발면과 같이 샌드위치를 먹으니 별미였다. 샌드위치 반 개에 사발면 국물까지 다 마셔 속이 든든했다.

    보통은 여기까지가 코스인데, 우리는 800m 더 빙하 전망대까지 가기로 하고, 짐은 산장에 두고 가볍게 1시에 출발하여 전망대에 도착하였는데, 앞선 전망대보다 더 빙하에 가깝게 갔지만 여전히 4km 이상 멀리 떨어져 있고, 섬에 가려서 왼쪽은 보이지 않고 오른쪽만 보여 전망으로만 보자면 앞의 전망대보다 못한 것 같았다. 훨씬

- 호수 오른쪽에 파이네 국립공원 산이 펼쳐져 있다.
- 작은 언덕을 넘으니 멀리 그레이 빙하가 보이기 시작했다.
- 그레이 빙하로 가는 오른쪽 길과 그레이 빙하 첫 번째 전망대.
- 파이네 그란데 산군 봉우리들.

CHILE

가깝게 다가갔지만 그렇다고 빙하가 더 커 보이는 것도 아니었다. 하지만 끝까지 와 보았다는 성취감에 모두 행복해했다. 단체사진을 찍고 다시 그레이 산장으로 왔다.

최 과장은 산장에서 짐을 지키고 있었는데, 그 사이에 여우가 다가와서 사진을 찍었다고 보여 주었다. 막상 보면 개와 구분하기 어려울 것 같은데, 꼬리가 다르긴 했다.

다시 배낭을 메고 2시에 출발하여 부지런히 걸었다. 오늘은 왼쪽 등산화 바깥쪽이 자꾸만 복숭아뼈에 걸려 걸을 때마다 아팠다. 등산화에 문제가 있는 것 같다.

잠깐 쉬었다가 계곡의 빙하물을 물통에 채우고, 방풍 재킷을 입고 초콜릿을 하나씩 먹었다. 앞선 전망대로 오르는 등산길 이후 완만해서 돌아오는 길이 더 지루하고 힘들었는데, 이번에는 힘들지 않게 하산했다.

5시 50분, 마침내 Refugio Paine Grande 산장에 도착했다. 왕복거리 25.6km로 거리로는 제일 긴 구간이었지만, 표고 고도차가 심하지 않아 피츠로이 때보다 시간은 덜 걸렸다.

며칠 동안 20km 이상 트레킹을 계속하다 보니, 이젠 트레킹에 맞는 몸이 된 것 같다. 평지뿐만 아니라 언덕길도 오히려 쉽게 느껴지고 하산길도 괜찮았다. 다들 뿌듯하고 행복한 마음에 등산화 끈을 풀지 못했다. 산장 앞에서 토레스 델 파이네 트레킹을 잘 마친 것에 감사하며 단체사진을 찍었다.

문제는 그 다음에 벌어졌다. 내일 칠레-아르헨티나 국경을 넘으

- 호수 옆길을 따라 가서 제일 앞쪽에 볼록 튀어나온 곳이 오늘의 목표, 그레이 빙하 제2전망대.
- 그레이 산장, 파이네 그란데 산장에서 10.5km 거리에 있다.
- 우리는 제2전망대로 향하고, 최 과장이 산장에 남아서 짐을 지키고 있는 동안 주위를 어슬렁거렸다는 여우.

려면 점심 때 받은 사과를 가지고 갈 수 없다. 버리긴 아깝고 7시 저녁 시간까지 기다리기엔 배가 고파서 작은 사과 하나를 다 먹었다. 그런데 20분쯤 후부터 손바닥이 가렵기 시작했다. 저녁을 먹을 때는 가려움증이 점점 심해져 발바닥, 사타구니, 목과 등까지 가려웠다. 구토도 할 뻔했다. 최 과장이 준 알레르기 상비약을 먹고 저녁 식사를 했다.

컨디션만 좋았다면 가지고 있던 칠레 돈으로 와인도 사고 닭다리도 하나 더 먹었을 텐데. 컨디션이 점점 나빠져 얼른 식사를 끝냈다. 나 때문에 분위기가 가라앉아서 죄송했다.

억지로 토할 수도 없어 얼른 2층 침대에 올라가서 배에 손난로를 올려놓고 누웠다. 그리고 금방 잠이 들었다.

어릴 때는 괜찮았는데 10여 년 전 복숭아를 먹고 알레르기가 생기더니 이젠 사과에도 생겼나 보다. 이런 게 나이 드는 것일까? 가려야 할 것들이 점점 많아진다.

- 바위 언덕 위에서 바라본 그레이 빙하. 섬에 가려 오른쪽만 보여 제1전망대에서 보는 것보다 작아 보였다. 7km 이상 가까이 왔는데도 별로 커보이지 않았다. 여기서부터 또다시 4km 이상 걸어가면 빙하 바로 옆으로 가서 볼 수 있다는데, 시간도 없고 모레노 빙하 트레킹을 했으니 여기서 만족해야 했다.
- 되돌아감을 아쉬워하면서 찍은 단체사진.
- 파이네 그란데 산장에 도착하여 토레스 델 파이네 3일 트레킹을 무사히 마친 것을 축하하면서 단체사진을 또 찍었다.

12월 7일 다시 엘 깔라파테로 이동하다

어제까지는 트레킹으로 힘든 날이 계속되었고, 오늘은 다시 이동만 하는 날이다. 어제 저녁 컨디션이 좋았더라면 뒤풀이를 했을 텐데, 내가 알레르기 반응으로 일찍 침대에 눕는 바람에 많이 아쉬웠다.

6시 반에 일어나 보니 컨디션이 괜찮아졌다. 전날 손난로 덕을 봤기에 다른 분들에게 손난로를 하나씩 나눠 드렸다.

그동안 우리는 대중교통을 이용하지 않았고, 유스호스텔이 아닌 좋은 호텔에 묵어 배낭여행객을 만날 기회가 별로 없었다. 그런데 여기서는 1년 이상 계획으로 여행 중인 한국인 친구들을 여러 명 만났고, 다른 여행객들도 많이 만났다. 이곳이 유명하고 꼭 들러야 하는 곳이라는 생각이 들었다. 오늘도 우리 팀에 한 장 더 남은 식권을 그 친구들에게 주었다.

아무튼 41일간 여행을 하면서도, 1년 이상 배낭여행을 하는 젊은 청년들을 보면 부럽기만 하다. 부러움엔 끝이 없나 보다.

산장 앞에 앉아서 기다리다가 9시 반에 배를 타고 나왔다. 미리 줄을 설 필요는 없었는데, 모두 마지막 떠나는 발걸음을 아쉬워했다. 배를 타고 나오는데 바람이 점점 거세져 사진 찍기가 힘들 정도였다. 오늘 같은 날 트레킹을 하는 것은 더 어려울 테니, 더욱 우리 팀의 날짜와 날씨에 대한 행운에 크게 감사했다.

- Paine Grande와 Cuerno Principal.
- 배를 기다리면서 빼오에 호수 구경을 더 했다.

　이제 칠레는 마지막이었다. 도장도 쉽게 받았고, 다행히 줄도 짧아서 금방 끝났다. 칠레 출국 수속 후 국경 식당에서 더운 물을 사서 조 선생님이 갖고 있던 사발면과 함께 샌드위치 도시락을 먹었다. 더운물 값은 1개당 3,000원씩인데, 아무도 비싸다는 생각을 하지 않았다. 비쌌지만 맛있게 먹었다.

　내가 가지고 있던 19,000페소를 더해서 25,000페소짜리 과일주를 사서 마셨는데, 조 선생님이 다른 과일주 한 병을 더 샀다. 20도짜리여서 마치 북한 들쭉술을 마시는 느낌이었다.

- 배가 도착하기 전에 다른 사람들이 먼저 줄을 서 있어서 정원이 초과되어 못 타는 것은 아닐까 싶었는데 다행히 모두 탈 수 있었다.
- Cuerno Principal 위에 구름이 멋있어서 한 컷!

- 배에 부딪히는 포말이 심하여 배 뒤편에 무지개가 생길 정도였다.
- 갈 때 들렀던 전망대에 나올 때도 정차하였다. 갈 때는 날이 흐렸는데, 나올 때는 파란 하늘이어서 보기에 더 좋았다. 다만, 바람이 세서 잔잔한 호수에 비치는 모습은 찍을 수 없었다.

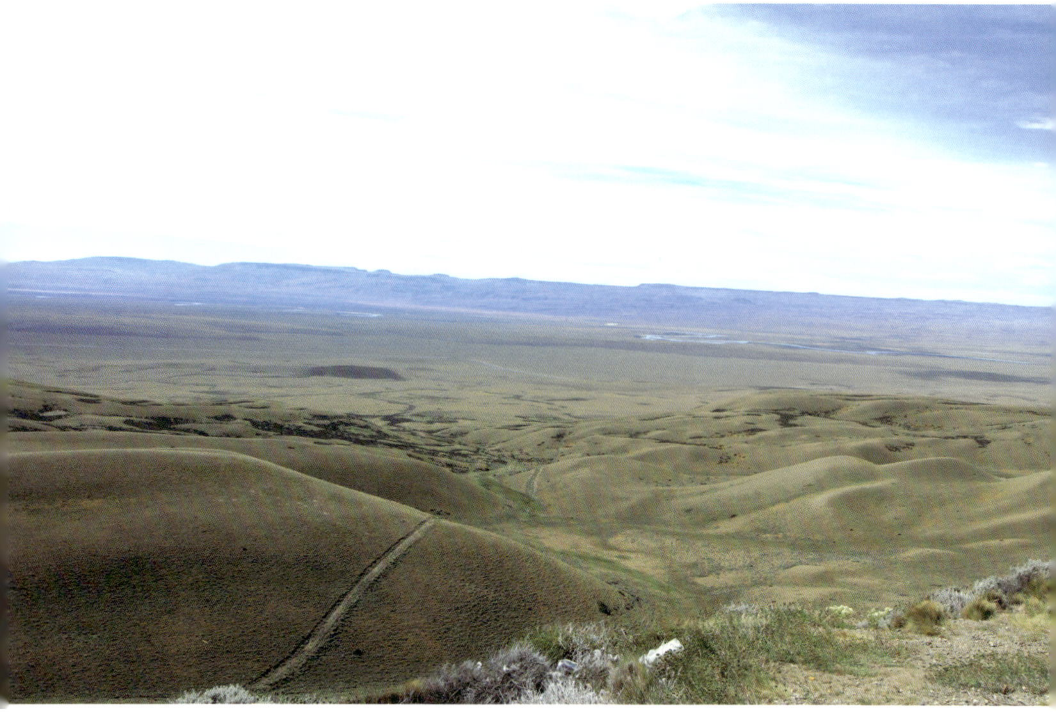

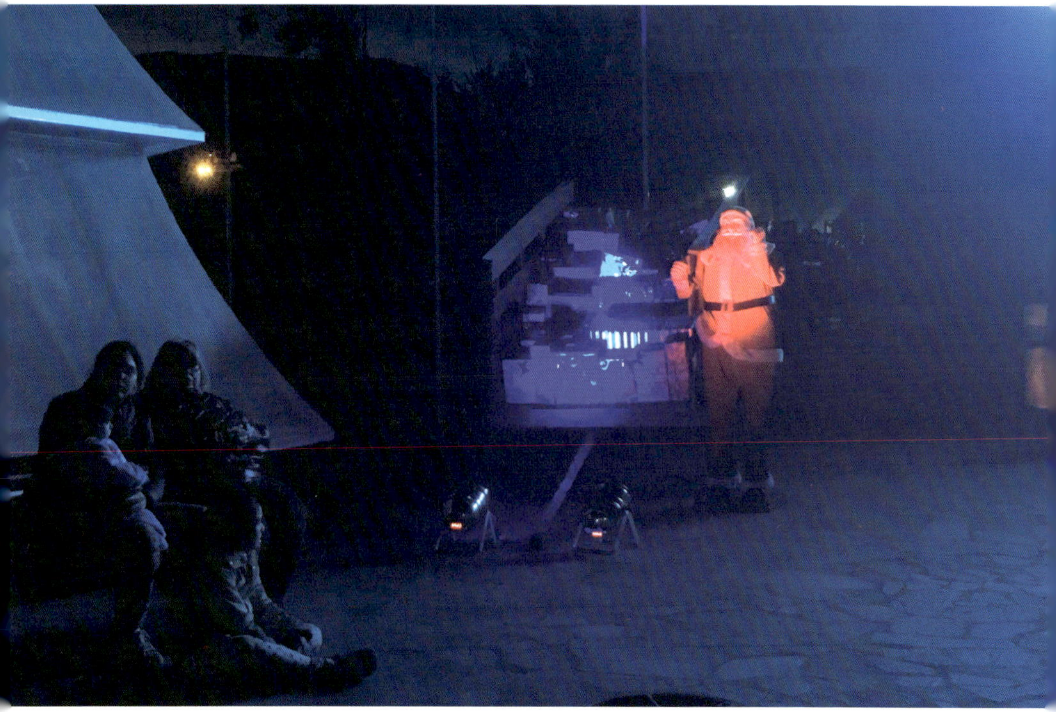

2시에 아르헨티나 입국 도장을 받고 나서 지루한 버스여행이 다시 시작되었다. 여전히 바람은 거셌고, 중간에 주유 한 번 하고 계속 달려 5시 반에 엘 깔라파테 파타고니아 퀸 호텔에 도착했다.

오랜만에 와이파이를 하면서 더운물에 목욕을 하고 로션을 발랐더니 개운했다. 오늘 저녁은 자유식이어서 400페소씩 받았다. 고기파와 초밥파로 나뉘었는데, 이 선생님이 오늘 술을 사겠다고 하여 1차로 지난번에 갔던 일식집에서 밥과 술을 먹고, 2차로 고기와 와인을 먹기로 했다. 역시 초밥은 맛있었다. 맥주와 사케를 배부르게 먹고, 남자 다섯이 지난번 스테이크집에 가서 안심스테이크와 와인 2병을 나눠 마시고 호텔로 돌아왔다.

술을 마시면서 많은 이야기를 하다 보니 정치 이야기를 하게 되고, 그러다 보니 서로 듣기 거북한 이야기를 하게 된 것 같다. 이런 만남에서는 정치 이야기, 종교 이야기는 하지 말아야 하나 보다.

핸드폰으로 한국 팟캐스트를 들으면서 한국 뉴스를 듣다가 잤다.

- 아르헨티나의 대평원 지대를 지루하게 달려 엘 깔라파테까지 이동하였다.
- 밤이 되니 크리스마스 준비를 하는 마을 사람들이 보였다. 남반구에서는 한여름의 크리스마스라고 더운 크리스마스를 생각했는데, 여기는 한참 남쪽이어서 쌀쌀한 크리스마스였다.

12월 8일 그 양주병을 따지 말았어야 했다

남미 대륙의 끝, 야마나 부족의 고향이었지만 마지막 야마나 할머니마저 죽은 후 야마나족이 사라진 곳. 마젤란이 연기가 나는 것을 보고 '불의 대지'라 소개한 파타고니아의 본고장 우수아이아로 왔다.

아침 7시 아침을 간단히 먹고 8시 반 공항으로 향했다. 아침 시간이 여유로워 가족들과 카톡을 했다. 한 달 동안 못 보았으니, 많이 보고 싶다.

비행기가 약간 연착했지만, 많이 늦지는 않았다. 12시 반 우수아이아 공항에 도착하여 곧장 Hayas 호텔에 짐을 맡긴 후 시내에 가서 점심을 먹기로 했다. 이 도시에서는 킹크랩을 먹기로 되어 있어 곧장 El Vejo Marino 식당으로 갔다. 7명이 네 마리를 시켰는데, 약간 적은 듯했지만 맛이 훌륭했고, 게 등딱지에 밥을 비벼 배부르게 먹었다. 한 마리에 800페소, 64,000원 정도이니 한국과 비슷하거나 약간 싼 정도였다.

작은 도시여서 둘러볼 것이 별로 없었다. 1906년에 오픈한 카페에 가서 흑맥주를 시켰는데, 펭귄 주전자도 특이했고 맥주 맛도 좋았다. 실내 인테리어도 옛 모습 그대로 잘 보존되어 있어 유적지에 앉아 있는 느낌이었다.

- 우수아이아에 도착하여 곧장 호텔로 갔는데, 호텔이 언덕 위에 있어서 마을 전경은 좋았으나 시내 나가기는 불편했다.
- 남극 대륙으로 왕복하는 배들이 여럿 있고, 남위 55도가 넘어서 해변 주위의 낮은 산에도 만년설이 쌓여 있었다.
- El Viejo Marino(옛 선원) 레스토랑. 킹크랩 전문점이었는데, 문 열기 전부터 기다리는 사람들이 많았다.

　　남위 55도이고 땅 끝이면서 대서양과 태평양 사이여서 그런지 구름이 많고 습하여, 겨울의 유럽처럼 기온이 낮은 것은 아닌데 뼛속까지 추위가 느껴졌다.

　　7시 반 호텔 식당에 모였다. 오늘 저녁에 돈을 아껴서 내일 킹크랩을 또 먹기로 하고 스테이크를 4인분만 시켰다. 직원에게 약간의 팁을 주고 잔을 부탁하여 스페이사이드 싱글 몰트 위스키 한 병을 마셨다. 오랜만에 이탄향을 맡으니 기분이 좋았다. 더욱이 맥주를 마셔서 약간 취기가 있어서 그런지 더 맛있었다.

- 호텔에서 바라본 밤 11시 야경.
- Ramos Generales 카페. 1906년에 오픈한 유서 깊은 카페다.
- 카페 옆에는 옛 가구나 사진들을 모아 박물관처럼 전시를 하고 있었다.

    식당에서 눈치를 보며 마시다가 모두 내 방으로 옮겨 글렌리벳 양주 한 병을 더 열었다. 당시에는 분위기가 너무 좋았지만, 결과적으로 이 양주는 열지 말았어야 했다.

    두 병째 병이 비어 갈 즈음 분위기는 한껏 달아올랐지만, 나는 결국 바닥에 쓰러져 잠들어 버렸다. 그 바람에 다른 분들도 금방 헤어져 별일은 없었지만, 비싼 술도 아깝고 소중한 시간도 아까운 생각이 들었다.

12월 9일

파타고니아에서의 마지막 트레킹

8시, 최 과장의 노크 소리에 눈을 떴다. 머리는 괜찮은데 속이 매스꺼웠다. 그래도 마지막 트레킹 날이어서 등산화와 스틱을 챙겨 8시 반에 모여 출발하였다.

Tierra del Fuego(불의 대지) 국립공원. 마젤란이 처음 이곳을 지날 때 곳곳에서 원주민들이 연기를 피워 '연기의 대지'라고 했던 것을, 나중에 더 과장해서 '불의 대지'라고 소문이 났는데 그 이름이 계속 사용되고 있다.

냉대지방이어서 그런지 쭉쭉 뻗은 침엽수들, 너도밤나무, 얕은 계곡물을 바라보면서 푹신한 흙을 밟으며 숲속을 걸으니 자연 숙취 해소가 되는 것 같았다. 심호흡을 하며 걸었다. 나뭇가지 사이사이에 살구 같은 주황색 열매가 달려 있는데, 씨타리아 버섯이라고 한다. 잉카인들의 식빵이라 불렀다고 하여 맛을 보니 보통의 버섯처럼 아무 맛이 없었다.

이곳은 칠레와 국경이 맞닿아 있는 곳이어서 산과 호수를 반씩 갈라 경계를 이뤄 국경 모습이 이상했다. 알래스카에서부터 시작하여 판아메리카 하이웨이가 17,848km를 달려와 끝나는 곳이기도 하다. 이 남쪽의 점을 찍고 나니 판아메리카 하이웨이의 북쪽 끝인 알래스카에도 가보고 싶은 생각이 들었다.

비글 해협 바로 앞에는 사시사철 바람이 불어 나무들이 많이 휘어 있었다. 이 나무들을 깃발나무라고 부르는데, 역시 바람은 차고 습하고 강했다. 여름이어서 밤 11시에도 하늘은 파란데, 날씨가 습하고 추워 사람 살기는 힘든 곳 같다. 겨울에는 더욱더 살기 어려워

• 호텔에서 아침에 본 우수아이아 풍경. 왼쪽에 우수아이아를 대표하는 두 산봉우리가 있다.
• 대륙의 끝 우수아이아 표지판 그림.

- 나무가 크고 속이 비어 있어서 나무 속에 몸을 숨길 수 있었던 너도밤나무(Lenga). 남위 56도가 생장한계선이라고 한다.

옛날에 이곳 원주민이었던 야마나족은 에스키모처럼 바다사자를 주식으로 잡아먹었다는 이야기가 이해가 간다. 그들은 사는 환경과 주식이 비슷했던 것 같다.

비글 해협은 마젤란 해협보다 남쪽에 위치해 있다. 1519년 함선 5척에 240명으로 구성된 마젤란 탐험대는 대륙의 끝에 다다랐을 때 바람과 돌풍과 한기가 가득한 바다에서 사투를 벌이다가 작은 해협을 발견하고 그리로 들어갔다. 그는 그 해협 안에서 많은 불빛을 보았다고 기록했다. 그리고 배를 돌리지 않고 계속 앞으로 나아가 결국 태평양으로 나아갈 수 있었다. 그러나 그 해협은 좁고 복잡하고 암초가 많아 함선 1척은 좌초되고 1척은 스페인으로 되돌아갔다. 그렇게 정말 끝에 만난 태평양을 마젤란은 '평화의 바다(Pacific Ocean)'라고 명명했다.

대서양을 두 달 만에 횡단하던 시절이어서, 그는 태평양을 더 작은 바다라 생각했기에 준비를 덜했을 것이다. 그런데 4개월이나 태평양에서 죽도록 고생하다가 괌에 도착했으니, 첫 도전자는 그래서 더욱 어렵고 힘든 것 같다. 그가 거기서 조금 더 지나 필리핀 세부에서 전사하였으니 더욱 아쉽다. 만약 마젤란이 마젤란 해협이 아니라 조금만 더 내려가서 비글 해협으로 들어왔다면, 그는 좀 더 편안하게 태평양을 만났을 것이고, 그의 항해는 또 다른 국면을 맞았을 수도 있을 것이다. 하지만 그의 항해 기록 덕분에 1831년 피츠로이 선장과 다윈은 비글호를 타고 이 비글 해협을 편안하게 지날 수 있었으리라.

국립공원 안에서 3시간 정도 걷고 나서 1시에 시내로 돌아왔다. 뷔페식으로 운영되는 중국식당 Bamboo에서 점심을 먹었는데, 고기국물을 마시니 속이 좀 풀렸다. 오랜만에 입맛에 맞는 오징어튀김, 오징어볶음, 야채볶음을 먹고, 양고기구이도 맛있게 먹었다.

- 국립공원 안에 호수가 여럿 있었고, 군데군데 차를 타고 이동하면서 트레킹을 하였다.
- 호수 건너의 반은 칠레 땅이고, 반은 아르헨티나 땅이다. 국경 분쟁만 생기면 칠레가 국경을 조금씩 넓혀 왔다.

　다만 가격이 450페소(35,000원)였는데, 그 정도 가성비는 못 되는 것 같다.

　3시 반 비글 해협 크루즈 배에 탑승했다. 가마우지, 갈매기, 바다자사 등이 사는 가까운 섬을 돌고 비글 해협의 우수아이아 상징인 빨간 등대를 돌아서 2시간 반 만에 항구로 돌아오는 코스였다.

　좀 더 멀리 펭귄섬까지 다녀오는 코스는 아니어서 펭귄을 보지는 못했지만, 배 밖으로 나가면 강한 바람에 엄청 춥기도 하고, 가마우

- Tierra del Fuego(불의 대지) 국립공원.
- 알래스카에서부터 17,848km를 내려오는 판아메리카 하이웨이의 종점.

지나 바다사자는 훔볼트 해류에 의해 바예스타 섬에서 많이 보았기에 실내에서 창밖만 구경하였다. 그러다가 회항지인 빨간 등대에 도착하였을 때 배 밖으로 나가 사진을 찍고 들어왔다.

장국영과 왕가위가 영화 '해피투게더'에서 세상의 절망을 맛보며 찾아가 동성애를 고백하고 해피투게더를 꿈꾸던 세상의 끝인 빨간 등대였다. 배를 타고 이 빨간 등대를 지나면, 이제는 남극만 있다는 뜻이다. 새들이나 바다사자들은 배 안에서 구경했지만, 빨간 등대는 밖에 나가서 사진을 찍었다. 다시 항구로 돌아오는데, 이젠 정말로 최남단을 찍고 돌아가는구나 하는 생각이 들었다.

저녁식사는 어제 저녁에 아낀 돈을 합쳐서 킹크랩을 먹기로 했다. 예약 시간이 7시였는데, 그 전에는 문도 열지 않았다. 1시간 동안 다시 시내를 어슬렁거리면서 구경하였다.

오늘은 5마리를 시켰더니 너무 많아 밥은 먹지 않았다. 여기 킹크랩은 다리가 8개밖에 없어서 모두 이상하다고 생각했는데, 제일 뒤에 퇴화한 듯이 숨어 있는 다리 한 쌍을 발견하고서 의문이 풀렸다. 킹크랩은 북반구나 남반구나 다리가 10개였다.

이미 셔틀버스 시간이 지나 택시를 타고 호텔에 돌아오니 9시였다. 토요일 저녁에 무슨 결혼식 같은 행사가 있는지, 1층 연회장에서는 화려한 조명이 돌아가고 노랫소리가 들렸다.

나는 누워서 TV를 켜고 영화를 보다가 1시에 잠들었다. 이젠 우수아이아도 작별이고, 큰 발자국이라는 뜻의 파타고니아도 이제 마지막이다.

- 비글 해협 바닷가. 이곳이 땅끝이라고 하였지만 해협 건너편에는 칠레 섬이 있다. 이곳은 길의 끝인 것 같다.
- 깃발나무, 사시사철 바람이 너무 세서 나무가 바람의 방향대로 자라고 있다.
- 트레킹을 마치고 시내로 나와 세상의 끝 표지판 앞에서 다시 한번 사진을 찍었다.

- 남극으로 가기 전, 세상의 끝을 알리는 마지막 빨간 등대.
- 1890년대 아르헨티나에 형무소가 세워져 죄수들이 오기 시작했다.
  야마나족에게는 날벼락이었을 것이다.

12월 10일   아르헨티나 '에비타의 추억'

아르헨티나의 수도 부에노스아이레스. 인구 4,400만 명 중 이곳에 1,200만 명이 산다는데, 고층빌딩은 별로 없지만 비행기에서 내려다보니 무척 넓었다. 남위 34도여서 제주도와 비슷할 것 같은데, 벌써 기온이 32~41도를 넘나든다. 어제는 41도, 오늘은 33도여서 준비 없이 입고 온 긴팔 티셔츠, 긴 바지로 지낼 만했다.

아침 6시, 식사도 못하고 버스를 타고 공항으로 갔다. 비행기표를 우수아이아에서 부에노스아이레스 가는 것과 그 다음 이구아수로 가는 것까지 두 장을 주었다. 동일한 비행기표인데, 부에노스아이레스에서 1박 스톱오버를 할 수 있는 표 같았다.

출발 수속을 하고 기다리는 동안 공항 내 매점이 문을 열었다. 최 과장이 아침 대용으로 샌드위치를 사서 주었는데, 반밖에 못 먹고 트레킹 때 남겨두었던 크런치 과자를 꺼내 먹었다.

8시 반에 출발하여 3시간 만인 11시 반에 부에노스아이레스에 도착했다. 일찍 일어나 피곤했던지 비행기에서 곧장 자고 일어나니 또 샌드위치를 나눠 주었다. 커피와 콜라랑 먹고 밀린 일기를 쓰는 동안 3시간이 금방 지나갔다.

부에노스아이레스에서 처음 간 곳은 코리안 타운의 한국식당 '향가'였다. 육개장, 김치찌개, 제육볶음 등 다 먹고 싶었지만 나는 김치찌개(240페소)를 시키고 최 과장은 제육볶음을 시켜 나눠 먹으면서 밥을 두 공기씩 먹었다. 김치찌개가 2만 원이면 비싼 건데, 오늘은 절대로 비싸다는 생각이 안 들었다. 칠레 산티아고 이후 오랜만에 맛보는 한식이어서 모두 즐거워했다.

• 공항으로 가는 버스 안에서 찍은 우수아이아 산.
• 아르헨티나 부에노스아이레스 코리안 타운의 한식당 '향가'.

오늘 부에노스아이레스에서 OCM이라는 세계각료회의가 있다고 하더니 공항 경비도 삼엄하고, 도로 곳곳이 통제되었다. 그 회의에 참석한 한국 단체들을 식당에서 보았다.

한국인들이 좋은 차를 타고 다니고, 현금을 많이 들고 다닌다는 소문이 나서 코리안 타운이 강도들의 표적이 되었다고 한다. 그래서 식당도 철문을 잠가 놓고 초인종을 누르면 안에서 확인한 후에 문을 열어 주었다. 최 과장이 아르헨티나에서 쓸 돈을 환전하는데도 주변에서 조심하라고 신신당부를 하였다고 한다.

현지에서 만나는 여행객들이나 다른 여행객들의 블로그를 봐도, 여행 중에 핸드폰, 지갑, 가방을 잃어버리거나, 렌트 차량 유리를 깨고 가방과 짐을 다 가지고 갔다는 이야기가 있다. 이런 도시를 여행할수록 더욱 여행의 기본을 잘 지켜야 한다.

우리가 타고 다니는 관광버스 가이드와 운전사는 차에서 내릴 때마다 유리창 밖에서 가방이 보이지 않게 해달라고 항상 당부했고, 혹시 우리가 깜빡하고 의자 위에 가방을 놓고 나간 경우에는 운전사가 가방을 바닥에 내려놓곤 하였다.

맛있게 배부르게 먹고 나서 간 곳은 공동묘지였다. 레콜레타 묘지는 도심 한복판에 있었다. 에비타가 잠들어 있는 곳인데, 모든 묘지들이 화려하고 멋있어서 놀랐다. 매년 부담금을 못 내는 묘지는 이장되고 대기자에게 넘어간다는데, 묘지를 사서 장식하고 인테리어를 하는 데 큰돈이 들고, 매년 관리비로 수백만 원에서 수천만 원이 든다고 하니 아무나 못 들어오는 곳 같다.

그런데 또 달리 생각해 보면, 그렇게 관리비를 비싸게 받아야만 나가는 묘가 생겨 순환이 될 것 같다는 생각도 들었다. 하지만 국민적인 인기를 받고 있는 에비타는 무료로 계속 있다고 한다.

에바 페론은 페론의 가족묘에 들지 못하고 이복오빠인 두아르테의 가족묘에 있었다. 페론이 대통령일 때는 에바의 인기를 얻고자 영부인으로 맞이했지만, 죽은 후 페론의 가족묘에 들어가지 못하고 이복오빠의 가족묘로 들어가게 된 스토리도 그녀의 영화 같은 삶을 보여 주는 것 같다.

에바는 1919년 대평원인 팜파스에서 후안 두아르테의 정부인 후아나의 넷째 아이로 태어났다. 그는 후아나의 아이들을 법적 자식으로 인정하지 않아 에바는 사생아로 살아야 했는데, 그녀는 열다섯 살 때 팜파스에서 부에노스아이레스로 가출하였다. 삼류 배우로 살던 그녀는 1944년 부통령 페론을 만나 사랑을 하게 되고, 얼마 후 동거에 들어갔다.

그 후 반페론주의자들이 페론을 섬에 구금하는 일이 벌어졌을 때, 에바는 위축되지 않고 페론의 석방을 촉구하는 연설을 했으며, 대중은 에바의 외모와 감성적인 호소력과 용기에 갈채를 보냈고, 페론을 석방하라면서 거리로 쏟아져 나왔다.

에바의 인기를 목격한 페론은 석방되자마자 에바와 결혼을 하였고, 다음 선거에서 대통령으로 당선되었다. 영부인이 된 것도 잠시, 그녀는 서른네 살에 백혈병과 자궁암에 걸려 인생을 마감하였다.

그녀의 죽음 직후 페론은 쿠데타를 당해 해외 망명길에 오르고, 쿠데타 정권은 에바의 시신을 몰래 이탈리아로 숨겼다. 대중들의 거센 요구에 의해 그녀의 시신은 마드리드에 망명중인 페론에게 되돌아갔다가, 다음 선거에서 페론이 다시 당선되면서 아르헨티나로 돌아올 수 있었다. 그 페론이 10개월 만에 사망하고, 곧이은 군부 쿠데타

- 레콜레타 묘지 안으로 들어가니 작은 골목길이 있는 마을같이 보였다.
- 정중앙에 서 있는 동상이 바라보는 곳이 출입구.
- 두아르테 가족묘에 안장되어 있는 에비타. 사람이 많아서 사진 찍기가 어려웠다.

정권은 에바의 시신을 가족묘로 옮기도록 허락했다고 한다.

다른 묘지와는 달리 에비타의 묘지 앞에는 사람들의 발길이 끊이지 않았고, 꽃도 많았다. 작은 골목길이 있는 옛 마을같이 생긴 공동묘지를 돌아본 후 시내 구경을 할까 하다가 라 보카 지역으로 발걸음을 옮겼다.

보카 지구는 스페인 통치 시절부터 있던 강 하류의 항구도시였다. 라틴아메리카의 독립 후 100년간 유럽에서 아르헨티나로 600만 명이 이민을 왔는데, 그들 대부분이 몰려든 곳이 이 보카 지구였다. 남자들만의 도시가 되다 보니 여자의 환심을 사야 했고, 200대 1의 비율을 뚫기 위한 남자들의 노력이 탱고의 시작이 되었다고 한다.

부두 근처 여러 가지 원색으로 칠해 놓은 가게들, 유명 인기인들의 인형이 볼 만했다. 보카주니어스 전용 축구경기장 옆을 지나면서 테베스의 사진을 보니, 시간만 맞으면 경기를 보며 신나게 응원할 수 있었으면 좋겠다는 생각이 들었다.

여기서는 에비타, 마라도나, 요한 바오로 추기경, 카를로스 가르델(탱고 음악을 집대성한 음악가) 등이 유명했다. 이 네 명의 인형이 많았는데, 추기경의 동상을 세워놓고 함께 사진을 찍으려면 돈을 내라고 해 너무한다 싶었다. 그리고 박지성과 함께 선수 생활을 하다가 지금은 고향에 내려와 고향 팀을 위해 뛰며 봉사활동을 하고 있는 테베스도 현재 매우 인기가 있어 보였다.

시내로 돌아와 세계에서 두 번째로 아름다운 서점이라는 엘 알테네오로 갔다. 1919년 극장으로 개장했다가 2000년에 서점으로

- 보카주니어스의 홈구장.
- 라 보카 지역엔 알록달록 색칠한 건물들이 유명했다.
- 댄서들이 탱고 춤을 추고 공연을 하고 있는 길거리 식당.

바뀌었다고 한다. 지금은 카페로 바뀐 무대와 객석들, 천장에 있는 그림들을 보니 아름다운 서점이라는 말이 수긍이 갔다.

그럼 세상에서 제일 아름다운 서점은 어디일까? 서점을 구경하고, 오벨리스크, 7월 9일 대로를 지나 Scala 호텔로 왔다. 잠깐 눈을 붙이고, 8시 반에 다시 모여 탱고쇼를 보러 갔다. La Ventana 극장식 식당이었는데, 입구의 무장 경비원을 지나 지하로 들어가니 고풍스런 분위기의 멋진 식당이었다.

8명이 와인 4병과 코스로 식사를 주문했다. 야채스프, 송아지 스테이크, 말벡으로 절인 배가 나왔는데, 스테이크와 와인이 잘 어울렸다. 10시경 탱고 음악을 먼저 연주하고 춤을 추더니, 2부의 시작은 에비타의 영상과 함께 "Don't cry for me ARH" 노래가 나왔다. 그리고 인디오들의 엘 콘도르 파사 공연과 줄돌리기 묘기가 이어졌다.

음식을 다 먹고 와인도 다 마신 상태였는데, 3부 탱고쇼는 약간 지루하고 너무 피곤했다. 12시에 공연이 끝난다고 하는데, 끝까지 기다리지 못하고 11시 20분에 나와 호텔로 돌아왔다.

이제 정말로 남미 여행의 막바지에 이르렀다. 부에노스아이레스는 이렇게 잠깐 스쳐 지나가고, 이구아수 폭포 2일, 아마존 3일이면 끝난다.

- 세계에서 두 번째로 아름다운 서점으로 뽑힌 엘 알테네오 서점.
- 극장 무대로 쓰이던 곳이 카페로 사용되고 있고, 객석엔 책들이 진열되어 있었다.

- 탱고 공연 극장 겸 식당 입구. 무장 경비원이 지키고 있었다.
- 극장 내부에는 앞에서부터 아르헨티나 국민들에게 인기 있는 인물들의 초상화가 걸려 있었는데, 에비타가 1번, 체 게바라가 2번이었다. 공연하는 것은 사진을 못 찍게 했다.
- 극장 식당 앞에 있는 마네킹.

12월 11일 여유로움 속, 이구아수를 향해

또다시 이동하는 날이다. 하루 종일 여유도 있고 비행기 시간도 오후 1시 15분이어서 호텔 출발 시간이 10시 반이다. 시작부터 여유 있는 날이었다.

어젯밤 탱고쇼를 보고 밤늦게 들어왔는데도 배가 너무 부르고 와인을 많이 마셔서 정신도 몽롱하여 영화를 틀어놓고서 멍하니 있다가 1시 반이 넘어서 잤다. 오랜만에 히터가 아닌 에어컨을 켜고 잤더니 더 잠이 안 온 것 같다.

아침에 일어나 호텔 앞 7월 9일 대로를 바라보니 월요일 아침답게 차량이 꽉 막혀 있었다. 아니나 다를까 정체가 심해 출발 시간을 30분 앞당긴다고 한다.

1816년 스페인으로부터 아르헨티나가 독립을 쟁취한 날이 7월 9일이어서 7월 9일 거리로 불리는 것 같은데, 폭이 140m로 세계에서 가장 넓은 길이라고 한다. 그렇게 넓은 길도 차량이 몰리면 어쩔 수 없이 막혔다.

9시에 아침을 먹고 10시에 출발하였다. 꽉 막힌 길이지만, 조금씩 조금씩 앞으로 나아가 오벨리스크 옆을 지났다. 67.5m 높이의 오벨리스크는 부에노스아이레스의 상징물이다. 이것은 1936년 5월에 건축가 알베르또 쁘레비치Alberto Prebisch가 부에노스아이레스시 건설 400주년 기념물로 만든 것이다.

오벨리스크는 시대의 중심임을 알리는 도시의 상징이다. 워싱턴, 파리, 이스탄불, 로마처럼 시대의 주인이었던 도시들은 이집트에서 가져온 진품 오벨리스크를 세웠다. 그러나 부에노스아이레스

• 7월 9일 거리는 넓은 도로폭에도 불구하고 이른 아침부터 정체가 심했다. 오벨리스크 내부로 들어가 200여 개의 계단을 오르면 사방을 볼 수 있는 창이 있다는데, 지금도 내부 관람이 가능한지는 모르겠다.

• 건물 한쪽 면에 대형 조명으로 에비타를 그려 놓았다.

는 더 크고 우람한 가짜 오벨리스크를 만들어 세웠다. 그 당시에는 아르헨티나가 잘나가던 시절이어서 이런 걸 세우고 싶었나 하는 생각이 들었다.

오벨리스크를 지나 대통령궁과 대성당이 있는 '5월의 광장'을 지나갔다. 후안 페론이 사망한 후 육군참모총장 비델라는 쿠데타를 일으켜 아르헨티나 전역에서 게릴라 소탕작전을 벌였다. 이 소탕작전은 8년간 지속되며 3만여 명의 젊은이들이 강제 연행되고 대부분 돌아오지 못하고 사라졌다. 아무도 반론을 제기하지 못하고 있을 때, 1977년 4월 13일 오후 3시 15분, 14명의 어머니가 조용히 자리에서 일어나 하얀 천을 머리에 두르고 원을 그리며 걷기 시작했다. 시신조차 찾을 수 없어서 아들을 가슴에 품은 어머니들이었다. 아무런 구호도 없이 침묵으로 걷고 또 걸었다. 점점 침묵 시위에 동조하는 사람들이 늘어나자 그해 5월 어머니 1명이 납치되고, 옆에서 지지하던 수녀 2명이 연행되었다가 이 3명도 살아서 돌아오지 못했다. 결국 1983년 군부독재를 종식시키고 민주화를 만드는 밑거름이 되었다고 하는데, 어머니들은 아직까지도 매주 목요일이면 광장을 걷는다고 한다.

5월의 광장을 지나면서 우리나라 민주 열사들의 어머니를 떠올렸다. 알면 알수록 아르헨티나와 우리나라의 근대 역사가 너무 비슷한 것 같다. 아르헨티나의 역사 공부를 더 해보고 싶다.

그 후부터는 길이 뚫려 금방 공항에 도착했다. 11시 조금 넘어 출발 수속을 하여 짐을 부치니 11시 30분. 30분 동안 공항 식당에서 조 선생님과 함께 소고기만두 2개와 맥주 2병으로 간단히 점심을 해결하고 탑승장 안으로 들어갔다. 1시 15분 예정 비행기는 2시가 넘어서 탑승구가 바뀌었다. 비행기는 빈 좌석이 없을 정도로 꽉 찼다. 이구아수 폭포는 현지에서도 인기 있는 관광지였다.

비행기에서 열심히 일기를 쓰고 페북 글을 썼더니, 옆 좌석에서 쪽쪽 소리를 내며 열심히 사랑하던 커플이 자기네 이름을 한글로 써달라고 한다. 그들이 부르는 대로 한글로 써주었더니, 한글을 보면서 너무나 신기해했다. 한글이 전 세계로 퍼졌으면 좋겠다는 생각이 들었다.

4시에 드디어 이구아수 아르헨티나 공항에 도착했다. 비행기 창밖으로 TV에서나 보던 아마존 밀림이 광활하게 펼쳐져 있었다.

공항 밖에서 만난 현지 가이드는 키가 작은 여자였는데, 말도 많이 하고 열심히 했다. 5시 호텔에 도착. 나무들이 울창하게 둘러싸고 있어 새소리, 동물 소리들이 들리는 마치 동남아의 리조트와 비슷했다.

야외 수영장에 가려다가 와이파이가 잘 되는 방에서 '미생 2' 만화를 다운받아서 보았다. 대기업과 중소기업의 문제를 역지사지로 보여 주는 것 같아 재미있게 계속 보게 되었다.

오늘 저녁은 주 선생님이 와인과 맥주를 사서 소등심과 안심스테이크를 먹었다. 식사 중에 윤 교장 선생님이 산 양주를 열어 한 잔씩 맛보았는데, 스페이사이드 싱글 몰트 위스키를 와인 잔에 마셔서 그런지, 향이 너무 세게 느껴져 오히려 마시기 힘들었다. 술도 다 어울리는 잔이 있나 보다.

식사 후 방에 돌아와서 오랜만에 《철학 VS 철학》 책을 읽다가 1시 넘어 잠들었다.

12월 12일 이구아수, 그 장관을 느끼다

남미 여행 3막 하이라이트, 이구아수 폭포를 제대로 보는 날이다. 보트 선착장 공사 때문에 보트를 못 탈 줄 알았는데, 정글 코스를 돌아서 가는 새로운 코스로 대체되었다. 긴팔 얇은 점퍼와 해변용 수영복 바지를 입고 지갑은 호텔 금고에 넣어 두고 카메라, 물통만 들고 나갔다. 오늘은 어차피 젖는 날이라 했으니 최대한 젖을 준비를 하고 갔다.

이구아수 국립공원 입구를 지나 매표소로 가니 이미 사람들이 많았다. 첫 코스는 사람이 제일 많이 가는 악마의 목구멍이었다. 이곳은 기차를 타고 가야만 하는데, 기다리는 사람이 많으면 2시간을 기다린 적도 있다고 한다. 시발역으로 가기엔 이미 줄이 길어서 우리는 두 번째 역으로 걸어갔다. 다행히 승강장에 아무도 없었고, 곧이어 들어온 기차 곳곳에 한 자리씩 빈 자리가 있어 우리 7명이 흩어지긴 했지만 모두 탑승했다.

마지막 역에 내려서도 1km 정도 걸어가는데, 마침내 전망대에 도착해 보니 정말로 기막힌 장관이 기다리고 있었다. U자형 입구에 한꺼번에 떨어지는 폭포 때문에 물보라와 물 입자들이 너무 많아 사진 찍기가 힘들 정도였다.

사진을 몇 장 찍고 나니 정신이 없었다. 정말로 악마의 목구멍인

- 아르헨티나 이구아수 폭포 약도. 오른쪽 기차 철로를 타고 위쪽 역에서 내려 악마의 목구멍을 구경한다. 파란색 선은 Inferior 코스, 빨간색 선은 Superior 코스.
- 제2역에는 사람이 없었고, 곧이어 들어온 기차에는 군데군데 빈 자리가 있어서 한 명씩 끼어 다 탈 수 있었다.
- 폭포 상류에서 내린 후 이런 다리를 1km 걸어가야 악마의 목구멍이 나온다.

가 싶을 정도로 밑이 안 보이는 깊이에, 정신없이 튀는 물보라, 옆 사람과 이야기하기 어려울 정도의 커다란 폭포 소리, 너무나 거대한 자연 앞에서 무서움이 들 정도였다.

  얼른 돌아나와 다시 기차를 타고 Lower Trail 코스로 갔다. 폭포 아래로 내려가서 보는 코스인데, 위에서 떨어지는 폭포 모습이 또 다른 장관이었다. 여기서도 조금만 가까이 가면 물이 너무나 많이 튀어 사진을 찍을 수가 없었다.

- 좁고 길다란 U자형 악마의 목구멍.
- 폭소 소리가 너무 커서 옆사람과 대화를 나눌 수가 없었다.

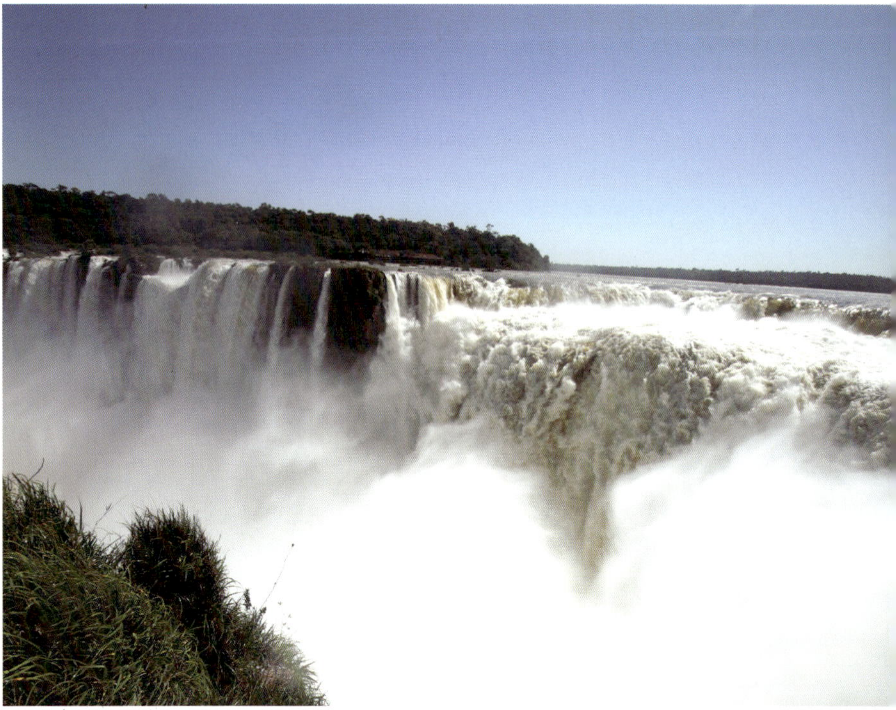

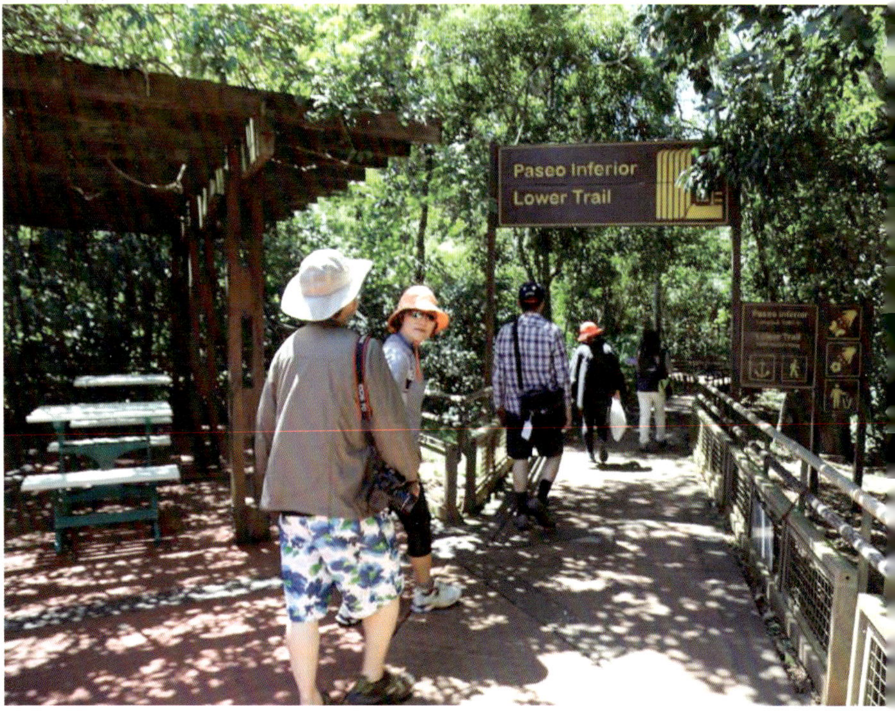
Paseo Inferior
Lower Trail

다 돌고 올라오니 11시 반 정도 되었다. 서브웨이 편의점에서 최 과장이 미리 시켜 둔 샌드위치를 받았으나, 그곳엔 자리가 없어 본관 쪽으로 걸어와 맥주와 함께 먹었다.

코아티라는 너구리같이 생긴 동물이 있는데, 너무나 귀엽고 순해 보여서 사람들이 음식물을 많이 주었다고 한다. 그렇게 음식을 받아먹다가 지금은 음식을 안 주면 긴 발톱으로 할퀴는 등 난폭해

- 드디어 나타난 악마의 목구멍. 그 이름만큼 무서울 정도로 아름답다.
- Inferior Lower Trail 입구.
- 폭포마다 무지개가 떠 있어 더 아름다웠다.

졌단다. 그래서 코아티가 어슬렁거리는 식당 밖에서 음식을 못 먹고 건물 안에서만 먹어야 했다.

1시 반 정글 보트 투어에서 트럭버스를 타고 10분 이상 정글 속을 달려 선착장으로 내려갔다. 고무 가방과 구명조끼를 나눠 주었다. 모두 선착장에서 겉옷을 벗고 수영복만 입은 채 구명조끼를 걸치고, 옷과 귀중품은 고무 가방에 넣은 후 보트에 올랐다.

보트는 거센 물살을 가르며 앞으로 나아갔다. 폭포에 너무 가깝게 붙는 거 아닌가 싶었는데, 아예 폭포 속으로 들어가 버렸다. 사람들 머리 위로 폭포수가 쏟아져 눈을 뜰 수조차 없었다. 배 안에 물이 고이지 않는 구조여서 그 많은 물이 떨어져도 폭포 밖으로 후진해서 나오면 금방 물이 없어졌다.

눈도 뜰 수 없고 폭포 소리가 너무 커서 아무리 소리를 질러도 들리지 않는 아비규환 같은 상황이었는데, 사람들은 앙코르를 외쳤다. 또 다른 폭포로 가서 그 밑으로 들어갔는데, '이젠 그만 좀 나가지' 하는 마음이 들 정도로 폭포수 밑에 한참 있었다. 짧은 시간 동안 정말로 흠뻑 젖는 경험에 모두들 즐거워했다. 새로운 경험이었고, 무척 짜릿했다.

3시경에는 Upper Trail 코스를 걷기 시작했다. 폭포 위쪽 코스에는 사람도 적고, 폭포마다 아름다운 무지개가 떠 있어서 너무나 환상적이었다. 아르헨티나 땅이 이구아수 폭포 서쪽에 있어서, 오후에 아르헨티나 쪽에서 보는 시야가 훨씬 좋았다.

- 보트 타러 가는 길에 다시 만난 악마의 목구멍으로 가는 기차.
- 매우 빠른 물살에도 보트가 앞으로 잘 나아갔다. 악마의 목구멍까지는 갈 생각도 하지 못하고, 오른쪽의 작은 폭포에 앞머리를 들이대어 승객들에게 폭포수를 맞게 하는데, 그 순간 아무 생각도 안 들 정도로 짜릿했다.
- 중미, 남미에 주로 살고 있는 카이만 악어, 앨리게이터 악어와 크로커다일 악어와는 다른 과로 분류한다. 실제로는 앨리게이터과에 속하지만, 앨리게이터라고 부르지 않는다고 한다.

호텔에 도착하니 5시가 되었다. 어제 남은 아르헨티나 돈으로 곧장 수영장에 가서 조 선생님과 맥주를 마셨다. 어차피 수영복을 입고 있었고 폭포수에 젖은 상태여서 그대로 물 샤워만 하고 수영장에 들어갔다. 오랜만에 좋은 햇살에 여유로운 오후 시간을 보냈다.

7시에 다시 시내로 나갔다. 동물 소리가 많이 들리는 열대우림 지역 트레킹도 덥지 않으니 할 만했다. El Quincho del TioQuerido라는 식당에서 안심 2개, 등심 2개를 주문하고, 나머지 세 명은 아사도(아르헨티나식 모둠구이) 2인분을 주문해 배부르게 먹었다. 오늘은 최 과장 생일이어서 축하 노래도 하고, 술을 몇 잔 더 마셨다.

와인도 맥주도 저렴하고 고기도 맛있어 호텔 식당에서 먹는 것보다 더 만족스럽고 행복한 시간이었다.

물을 사가지고 호텔에 돌아와 일기를 쓰고 나니 11시 반이 되었다. 사람들이 많이 몰리는 것을 피해 많이 기다리지도 않고 이구아수 폭포를 즐기고 날씨까지 최상이어서 만점을 줘도 아깝지 않은 날이었다.

12월 13일   이구아수 폭포의 파노라마 뷰

오늘은 좀 힘든 날이다. 보는 것이 힘든 게 아니고, 이동이 힘든 날이다. 브라질 쪽 이구아수를 보는 날이어서 또 한 번 국경을 넘는다. 문제는 국경을 넘으면서 시간이 한 시간 늦춰진다는 것이었다. 브라질 시간에 맞추기 위해 오늘은 6시 기상, 7시 아침 식사, 8시 출발이었다.

서둘러 아침을 먹고 짐을 싸는데, 오늘따라 시간이 많이 걸렸다. 젖을 옷과 갈아입을 옷을 나눠 놓고 첫 비행기는 라탐항공이어서 짐을 2개 보낼 수 있는데, 두 번째 골항공은 하나만 보내야 한다고 하니, 짐을 요령 있게 싸야 했다.

엊저녁에 밥 먹은 식당에서 500m 정도 더 가니 국경 통제소였다. 현지 가이드가 한꺼번에 출국 도장을 받아왔다. 잠시 후 다리를 건너는데 중간까지는 아르헨티나 국기가 그려져 있고, 중간 이후는 브라질 국기가 그려져 있었다.

브라질 입국 수속도 가이드가 가서 해 주니 우리는 버스에서 기다리기만 했다. 오늘도 구름 한 점 없는 날이었다. 국경을 넘으니 아침 8시 반에서 9시 반이 되었다.

지도를 보면 이구아수 폭포 주변의 국경이 이상하게 생겼다. 아르헨티나가 이구아수 폭포를 집어삼키듯 뾰족하게 들어와 있다. 1865년 신흥공업 강국이었던 파라과이를 상대로 브라질, 아르헨티나, 우루과이 삼국이 동맹을 맺은 후 전쟁을 일으켰다. 그 결과 파라과이는 항구를 포함하여 국토의 반을 잃었고, 인구의 60%가 줄었다고 하는데, 특히 성인 남성 90% 이상이 죽었다고 한다. 전쟁의 이유는 아직 분분하지만 그 결과를 보면 몹시 추악한 전쟁이었다.

아르헨티나 쪽 Puerto Iguazu에는 8만 명이 사는데, 브라질 쪽 Foz do Iguazu 쪽에는 40만 명이 산다고 하니, 브라질 쪽 도시가 훨씬 큰 것이다. 인구도 4천만 명 대 2억 명이니, 도시에서도 그 정도 차이가 나는 게 당연해 보인다.

공원 안으로 입장하는데 어제보다 사람이 훨씬 적었다. 일찍 온 것도 있고, 크리스마스 시즌이어서 좀 적다고 한다. 2층 순환버스를 타고 몇 정거장 가서 내려 구경을 시작하였다. 오늘 걷는 거리는 1.7km 정도, 느릿느릿 걸어도 충분했다.

실제로 물이 떨어지는 폭포는 아르헨티나 쪽에 많아서, 브라질 쪽에서는 어제 우리가 갔던 폭포를 확인하면서 전체적인 파노라마 뷰를 보게 되었다. 어제가 이구아수의 각론이었다면, 오늘은 총론 같았다. 어제와 하루 차이였는데, 폭포 수량이 어제와는 확연하게 줄어든 것이 보였다. 이구아수 폭포는 어느 때는 너무 가물어서 물이 거의 없을 때도 있다고 하니, 만년설이 녹아 흐르는 수량이 일정한 다른 폭포들과는 다른 상황인 것 같다.

제일 끝에 악마의 목구멍 전망대가 있어서 물보라를 맞게 되어 있는데, 전체적으로 어제보다 수량이 줄어 물보라도 덜 일고, 사진 찍기에도 좋았다. 그래도 역시 대단한 폭포였다.

- 브라질 쪽 이구아수 폭포 공원에 들어가니, 어제 아르헨티나 쪽에서 가깝게 보았던 폭포들을 전체적으로 볼 수 있다.
- Low Trail, Upper Trail로 지나간 길들과 폭포수 물벼락을 맞은 난간이 보인다. 어제와 비교하면 하룻밤 사이에 폭포 수량이 확연하게 줄어들었다. 2단 폭포를 보니 영화 '미션'과 '인디아나 존스'가 떠올랐다.

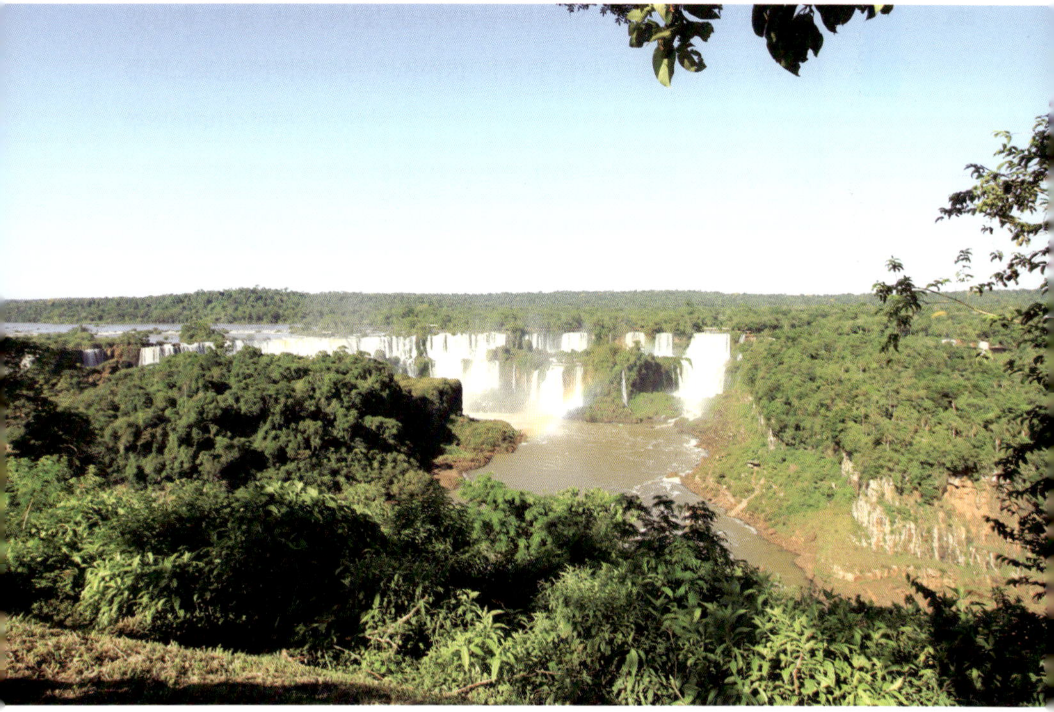

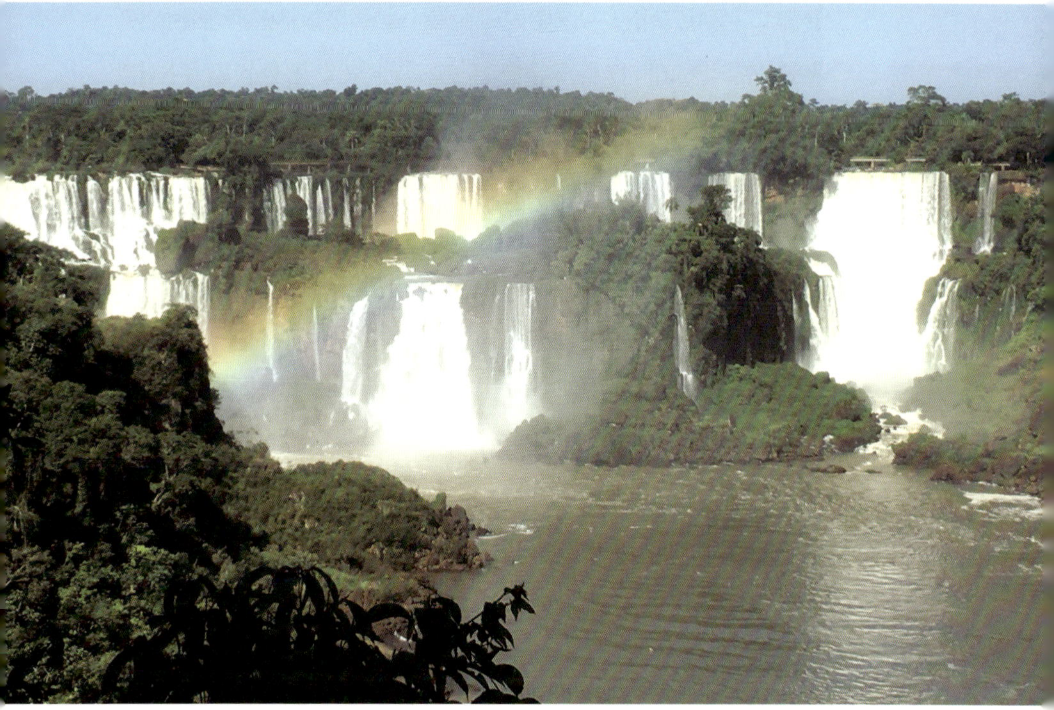

- 악마의 목구멍 근처 폭포를 제외하면 대부분의 폭포는 아르헨티나 쪽에 있고, 브라질 쪽 공원에서 유일하게 폭포를 만날 수 있는 곳이 전망대 앞에 있었다.
- 위에서 본 브라질 쪽 악마의 목구멍 전망대.
- 이구아수 새공원 약도.
- 카이만 악어.
- 나비관에는 거의 보지 못한 신기한 나비들이 많았다.
- 브라질의 국조 '투칸'이 입구에서부터 우리를 맞아 주었다.

11시에 다시 버스를 타고 나와 바로 새공원으로 가서 트레킹 하듯 부지런히 걸어 12시 10분 공원 밖으로 나왔다.

그리고 뷔페식 현지 식당에서 점심을 먹고 무료로 제공되는 피스코 증류주를 몇 잔 마셨다. 맛은 중국 바이주와 비슷했다. 밤까지 계속 이동을 해야 해서 저녁까지 생각해 많이 먹어 두었다.

1시 10분 Foz do Iguazu 공항에 도착했다. 물은 괜찮았는데 양주는 압수당했다. 미리 큰 가방 안에 챙겨 넣지 못해 반 이상(10만 원 이상) 남아 있던 것을 빼앗겨 아까웠다. 중간중간에 빈 시간이 많다고 하여 챙겼는데 아쉽게 되었다.

15시 5분 라탐항공으로 출발하여 2시간 후 리우데자네이루 공항에 내렸다. 짐을 찾고 다시 수속을 해야 하는데, 아직 시간이 안 되어 스타벅스에서 커피를 마시며 시간을 보냈다.

6시 반에 수속을 시작하여 골항공으로 가서 짐을 부치고 탑승장 안으로 들어갔다. 저녁값으로 1인당 50헤알씩 받았다(3헤알=1,000원). 서브웨이에서 작은 샌드위치를 시키고(20헤알), 하이네켄 병맥주(10헤알)를 사서 조 선생님과 함께 먹었다.

21시 마나우스행 비행기에 올랐다. 마나우스는 리우데자네이루와 2시간 시차가 나 비행 시간은 3시간이지만 실제로는 5시간이나 걸린다. 마나우스에 23시 48분에 내리는 것인데 리우데자네이루 기준으로는 새벽 2시, 아르헨티나 기준으로는 1시가 되는 것이니 피곤한 시간이 될 것 같다. 비행기에서 일기를 다 쓰고 나니 2시간이 남아 있다. 남은 시간 책이나 좀 봐야겠다.

12월 14일 마나우스 아마존 투어 1일차

어젯밤 자정이 넘어 도착해 버스로 5분 정도 가니 Bristol Manaus Airport 호텔이 나왔다. 101호를 배정받아 샤워하고 인터넷을 하다가 새벽 3시 반에 잠자리에 들었다.

아침 8시 45분에 출발한 버스는 중간에 미국인 노부부를 더 태운 다음 Anavilhanas Jungle Lodge로 향했다. 중간 휴게소에서 보니 이 버스는 로지 차량이었다. 우리는 이 로지 2박3일 투어 코스에 합류했다.

예정대로 11시 45분 로지에 정확하게 도착했는데, 정글답게 소나기가 내렸다. 여행 중 이런 장대비는 처음이었다. 아마존의 느낌이 물씬 났다. 여행사에서도 이곳은 처음 와 보는 곳이라고 한다.

아마존의 상황이 매년 빠르게 변해 좋았던 곳도 한두 해 지나면 망가지는 경우가 많아 아마존 투어 장소가 계속 바뀐다고 한다. 초반에 볼리비아 쪽에서 갔던 아마존에 물고기도 많고 핑크 돌고래도 많아 다음 해에 다시 갔더니, 주변에 축사들이 많이 생기면서 물이 오염되어 수중 생물은 하나도 보이지 않고 모기떼가 너무 많아 도망치듯 나온 곳도 있었다고 한다.

나는 호텔 이름이 로지라고 해서, 아프리카 세렝게티 로지가 생각나 그와 비슷하게 좋을 거라고 기대했는데 역시 기대만큼 좋았다. 방에 해먹도 걸려 있고 시설도 좋은 너무나 근사한 로지였.

바로 12시에 점심 식사를 했는데 소고기, 닭고기 그릴, 생선조림과 쌈야채도 신선해서 매일 입맛에 맞는 식사를 했다. 우리가 준비한

- 마나우스 시내에서 버스로 3시간을 달려 아마존 강 근처의 Anavilhanas Jungle Lodge에 도착했다.
- 독립적으로 곳곳에 나눠져 있는 객실들.

• 방안 시설도 깨끗하고 발코니에 해먹이 걸려 있어 빗소리를 들으면서 누워 있기 좋았다.
• 하루 세끼를 해결해 준 식당 모습.

볶음고추장까지 있어 더 맛있었다.

이곳은 아마존 강 상류로 네그로 강이라 하는데, 강물 색깔이 어둡고 진해서 수영하고 싶은 생각이 안 들었다. 그러나 나뭇잎과 가지들이 강물에 많이 떨어져서 그런 것이지 오염된 것은 아니라고 한다.

낮잠을 자고 3시에 카누 투어를 나갔다. 선착장에서 본 아마존 강은 수평선이 보일 정도로 넓고 넓었다. 아마존 강 유역은 너무 넓어서 다른 강들은 비교가 안 될 정도인데, 남미 대륙의 3분의 1이 아마존 강의 유역인 셈이니, 그 물의 양이 어마어마하다. 아마존 강에서 1초당 흘려보내는 물의 양은 콩고 강이 4.5초, 미시시피 강이 10초, 나일 강이 56초 동안 흘려보내는 양과 맞먹는데, 이 물은 지구상의 민물 중 약 15%를 차지한다고 한다.

모터보트 뒤에 카누를 매달고 근처의 작은 시냇물 줄기 쪽으로 올라갔다. 물살이 세지 않은 곳에서 2인용 카누를 타고 상류 쪽으로 노를 저어 올라갔다. 비를 맞으며 카누를 즐기고 나서 5시에 돌아와 아내와 잠시 영상 통화를 하고 저녁을 먹으러 나갔다.

식사는 점심때와 비슷한 뷔페식이었으나 몇 가지 메뉴가 더 좋았다. 후식으로 먹은 망고도 맛있었다. 그리고 바로 옷을 챙겨 입고 8시 야간 보트 투어를 나갔다. 다행히 비는 오지 않았다.

배를 타고 강 깊숙한 속으로 조금 들어가자마자 모두 탄성을 질렀다. 비가 그치고 구름이 걷히면서 별들이 나타났는데, 너무나 비현실적으로 반짝거렸다. 오리온과 카시오페아가 선명하게 보이면서 은하수가 쏟아져 내려왔다. 주변에 아무 빛도 없으니 강물 위로 별빛이 비쳐 보이는 듯하여 흔들흔들 출렁이는 배에 누워서 보는

- 로지 전용 선착장. 강물 색깔이 너무 진해서 처음엔 이상하고 거부감이 들었다.
- 로지 수평선이 보일 정도로 넓고 잔잔한 아마존 강.
- 지금은 우기가 시작되지 않아 수위가 낮은 때였는데도, 물에 잠겨 있는 나무들이 청송 주산지를 떠올리게 했다.

별빛은 정말로 몽환적이었다. 지구가 아닌 우주처럼 보였다.

출발할 때는 별 볼 일 없는 투어일 줄 알았는데, 별 볼 일 있는 투어였다. 호주의 에어즈락 주변에서 별을 보았을 때는 달 표면에 서서 별을 보는 것 같았는데, 강물 위에서 별을 보니 우주 속에 둥둥 떠서 별을 보는 것 같았다.

그 후 9시 반까지 숲과 강 주변의 올빼미들, 트리보아 뱀들, 카이만 악어, 나무늘보 등을 랜턴으로 비춰 보면서 구경했다. 강바람도 시원하고, 암흑 같은 어둠 속에서 물 위에 떠 있는 느낌이 너무 좋았고, 서치라이트를 켜고 본 숲도 신비로웠다.

생각보다 모기가 없는 깨끗한 환경이고 밥도 좋고 숙소도 훌륭했다. 아마존의 진면목은 아니겠지만, 여행 막바지에 피곤한 여행객들이 둘러보기엔 너무나도 훌륭한 곳이었다. 내일도 오전, 낮, 밤, 세 번의 투어가 있다. 투어 프로그램도 잘 짜놓은 것 같다.

• 3일 동안 우리를 가이드해 준 현지 가이드와 한배를 탔다.

12월 15일 Night walk in the forest

아마존 로지 투어 이틀째 날이다.

아침 6시 반 알람 소리에 일어나 베란다의 해먹으로 옮겨 20분 정도 더 잔 후에 아침을 먹으러 갔다. 메뉴는 여느 호텔과 비슷했다. 그리고 책을 좀 읽다가 8시 반 돌고래 투어를 나갔다.

네그로 강에서 보트를 타고 돌고래를 찾아다녔다. 먼저 간 곳에서는 회색 돌고래 두 마리의 등지느러미만 잠깐 봤다. 여기저기 돌다가 돌아오는 길에 마을 근처의 강물에서 핑크 돌고래가 머리를 내밀고 있는 것을 보았다. 혹시 돌고래와 함께 수영을 할 수도 있다고 하여 수영복을 입고 갔는데 물속에 들어가지는 않았다.

로지 보트 선착장에 도착해서 최 선생님과 수영을 더 했다. 물안경 없이 수영을 하려니 생각보다 어렵고, 물살도 좀 있었다.

3시 출발 시간에도 계속 비가 왔다. 정글 속에 들어가서 걷는다는 막연한 두려움 때문에, 어떤 일이 생길지 모른다는 걱정에 우비까지 입고 나갔는데 곧 비가 그쳤다. 비가 그치니 바로 너무 더워져 우비를 벗고 벌레도 별로 없어서 겉옷까지 벗었다.

2시간 걷는 코스라고 했는데, 보트를 5분 정도 탄 후 걸어가며 타란투라 거미를 여러 마리 구경하고, 나무들(purple heart tree, monkey ladder tree 등)에 대한 설명을 듣고 나무에서 나온 레진을 태워 횃불을 만들기도 하니 걷는 양이 많지 않아서 힘들지는 않았지만, 긴팔 옷에 종아리 보호대에 양봉모자까지 쓴 상태여서 너무 더웠다.

5시 숙소에 도착하여 다시 야외 수영장에서 수영을 했다.

저녁을 먹고 다시 긴 옷으로 갈아입고 헤드랜턴을 착용한 후 8시

- 오전에는 돌고래 투어를 했다.
- 강 주변의 숲만 보아도 빽빽한 열대우림지역임을 알 수 있었다.
- 강의 한 지류 쪽에서 회색 돌고래 두 마리가 나왔다 들어가는 것을 보았다.

Night walk in the forest 투어에 나섰다. 정글 속으로 잠깐 들어갔는데도 모두 손전등을 끄자마자 완전한 암흑세계가 되었다. 바로 눈앞의 손바닥조차 보이지 않는 그런 암흑 속에서 동물들의 울음소리가 간간이 들리는 그런 상황에 만일 혼자 남아 있는다면 과연 어떻게 될까?

나뭇잎을 잘라서 나르는 개미떼와 거미줄 그물을 이용하는 거미, 나뭇가지 사이 오목한 곳에 고인 물에 알을 낳고 울고 있는 개구리를 보면서 앞으로 계속 걸어가다가 50분쯤 지나 다시 원위치로 돌아왔다. 한밤중에 아마존 숲속을 걸어보니 이런 자연환경 속에서는 하루도 살아남기 어렵겠다는 생각이 들었다.

모두 로비에 모여 이번 여행의 마무리 종파티를 하면서 여행에 대한 이야기를 나눴다. 정말로 무탈하게 잘 진행된 일정이고 여행이었다. 그 흔한 비행기 연착이나 짐 분실 사고도 없었다. 아픈 사람도 없었다. 물론 제일 위험한 리우데자네이루 여행은 빠졌지만, 여행사에서 진행한 10번의 남미 여행 중에 리우데자네이루에서 사건 사고가 안 일어난 적이 없었기에 이번엔 과감하게 생략할 수밖에 없었다고 한다.

내일은 뒤풀이 없이 잘 쉬어야만 한다. 그 다음부터 살인적인 비행기 일정이 기다리고 있기 때문이다. 그러고 보니 오늘 밤이 여행 마지막 날이다.

연대 예방치과 강시묵에게 카톡으로 다른 교수님 조의금 부탁을 했다. 카톡이 있으니 지구 반대편의 경조사도 바로바로 챙길 수가 있다. 참으로 신기한 세상이 되었다.

- 정글 트레킹을 시작하고 잠시 후에 비가 그쳐서 우비를 벗었다.
- 개미집, 개미 몇 마리를 모아 비벼서 화장품처럼 향기나게 사용한다고 한다.
- monkey ladder tree. 나무 이름처럼 원숭이들이 나무에 오를 때 사다리로 쓰기 좋을 것 같다.
- 밀림의 생태계. 빠른 성장으로 뿌리가 약하고 키가 커야 햇빛을 받을 수 있으니 약간의 바람에도 큰 나무들이 곳곳에 쓰러져 있다. 나무가 쓰러진 주변에 비로소 햇빛이 들어와 다른 생물이 다시 자라난다고 한다. 아마존에서는 지면에 햇빛이 닿지 않아 꽃은 나무 위에서만 핀다.
- 야간 정글 트레킹.

12월 16일 정말로 마지막 밤이다

일기를 쓰고 새벽 1시 반 넘어서 잤으나 5시 반에 일어나 일출 투어를 나갔다. 그런데 예상대로 구름이 많이 끼어 제대로 된 일출을 보지는 못했다. 하지만 새벽녘 고요한 강가의 나무들과 새들을 볼 수 있었다.

아마존은 강이라고 부를 수 없는, 호수나 물웅덩이로 이루어진 거대한 수몰지대라고 해야 할 것 같다. 강의 본류 옆으로만 들어가면 강 수역이 넓다는 말이 이해가 되었다. 물의 깊이를 정확히 알 수 없지만, 수량이 조금만 빠지면 육지가 되고, 조금만 많으면 호수가 되는 지역이 많고, 그런 지역에서는 물이 거의 흐르지 않는 호수처럼 보였다.

거울처럼 잔잔한 강물 위에 비친 나무와 구름 모습을 보니, 아침의 주산지 같은 느낌이 들었다. 지평선 멀리 비구름이 모여 있고 비가 내리는 모습을 보았는데, 한국에서는 보기 어려운 장면이어서 신기했다. 잔잔한 강물 위를 여유 있게 돌아다니다 6시 반에 돌아와 아침을 먹었다.

8시 반 다시 보트를 타고 하류 쪽의 원주민 마을에 갔다. 우리가 보통 생각하던 그런 원주민은 아니고, 옷도 다 신식 옷을 입고 전기도 하루에 3시간 정도 쓸 수 있어 TV도 보고, 지하수를 길어올려 물탱크에 저장해 놓고 쓰는, 30명 정도가 모여 사는 마을이었다.

- 잔잔한 강물에 비친 구름이 그림 같았다.
- 강의 본류에서 옆으로 나 있는 지류로 조금만 들어가면 낮은 수심으로 물이 고여 있는 것처럼 보이는 지역이 많았다. 아마존의 수역이 넓다는 것은 이런 지역이 많다는 뜻인 것 같다.

- 지평선 멀리 비가 내리고 있어 신기했다.
- 로지 앞으로 강폭이 1km 정도 되는데, 강 건너편은 작은 섬이고, 그 너머 아마존 강의 전체 폭은 10km 이상이었다.(실제로는 건너가 보지 못하였고, 지도로 보았을 때 그렇게 보인다.)
- 로지에 있는 정글 전망대, 인원수 제한을 두어 많은 사람이 올라가지 못한다. 날씨가 좋았다면 밤에 올라가서 별을 볼 수 있었을 텐데, 날이 계속 흐려서 아쉬웠다.

요즈음엔 이곳도 아이를 하나둘만 낳고, 아이들이 조금 크면 더 큰 마을의 학교로 보낸다고 한다.

집 쪽으로 가니 넓은 축구장이 있었다. 아무리 작은 조직이라도 축구 모임이 있고, 그 모임끼리 리그전이 있다고 하니, 브라질을 하나로 묶어 주는 것은 뭐니 뭐니 해도 축구인 것 같다.

여러 종류의 새들과 나무늘보도 보고, 과일 나무들과 화분에 심어 놓은 채소들을 맛보고, 타피오카를 가공해서 가루를 내어 먹는 과정도 보았다. 그중에 잠부라는 노란 꽃을 따서 입에 넣고 씹으니 입안이 표면 마취가 되는 느낌이 들었다. 아마도 표면 마취제를 이것으로 만드는 게 아닐까 싶었는데, 입안이 화한 느낌이 나고 상쾌했다.

- 아마존 강에 붙어 있어 강에서도 보이는 작은 마을.
- 마을 가운데 서 있는 나무에 앵무새 같은 새들이 무리지어 매달려 있는 모습이 신기했다. 여기서 사는 것이 안전에 도움이 되는지, 아니면 먹이를 잘 주어서 그런 것인지는 모르겠다.
- 나뭇가지에 매달려 있는 나무늘보, 느리고 약해 보이는데 가까이 가서 만지다가 나무늘보의 손아귀에 한 번 잡히면 뺄 수가 없다고 한다.
- 마당 화단에서 키우고 있는 잠부. 꽃을 따서 씹어 보니 입안이 상쾌하면서 표면 마취를 한 것처럼 얼얼했다.

입으로 화살을 불어 쏘는 전통 무기 모양의 기념품을 하나 사고, 11시에 로지로 돌아왔다. 점심 때 럼주를 한 잔 마시며, 마지막 식사라는 생각에 오래 앉아서 이야기를 나눴다.

짐을 정리하고 2시에 로지를 떠나 마나우스로 향했다. 그리고 5시경 마나우스 대교를 지나 시저 비즈니스 호텔에 도착했다. 바로 옆에 큰 쇼핑몰과 편의점이 있어 편리했다.

쇼핑몰에는 크리스마스 전 토요일이어서 그런지 사람들이 무척 많았다. 크리스마스가 가까운데 이렇게 덥다니, 역시나 느낌이 이상했다. 쇼핑몰을 구경하고 식당에 갔는데, 엄청 비싼 곳이었다. 스테이크와 DeDe라는 맥주(라거, 밀맥주)를 시켰다. 생효모를 흔들어 모아서 주는 것이나, 술 전용 냉장고의 온도가 -3.7도를 유지하는 것을 보니 맥주 관리를 제대로 하는 식당 같았다. 맥주 맛도 좋고, 스테이크도 훌륭했다.

정말로 마지막 밤이다. 식사 후 원래 계획은 편히 쉬는 것이었는데, 모두 아쉬워서 캔맥주 12개를 사가지고 내 방에서 11시 반까지 이야기를 나눴다.

하루하루가 다르고 새롭게, 일신우일신 하면서 보낸 멋진 여행이었다.

- 마나우스 시저 비즈니스 호텔에 도착하니 저녁이 되었고, 바로 앞에 큰 쇼핑몰이 있어서 편리했다.
- 아이 쇼핑 중 발견한 치과의사 모형.
- 효모가 살아 있고 전용 냉장고에 보관도 잘 해서 케이스까지 준비해 주니 맥주 맛이 더 좋았다.

12월 17~19일 돌아가는 길은 멀고…

비행기 일정
2017년 12171510 마나우스 → 12172130 상파울루
2017년 12172345 상파울루 → 12181345 런던
2017년 12181845 런던 → 12191500 인천

12월 17일

집으로 돌아가는 기나긴 여정이 시작되는 날이다. 남미에 올 때는 출발 당일에 도착했는데, 돌아갈 때는 3일이나 걸린다. 매우 피곤한 일정이 될 것 같다. 다행인지 불행인지 비행기가 오후 3시 10분 출발이어서 공항에 12시까지 가면 되니, 여유 있게 11시 30분 호텔 로비에 모여 출발하면 되었다.

점심 먹기가 애매할 것 같아서 최대한 늦게 아침 식사를 하기로 하고 9시에 일어나 식당으로 내려갔다. 그리고 11시 로비에서 인터넷 접속을 하다가 버스에 올랐다. 마지막 호텔 체크아웃이어서 시원섭섭했다.

마나우스 공항에서 큰 짐은 인천으로 바로 보내고, 작은 짐 2개만 들고 탔다. 탑승장에는 식당이 여러 곳 있었는데 김밥, 초밥을 파는 식당도 있어서 밥을 먹는 분들도 있었지만, 나는 생선가스를 안주 삼아 맥주를 마시고 비행기에 올랐다. 오후 3시 반에 출발하여 상파울루에 7시 반 도착인데, 시차로 인해 현지 시간으로 밤 9시 반이 되었다.

상파울로 공항은 너무 커서 국내선에서 내려 국제선 환승센터로 가는 데도 한참을 걸어야 했다. 출국 수속과 짐 검사도 하고 제일

끝에 있는 게이트까지 가야 했으니, 1시간밖에 여유가 없었다. 브라질에 입국할 때 받았던 PDI카드를 잃어버려 출국 때 문제가 생기지 않을까 걱정을 많이 했는데, 다행히 아무 상관이 없었다. 이번엔 단체 여행 일정상 위험한 곳이라고 생략하여, 상파울루와 리우데자네이루를 그냥 통과했지만, 나중에 따로 와 보리라 다짐하였다.

공항의 무료 와이파이로 인터넷 접속을 하다가 제일 마지막으로

- 여행 중 사용하기 편했던 maps.me 어플리케이션.

비행기에 올랐다. 3-4-3 좌석의 29E번이어서 불편하겠구나 했는데, D좌석의 여자가 다른 자리로 옮겨가고 F좌석에 아무도 앉지 않아 편안하게 쓸 수 있었다. 상파울루에서 런던까지 가는 코스가 제일 힘든 것 같은데, 좌석 운이 좋았다.

마나우스에서 상파울루로 4시간 동안 남하했다가 다시 런던으로 북상하는 여정이다 보니, 왕복 8시간을 괜히 더 타야 하는 것 같아서 좀 아쉬웠다. 마나우스에서 바로 북상할 수 있는 여정이었으면 좋을 것 같다.

12월 18일

상파울루 현지 시간 밤 11시 45분 출발이니 매우 늦게 출발하는 비행기였다. 마나우스로 보면 9시 45분이니 그리 피곤한 것은 아니었는데, 늦은 밤에 출발하면서 식사를 해야 하는 일정이어서 속이 좀 부담되었다. 밥을 먹고 영화 '원더우먼'을 보고 잤는데, 옆자리가 비어 있어도 역시 불편하였다. 자다 깨다를 반복하면서 창밖이 밝아올 때까지 계속 잤다.

아침에 일어나 영화를 보면서 와플과 과일을 먹고 나니 어느새 영국 런던에 도착했다. 상파울루 시간 11시 45분, 런던 시간 오후 1시 45분이었다. 남미에 갈 때는 하루가 엄청 길어지더니, 되돌아올 때는 조금씩 조금씩 짧아진다.

히드로 공항 3터미널에 내려 다시 짐 검사를 철저하게 받았다. 모든 승객을 테러리스트 예비자라고 생각하는 듯 짐 검사를 받는데 짜증이 날 정도로 힘들었다. 다른 나라에 잘못한 짓을 많이 한 나라들은 짐 검사에 더 많은 수고를 하는 것 같다.

순환버스를 타고 4터미널로 이동하니 오후 2시가 되었는데, 항공권 발권은 3시부터라고 한다. 각자 1시간 동안 스코틀랜드의 싱글몰트 위스키 구경을 하다가, 3시에 대한항공 카운터로 갔다. 런던에

- 밤늦게 출발하여 식사를 하다 보니 속이 좀 부담스러웠다.
- 마나우스에서 상파울루로 4시간 남하했다가 다시 북상하는 코스여서, 8시간을 괜히 비행기를 더 타는 것 같다.
- 비행기를 내리기 전 아침으로 먹은 와플과 과일.

서 인천행 비행기는 좌석 여유가 없었다. 통로 측 좌석을 달라고 했더니 50열까지 가야 한다고 했으나 그 좌석표를 받았다.

PP카드를 이용하여 스카이팀 라운지에 가서 음식을 먹으면서, 그동안 안 올린 사진을 단체 카톡방에 올리고 이야기를 나눴다. 3시간 동안 라운지에서 너무 많이 먹어서 그랬는지, 아니면 시끄러워서 그랬는지 직원들의 눈치를 줘 나왔다. 진짜 마지막 뒤풀이였고, 라운지를 이렇게 알차게 이용한 건 처음이다.

서울에 눈이 많이 왔다고 하더니 대한항공이 1시간 연착되었고, 1시간 늦게 출발하였다. 저녁 6시 45분이 8시로 지연되었다.

비행기가 출발하여 비빔밥을 먹고 영화 '인도로 가는 길'을 보다 보니 런던 밤 11시 10분, 한국 오전 8시 10분이다. 막 졸린 것은 아닌데, 밤이라 생각하고 얼른 자야 내일 다시 일어날 것 같다.

12월 19일

아직도 비행기 안이지만 이제 25분만 있으면 인천공항에 도착한다. 다시 예전의 삶으로 돌아간다는 기쁜 마음과, 다시는 예전과 같이 살면 안 될 것 같은 두려움이 동시에 생긴다. 바꾸어야만 하는데 바꾸기 힘들 것 같은 그런 예감.

이제 한 살 더 먹게 되니 몸관리도 잘 해야 하고, 여행 일기 쓰듯 삶을 정리할 수 있는 일기도 정기적으로 써야겠다. 시간 관리도 잘 해서 치과의사로서의 삶도 잘 해나가야 하고, 소중한 가족과의 시간도 더 늘려야 할 것 같다. 이런 계획들을 다시 한번 절실히 생각하게 하는 것이 여행이 주는 묘미이리라. 이번엔 정말 빤한 계획이 되지 않도록 노력해야겠다.

- 인천대교를 지날 때 일몰이어서 정말로 여행이 끝나는구나 생각했다.

비행기가 출발하여 밥을 먹고 잠을 잤지만, 런던 시간으로 밤 11시 반, 한국 시간으로는 이미 오전 8시 반에 잔 것과 마찬가지여서 앞으로 시차 적응에 꽤 애를 먹을 것 같다.

원래는 오후 3시 도착인데 4시에 도착 예정이라고 한다. 공항버스를 타고 집에 가면 오후 5시쯤 되겠지. 곧 착륙이다.

내일부터 다시 시작이다. FIGHTING!

남미 여행을 마치고

2017년 11월 9일부터 12월 19일까지 41일간 다녀온 남미 여행. 건치신문 안은선 기자의 권유로 글을 쓰겠다고 마음먹고 2018년 1월 12일부터 매주 하루씩 일기장을 공개한 것이 드디어 마지막이 되었다.

일기장에 흘려 쓴 글을 다시 쓰는 작업은 그리 어렵지 않았다. 다만 내가 들은 대로 써 놓은 단어들, 지명이나 인물명들이 혹시 틀린 것은 아닐까 싶고, 가이드에게서 들은 역사적·지리적 설명이 혹시 틀린 것은 아닐까 조심스러웠다. 그럴 적마다 네이버에 물어보고, 다른 글들을 찾아 보면서 표준어로 고치고, 사실관계를 확인하다 보니 글을 쓰다 말고 옆길로 새어 시간이 꽤 걸린 적이 많았다.

그런 불확실한 사실들에 대해 다시 찾아보고 공부하다 보니, 남미를 여행하고 돌아왔을 때보다 더 남미에 대해 잘 알게 되고, 스스로 하는 공부의 재미에 시간 가는 줄 몰랐다.
여행 첫날부터 시작하여 마지막 날까지 다 쓰고 나니, 남미 여행을 한 번 더 다녀온 것 같은 느낌이 들 정도였다. 사진만 넘겨봐도 그때의 일과 장면들이 생생하게 떠오르는데, 지난 일기장을 읽는 것은 사진만 보는 것 이상의 감흥을 주었다.

사실 문제는 글이 아니라 사진 정리였다. 카메라를 들고 다니면서 광각 렌즈로 찍은 사진들과 핸드폰으로 찍은 사진과 동영상을 기본으로 정리했는데, 내가 순서대로 찍은 사진들이기에 정리하고 사진을 고르는 일이 그나마 순조롭게 진행되었다. 문제는 여행 중에 혹은 여행 후에 다른 분들에게서 받은 사진들이었다. 앞에서 순서에 맞춰 정렬해 놨는데, 뒤에 더 좋은 사진들이 나타나면 앞에 정리한 사진 번호를 다시 수정해야 했기에, 사진 순서를 정하고 그중에서 좋은 사진을 고르는 일이 생각보다 시간이 많이 걸렸다. (처음엔 앞의 사진 번호를 1, 2, 3번으로 쓰다가, 나중에는 10, 20, 30번으로 정리하여, 새로운 사진이 나오면 15, 25번처럼 그 사이 번호에 넣을 수 있게 정리했더니 사진 정리가 훨씬 수월했다.)

목요일 밤에 원고를 보내기로 했기에 매주 화, 수, 목요일엔 퇴근 후 곧장 집에 가서 글을 쓰고 사진을 정리하고 보내는 일을 하게 되었다. 주중에 이런 일을 하느라 정작 읽고 싶은 책도 훨씬 적게 본 것 같고, 모임 약속도 줄이고, 모임이 있어도 뒷풀이에 빠져야 했지만, 그만큼 금요일의 맥주 한 잔은 맛이 더 좋아진다는 것을 알았다.

여행 가 있는 동안 치과 매출도 많이 떨어지고 환자들의 원성도 들어야 했기에, 그것을 벌충하느라 지난 10개월 동안은 주 6일 근무를 했다. 매주 하루씩 글을 써왔기에 이 연재가 끝나는 순간이 나에게는 주 6일 근무가 끝남과 동시에 주 5일제를 되찾는 순간이다.

한 주에 하루씩 쉬면서 5일제를 하고 있는 직원들에게, 얼마 전까지만 하더라도 주 6일제 근무에 토요일도 오후 5시까지 근무였는데, 지금 생각해 보면 그때 어떻게 일했을까 싶다고 이야기한 적이 있다. 직원들의 반응도 나와 같았고, 그땐 그런 줄 알고 일했던 것 같은데, 지금은 그렇게 하라면 못할 것 같다고 했다.

여행 직후 10개월간 주 6일 근무를 해야겠다고 마음먹고 힘든 한 해가 되겠구나 했는데, 생각보다 그리 힘들지 않게 지냈다. 아마도 매주 정해진 시간에 정해진 일을 해야만 한다는 생각이 있었고, 그것을 하나하나 해 나가면서 스스로에게도 꽤 만족스러운 시간이었기 때문이다.

내가 좋아하는 단어가 있다. 목돈이라는 단어에 대응하여 만든 '목시간'이라는 말이다. 예과 다닐 때는 시간 아까운 줄 모르고 펑펑 쓰다가, 본과 1학년이 되니 그전의 그 시간들이 얼마나 아까웠는지 모른다. 본2가 되어 수업을 네 번 이상 빠지면 진급에 위험하다는 이야기를 듣고, 한두 번은 빠져도 되는구나 생각했다. 3월과 9월에 아무리 술을 마시고 힘들어도 무조건 출석을 했다. 쓰러져 잠을 자 혼나더라도 교실에 앉아 있었다. 4월과 10월에 중간고사를 치르고 나면 드디어 꽃피고 단풍 드는 10월이 되었다. 그때 자체적으로 일주일을 비우고 지리산으로 설악산으로 다녔다. 그 일주일 시간을 내기 위해 두 달 동안 열심히 시간 저축을 했던 것이다. 그렇게 만든 목시간으로 일주일 여행을 다녀올 수 있었다.

지난 10개월 동안 주 6일 근무를 하면서 다시금 목시간이라는 단어가 떠올랐다. 이번에는 먼저 대출해서 당겨서 쓰고 나중에 갚는 형식이었지만, 그것을 하루하루 갚아 나가는 즐거움이 있었다. 주 5일제가 되었기에 6일 근무를 하면서 시간을 저축할 수 있게 된 것이다.

이번 남미 여행에 동행했던 훌륭한 여러 선생님들과 많은 이야기를 듣고 나눌 수 있었던 것은 나에게 크고 새로운 경험이었다. 많은 이야기 중에서 가장 기억에 남는 것은 "내가 정년퇴직 하고 나서 이렇게 늦게 남미 여행을 온 것이 안타깝긴 하지만, 그래도 내 남은 인생에서는 제일 젊은 날에 남미 여행을 온 것이니 다행이다"라는 말씀이었다.

'오늘은 나의 남은 인생 중에서 제일 젊은 날이다.' 늦었다, 나중에 하자라는 생각을 할 때마다 한 번 더 곱씹어서 생각해 볼 만한 말씀인 것 같다.

타고 이동하고 먹고 마시고 보고 잔 이야기밖에 없는 것 같은데, 재미있게 읽어봐 주신 분들께 감사하고, 지면을 허락해 준 건치신문에 감사드린다. ★

치과의사 조남억의
남미연가
PERU, BOLIVIA
AGRENTINA, CHILE, BRAZIL